변호사 아빠의
진짜수학 이야기

「말」로 하는 수학

변호사 아빠의 진짜수학 이야기
말로 하는 수학

초판 1쇄 발행 2025년 12월 6일
　　2쇄 발행 2025년 12월 15일

지은이 박현욱
펴낸이 장현수
펴낸곳 메이킹북스
출판등록 제 2019-000010호

표지 디자인 이설
편집 홍규선
교정 안지은
마케팅 이지현

주소 서울특별시 구로구 경인로 661, 핀포인트타워 912-914호
전화 02-2135-5086
팩스 02-2135-5087
이메일 making_books@naver.com
홈페이지 www.makingbooks.co.kr

ISBN 979-11-6791-789-8(03410)
값 17,000원

ⓒ 박현욱 2025 Printed in Korea

잘못된 책은 구입하신 곳에서 바꾸어 드립니다.
이 책의 전부 또는 일부 내용을 재사용하려면 사전에 저작권자와 펴낸곳의 동의를 받아야 합니다.

홈페이지 바로가기

메이킹북스는 저자님의 소중한 투고 원고를 기다립니다.
출간에 대한 관심이 있으신 분은 making_books@naver.com로 보내 주세요.

[AI시대]
좋은 대학을 넘어, 아이의 삶에 무엇을 남길 것인가?

변호사 아빠의
진짜수학 이야기

「말」로 하는 수학

박현욱 지음

"수학! 생각의 틀을 바꾸다"

수학을 근본부터 다시 생각하게 하는 통찰,
부모와 학생, 일반 독자에게 던지는 깊이 있는 질문

★★★★★
새로운 수학 교육
관점을 원하는
독자 강력 추천

메이킹북스

이 책을 읽는 방법 및 각 장별 독자

이 책은 4장으로 구성되어 있고, 각 장별 서술 형태는 다르게 되어 있다.

제1장은 서양 문명이 동양 문명을 추월하게 된 역사적 배경에 대해서 논하고 있다.
대학을 입학하거나 포기하게 되는 순간 아무 쓸모도 없는 수학을 왜 공부해야 하는지 알고 싶은 분들이 제1장의 독자들이다.
저자는 서현과 서후를 연산학원과 수학학원에 보내려는 강한나 씨를 설득하기 위해서 제1장을 쓰게 되었다. 제1장은 역사와 수학과 철학에 관한 이야기로 그냥 읽으면 된다.

제2장은 초등수학에서 배워야 하는 정수론에 관한 것이다.
다른 사람들이 아이들을 연산학원 수학학원에 보내야 한다고 해서 자녀들을 학원에 보내는 부모들이 제2장의 독자들이다.
제2장은 부모들이 먼저 읽고 아이들과 대화식으로 이야기해 보면 수학을 어떻게 공부해야 하는지 알게 될 것이다.

제3장은 수학 용어의 부정확성에 대한 저자의 수정 제안이다.
수학 교육을 하고 계신 분들이 제3장의 독자들이다.

제4장은 초등수학부터 미적분까지 실제 수학에 관한 것이다.
수능수학에 필요한 수학을 공부하고 싶은 분들이 제4장의 독자들이다. 특히 고등수학에서 함수를 어려워하는 학생들은 제20절 이차함수 부분이 많은 도움이 될 것이다. 제24절 지수, 로그와 제25절 삼각함수는 기존 교과서와는 전혀 다른 방식으로 서술하였는데, 제24절과 제25절(16페이지에 불과하다)을 체화하면 지수, 로그와 삼각함수를 어려워했던 과거가 부끄러워질 것이다.
제27절, 제28절은 도대체 미분과 적분이 무엇이기에 수능수학의 최종 목적이 된다는 것인지를 알고 싶은 분들이 독자들이다.
제4장은 직접 그래프와 도형을 그려가면서 하루에 일 절씩 천천히 체화하는 과정을 가지면서 읽어 나가야 한다.

	주제	독자	읽는 방법
제1장	서양 문명이 세계를 지배하게 된 역사적 배경	쓸모없는 수학을 괴롭게 공부해야 하는 이유를 알고 싶은 독자	역사책 읽듯이
제2장	정수론	1. 아이들을 연산학원에 보내고 있는 부모 2. 배우자가 아이들을 연산학원, 수학학원에 보내는 것을 말리고 싶은 부모 3. 정수론을 이해하고 싶은 사람	희곡 읽듯이
제3장	수학용어 수정 제안	수학교육계에 있는 분	대자보 읽듯이
제4장	미적분까지 실제 수학공부	수능수학에 필요한 수학을 공부하고 싶은 사람	교과서 공부하듯이
	제19, 20절 일차함수, 이차함수	고등수학의 함수가 어려운 학생	2차함수 부분은 차함수 개념으로 실제로 그래프를 돌려가면서
	제24절 지수, 로그	지수, 로그를 처음 배우거나 포기한 학생	20줄로 설명된 로그의 9가지 성질을 완벽히 말로 이야기할 수 있을 때까지
	제25절 삼각함수	삼각함수를 처음 배우는 학생	그림 64를 막힘없이 이야기할 수 있을 때까지
	제27, 28절 미분과 적분	미분과 적분이 수능수학의 최종 목적이 되는 이유가 궁금한 사람	미분과 적분으로 가속도와 속도, 위치를 자연스럽게 설명할 수 있을 때까지

서문

나는 변호사다. 30년 동안 같은 법무법인에서, 비슷한 하루하루를 보냈다. 물론 나의 업무에는 이차방정식, 루트, 로그, 미분방정식, 사인, 코사인, 무리수 등을 사용하는 경우는 전혀 없다. 그런데, 왜 이런 수학 관련된 책을 쓰고 있냐고?

나에게는 세상에서 제일 무서운 중2 딸 서현이 있고, 곧 그렇게 될 초등 5학년 아들 서후가 있다. 30년차 변호사 아빠와 중2 딸, 초등 5학년 아들이 수학이라는 괴물과 싸워나가는 현재 진행형의 이야기를 지금부터 시작한다(아! 엄마 강한나 씨 이야기도 가끔 나오는데, 그다지 좋은 인상으로 등장하지는 않는다. 이 점 미리 용서를 빈다).

서현이가 초등학교 4학년 1학기에 접어들던 어느 때였다. 나는 그때까지는 "아이들의 성공을 위해서는 아빠의 무관심, 할아버지의 재력, 엄마의 노력"이라는 누군가의 말에 따라, 애들의 공부 및 생활 전체에 대해서 아무런 간섭도 하지 않았다(아빠의 관심이 아이의 발전에 방해된다는, 세간의 보이지 않는 압력으로 간섭할 수 없었다). 그런데, 강한나 씨가 서현이의 수학과 관련한 고민을 이야기하는 것 아닌가! 서현이가 6학년 초등수학을 공부하고 있는데, '비와 비율'을 어려워한다는 강한나 씨의 고민을 듣고 해당 부분의 교재를 살펴보았다. 그.런.데. 나는 아무리 보아도 무슨 말인지 알 수가 없었다. 교재에는 이렇게 쓰여 있었다.

비와 비율

비는 두 수의 양을 기호 : 을 사용하여 나타낸 것

비율은 기준량에 대하여 비교하는 양의 크기

비에서 앞에 오는 수와 뒤에 오는 수가 바뀌면 전혀 다른 비가 된다.

그런 후

비를 읽는 여러 가지 방법
4 : 3 ⇨ 4대 3
　　⇨ 4와 3의 비
　　⇨ 4의 3에 대한 비
　　⇨ 3에 대한 4의 비
비의 성질: 비의 전항과 후항에 0이 아닌 같은 수를 곱하거나 나누어도 비율은 같다.

아무리 읽어 보아도 비를 찾을 수 없었다. 교재의 설명은 외계어로 쓰인 듯했다. 도저히 이해할 수 없는….

나는 아직은 변호사다. 30년 동안 수많은 글을 썼다. 30년 동안 내 글의 독자는 줄곧 3명이었다. 판사, 의뢰인, 상대방. 그런데 이 글은 독자가 몇 명이 될지 알 수 없다. 수학과 담을 쌓고 지낸 지 40년이 지난, 수학에 관해서는 얼치기 전문가도 아닌 문외한이 잘 알지도 못한 채 쓴 책이지만 부디 많은 분들이 귀한 시간을 가볍게 내어 읽어 보시길….

우리는 누구나 자기 아이들이 공부를 잘해서 좋은 대학에 가고 좋은 직장을 얻어 행복하게 살기를 바란다. 우리 부모들이 우리에게 바랐던 것과 같이, 우리 아이들이 그들의 아이에게 바랄 것과 같이…

좋은 대학에 가기 위해서는 수학 성적이 가장 중요하다는 것은 누구나 안다. 우리는 아이들이 수학을 잘하기를 간절히 바라지만, 어떻게 해야 잘할 수 있는지에 대해

서문

서는 잘 모른 채, 각자가 알고 있는 대로, 믿고 있는 대로, 들은 대로 제각각의 방식으로 아이들에게 수학을 공부하라고 요구한다.

  초, 중학교에서의 수학 점수 자체는 좋은 대학을 가는 데 아무런 영향도 없다. 초, 중학교에서 좋은 성적을 얻었다고 고등학교에서도 수학을 잘할 것이라고 보장할 수는 없다. 그럴 가능성은 있지만.

  좋은 성적은 누가 주는가. 무엇을 어떻게 평가하는가. 적을 알아야 적절한 작전을 세워 승리할 수 있다. 교육부 고시 제2022-33호(수학과 교과 과정)는 초등학교부터 고등학교까지의 수학교과 교육의 필요성 및 목표, 내용 체계 및 성취 기준, 교수 학습 및 평가에 대하여 무려 263면에 이르도록 자세하게 설명하고 있고(이런 것이 있는지, 나도 최근에서야 알았다. 혹시 한 번 보신 적 있으신지?), 그중 고등수학에 대한 부분이 210페이지 정도로 대부분을 차지한다. 수학 학습 교육과정은 물론 평가까지 교육부가 주관하므로, 우리는 교육부가 제시한 평가 기준에 따라 수학공부를 하여야 좋은 성적을 낼 수 있을 것이다. 교육부 고시의 분량에서도 알 수 있듯이 초, 중등과정에서 익혀야 하는 것들은 고등수학에 비하면 많지 않고, 고등수학은 꽤 어려워서 부모들이 직접 아이들을 가르치거나 방향을 제시하기는 쉽지 않다. 우리들은 아이들에게 비교우위에 있는 초등과 중등수학 과정에 개입하여 아이들에게 이러저러한 훈수를 두면서도, 막상 가장 중요한 고등수학에 대해서는 학원에 그 책임을 넘겨버리고, 아이가 좋은 성적을 내지 못하면 의지가 없다면서(심하면 배우자의 머리가 나빠서라든지, 나를 닮아서라든지 자책하면서) 아이를 질책하고 한탄한다.

  고등수학에서 무엇을 배우고 어떻게 평가하는지 모르는 우리는 아이들이 비교적 통제 가능한 시기인 초1 이전부터 주위 사람들의 속삭임, 선배 부모들의 조언, 학원

의 부추김, 자신의 수학에 대한 믿음 등으로 아이들의 인생을 좌우할 이정표를 마음대로 작성하고 아이들을 그 길로 끌고 간다. 그런데 마음 한구석에는 과연 '이 길이 맞을까?' 하는 걱정이 떠나지 않는다. 하지만 그 길을 따라가서 성공한 사례들만 바라보면서, 두려움에 떨며 계속 같은 길을 간다.

나도 서현과 서후가 공부를 잘해서 좋은 대학에 가고 자기가 하고 싶은 일을 하면서 행복하게 살기를 바란다. 그래서 '어떻게 하면 수학을 잘하게 할 수 있을까?' 하는 마음으로 수많은 유튜브, 블로그, 수학과 관련된 책 등을 간절한 마음으로 섭렵해 보았다.

먼저, 수학에서 대단한 성과를 이룬 수학자들은 한결같이 수학이 예술이란다. 정말 이 무슨(속에서 알 수 없는 무엇이 확 올라온다) 얼토당토않은 궤변이란 말인가. 수학이 예술이라고 주장하는 폴 록하트가 지은 『숫자 갖고 놀고 있네』라는 책은 2018년 8월 21일 1판 1쇄가 나왔는데, 2024년 1월 인터넷 서점에 새 책으로 주문했더니 1판 1쇄가 왔다. 그렇지, 수학이 예술이라니(같은 저자의 『수포자는 어떻게 만들어지는가』는 현재 절판이다)….

다음으로는 수학은 암기라고 외치는 사람들이 있었다. 수학은 이해하는 것이 아니고(이해할 수 없는 것인지?) 공식을 암기한 후 문제와 그 풀이를 함께 암기하는 것이라고 한다. 나도 그렇게 힘들게 암기하고 또 암기해서 대학에 갔지만, 서현과 서후는 그러지 않았으면 좋겠다고 생각했다. 그래서 수학은 암기라는 주장은 일단 패스(다른 길이 없으면 어쩔 수 없이 이 길로).

또 한편에서는 수학은 개념을 바탕으로 사고력을 길러야 한다는 사람들이 있었다. 그래서 수학 개념이 뭘까? 하면서 수학 개념을 찾기 위해 이러저러한 수학 개념서라

서문

고 하는 책들을 사서 보았는데, 내가 암기파여서 그렇게 보였는지 모두 정의와 공식으로 이루어진 암기의 대상이었지, 개념이라고 하기에는 뭔가 부족했다. 그리고 사고력이라고 주장하는 부분 역시 문제풀이에 지나지 않았다.

역시 방법은 암기뿐인가? 그러던 중 구구단을 절대로 외우면 안 된다고 외치는 유튜브를 보게 되었다. 당시 나의 목표는 고등수학의 지름길을 찾는 것뿐이지, 초1에서 끝낸 구구단을 외우든 말든 별 관심이 없었다.

교육부에서는 교과서를 중심으로 충실히 학습하면 수학을 잘할 수 있다는 수학 만점자들의 믿거나 말거나 인터뷰와 같은 지침만을 주고 있고, 여러 가지 주장들 사이에서 우리들은, 아이들은 수학이라는 지옥에서 각자도생의 길을 가고 있는 중이다.

분수의 나눗셈, 인수분해, 접선의 방정식, 근의 공식, 적분 등을 몰라도 세상살이에 아무런 지장이 없는데, 왜 우리는, 우리 아이들은 그것들에게 그렇게 시달리고, 그것들을 모르면 수포자, 대포자, 인포자라는 낙인이 찍힌 채 평생 열패감을 가지고 살아갈까? 평생 한 번 쓸 일 없는 수학이라는 과목을 내신과 수능에서 삭제하면 좋지 않을까(수학을 좋아하고 쓸 일 있는 사람들만 하라고 하고, 나머지 우리들은 수학으로 평가받지 않으면 안 될까)? 도대체 수학이 뭐길래 우리 아이의 인생을 좌우하는 것일까? 우리는 왜 인생에 도움이 되지 않는 수학에 좌절하면서 미래를 포기하는 아이들을 그대로 보고 있는 것일까?

이 글은 세상을 사는 데 연산이 필수적이고, 다른 아이들보다 한 발이라도 앞서려면 초등학교 이전부터 구구단을 외워야 하며, 연산을 비롯한 모든 수학 과정을 교과서 진도보다 빨리 나가 고등수학 문제를 반복적으로 많이 풀어야 좋은 성적을 얻을 수 있다는 원고들의 청구가 받아들여진 제1심 판결에 대한 항소이유서이고, 태생적

으로 밝고, 호기심 많고, 창의적이며, 행복한 심성을 타고났지만 약간은 게으른 그 무엇보다 소중한 우리 아이들에게 바치는 헌사이자, 미안함이다.

  자신의 저서에 수식을 가능한 한 많이 넣고 싶어 한 스티븐 호킹 박사와 수식의 수에 반비례해서 판매량이 줄어든다는 출판업자의 줄다리기를 알면서도 수학은 등호를 가지고 노는 것이어서 어쩔 수 없이 수식이 들어갈 수밖에 없음을 양해해 주시기를.

목차

서문　　006

1장 서양의 **행운**, 동양의 **불운**

01　동양에 비하여 후진적이었던 서양이 단시간에 동양을 앞지른 이유　017
02　산학과 수학　029
03　진짜수학　044
04　수학지옥　052
05　수학지옥을 벗어나는 길　068

2장 초등수학 정말 **잘** 아시나요?

01　10은 숫자가 아니다　075
02　10진법　079
03　10진법으로 표현된 수의 본질　085
04　손가락셈　089
05　1은 무엇일까?　093
06　수 없는 수직선 1의 크기　096
07　자연수　099
08　덧셈　101
09　뺄셈　103
10　곱셈　106
11　곱셈구구　110
12　나눗셈　114
13　배수　119
14　약수　122
15　공배수, 공약수　125
16　분수, 통분, 약분　127
17　1과 0의 특수성　130
18　소수　134
19　제곱수　135
20　비　137

3장 현행 수학 **용어** 수정 제안

01　소쉬르의 기의, 기표　141
02　방정식 - 조건등식　145
03　무리수, 유리수 - 무비수, 유비수　147
04　소수 - 기본수　149
05　허수 - 제곱음수　151
06　인수분해, 소인수분해 - 인수묶음, 기본수 묶음　153
07　기타　154

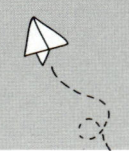

4장 수포자 방지법

01 수포자	157
02 고등수학을 공부하는 이유	159
03 사칙연산	161
04 분수	163
05 소수	167
06 도형의 면적 공식	168
07 루트($\sqrt{\ }$)	173
08 등적변형	176
09 비	180
10 등호	185
11 평행선, 동위각, 엇각, 삼각형 내각의 합	188
12 이등변삼각형	191
13 삼각형의 닮음	193
14 삼각형의 닮음비	195
15 원	197
16 직각삼각형, 피타고라스 정리	203
17 삼각형의 무게중심, 외심, 내심	206
18 좌표평면	209
19 일차함수, 일차 조건등식	211
20 이차함수	217
21 절댓값	241
22 내분점, 외분점	245
23 고등수학의 원	248
24 지수, 로그	254
25 삼각함수	260
26 삼각함수 덧셈정리	270
27 미분	276
28 적분	282
29 삼차함수	285

5장 후기

1장
서양의 **행운**, 동양의 **불운**

동양에 비하여 후진적이었던 서양이 단시간에 동양을 앞지른 이유

나는 역사를 좋아한다. 앞선 시대를 살아간 사람들의 실제 모습을 상상하며, '그들은 그때 왜 그랬을까?', '어떤 사회적 맥락과 분위기에서 그런 선택을 하였을까?'에 대하여 내 나름의 추론을 해가며 생각해 보는 진짜 역사 말이다. 시험을 대비하여 의미 없는 사건의 시간적 순서만을 외우는 가짜 역사 말고.

1500년경부터 시작된 서양문명의 급성장은 지구 역사상 가장 믿기 어려운 일 중의 하나이다. 1500년경 세계에서 가장 큰 10대 도시는 모두 동양에 있었는데, 1800년 중반이 되자 상황은 완전히 역전되었다. 서양문명은 300년이라는 짧은 시기에 인간, 동물, 바람의 힘만을 동력으로 사용하던 수천 년 지속된 문명을 석탄, 석유 등 화석연료의 열에너지를 기계적 에너지로 바꾸는 기술을 가진 기계문명으로 완전히 변화시킴으로써, 동양에 대한 완벽한 우위를 점하게 되었다. 그 이유에 대하여 역사학자들은 서양인들이 주도한 대항해시대(지리상의 발견 및 총이나 대포의 사용)를 꼽거나 이탈리아 등에서 시작된 그리스 시대의 고전을 연구하고 가르치는 르네상스를 이유로 꼽기도 한다.

아무리 생각해도 서양인들이 아메리카의 신대륙을 발견하여 총이나 대포를 사용하여 막대한 물자를 약탈하였다고 하여, 기원전에 유행하였던 그리스 시대의 고전을 연구한다고 하여, 갑자기 동양에 비하여 모든 것에서 뒤지고 있던 1500

년경의 서양이 300년 만에 동양을 완벽하게 추월할 수는 없다는 결론에 도달했다. 더욱이 그 추월은 인류 역사에서 처음으로 기계문명을 바탕으로 한 질적인 변화에서 기인한 것이었다. 1500년경 대항해 시대를 떠난 서양인들이 명나라나 조선, 일본에 도착하여 명나라나 조선, 일본을 아메리카처럼 지배할 수 있었을까? 절대 그럴 수가 없다. 당시 서양의 과학 기술이 동양보다 우위에 있었다는 아무런 증거도 없고, 오히려 동양의 기술이 더욱 우위에 있지 않았을까? 1500년경 서양이 동양보다 월등하게 발전된 문명을 가지고 있었다고 보는 역사가는 아무도 없다.

또한, 그리스의 고전을 연구한 르네상스가 있다고 하더라도 고전을 읽는 것만으로 갑자기 문명 자체가 비약적으로 급상승할 수 있을까? 그리스가 그런 비약적인 문명의 발전을 이룩한 것도 아닌데.

그렇다면, 과연 그것은 무엇일까? 무엇이 서양문명을 단기간에 기계문명으로 급상승시켰던 것일까? 그것은 1300년 전후로 서양에 전래된 종이제조기술과 인쇄술, 그리고 소리글자인 라틴문자, 마지막으로 진리 발견의 도구로 수와 기하를 인식한 플라톤 철학이 한꺼번에 만나 일으킨 혁신의 산물인 르네상스라고 생각한다. 아무런 이유도 없이 르네상스가 일어난 것이 아니었다. 서양의 역사가들은 아무런 이유도 설명하지 않고 르네상스가 갑자기 일어나 인간의 이성을 바탕으로 인간과 세계를 새롭게 바라보게 되어 과학혁명과 산업혁명이 일어나고 이를 기반으로 기계문명이 시작되었다고 설명하고 있는데, 이해가 되는가?

서양은 이집트에서 발명한 파피루스와 소아시아에서 발명한 양피지를 사용하여 정보를 전달하고 지식을 기록하여 왔다. 파피루스는 무게가 가볍다는 장점에 비해 보관에 매우 취약하여 책의 형태를 취할 수 없다는 단점이 있었고, 양피지는 책의 형태로 지식을 후대에 전달할 수 있었으나, 가격이 너무 비싼 데다 두께가 두꺼워 휴대하기는 어려운 기록매체였다. 양 한 마리로 현재의 A4용지 4장 정도의 양피지만을 만들 수 있었기에, 성경책 한 권을 만드는 데는 무려 양 500마리가 필요했다. 그렇게 만든 성경책 한 권의 가격은 도시의 집 한 채 값에 달했다고 한다. 필연적으로 서양에서는 극소수의 사람들만이 글을 읽고 쓸 수 있었다. 책이 워낙 비싸서 왕족, 귀족, 신부, 일부 상인 등 특별한 사람들만이 책을 소유하거나 책에 접근할 수 있었고, 나머지 대다수 사람들은 책에 접근할 수 없으니, 글을 배우거나 익힐 이유도 없었던 것이다. 종이가 서양에 전래되고 500여 년이 지난 나폴레옹 시대까지 글을 읽지 못하는 사람들이 대부분이어서, 자기 이름을 쓰고 읽을 정도만 되어도 부사관이 될 수 있었다고 한다. 서양에 종이가 전래되기까지는 극소수의 사람들만 책을 볼 수 있었으니, 서양의 대중은 책을 통한 지식의 발전을 이룰 기회가 없었다.

동양은 죽간을 여러 개 묶은 책을 이용하다가 서기 105년 한나라의 채륜이 꾸지나무를 이용하여 가볍고 장기간 보관도 가능한 종이를 발명하게 되었다. 종이의 발명으로 과거와 현재 그리고 미래가 이어질 수 있는 토대가 마련되었고, 동양의 지배층은 물론 중간층까지 책을 쉽게 접할 수 있어서 서양보다 훨씬 많은 수의 사람들이 글을 읽을 수 있었다.

종이를 발명한 이후 필사(筆寫)의 시대를 거쳐 목판인쇄술을 개발하여 책의 대량 공급이 가능하게 되었다. 그런데, 동양의 글자는 불행히도 뜻글자인 한자를 기반으로 하였고, 이는 애써 개발한 금속활자를 통한 인쇄를 원천 불가능하게 만들었던 것이다. 한자는 글자마다 형태가 다 달라 모든 글자를 활자로 준비할 수 없었고, 목판본을 통한 인쇄가 명, 청 시대까지 계속되었다. 이러한 목판본을 통한 인쇄는 다양한 종류의 서적을 개인이 책으로 펴내기 쉽지 않게 하였고[01], 대부분 국가나 종교단체를 통하여 국가시책에 맞는 책이나 종교경전 위주로 인쇄가 되어 읽히게 되었다.

종이가 서양에 전래된 계기는 당나라와 아바스 왕조 사이에 벌어진 탈라스 전투로부터 시작되었다고 보고 있다. 한나라에서 발명된 종이는 고구려, 백제, 신라에 불교와 함께 전래되었고, 부지런한 우리 민족은 문익점의 목화씨 도입과 같

---

01 동양의 전제 군주제하의 통제도 영향이 있었을 것이다.

은 방법으로 제지기술까지 습득하여, 중국의 꾸지나무가 아닌 닥나무로 만든 종이로 개량하여 조선 시대까지 중국에 역수출하였다고 한다. 참고로 세계 최고(最古)의 목판인쇄본은 8세기경 신라에서 인쇄된 〈무구 정광 대다라니경〉이며, 세계 최고의 금속활자본은 고려에서 인쇄된 〈직지심체요절〉이다. 중국이나 신라 등으로서도 제지기술을 당시의 첨단기술로 여겨 다른 나라에 비밀로 유지하고자 하였을 것임은 충분히 예상된다.

750년경 무렵 이슬람제국을 통일한 아바스 왕조는 중앙아시아로 세력을 확장하는 동진정책을 폈고, 당 현종은 서역 개척에 힘을 쏟고 있었는데, 두 제국은 751년 여름에 탈라스강(지금의 카자흐스탄 영토)에서 격돌하게 되었다. 당나라의 원정군 사령관은 고구려의 유민인 고선지 장군이다. 고선지 장군은 토번국을 정벌하고, 파미르고원을 넘어 투르키스탄과 타슈켄트를 정벌한 후 탈라스강까지 진출하여 아바스 왕조와 전쟁을 벌였는데, 거기서 당의 협조 세력이었던 카를룩족의 배반으로 대패하였고, 이후 중국은 서쪽으로의 진출을 완전히 포기하게 된다. 이 탈라스 전투에서 당나라 군인 2만여 명이 포로가 되었는데, 그 포로 가운데 종이 제조 기술자가 있었고, 그로부터 이슬람 세계에 제지술이 전파된 것으로 보고 있다. 757년경 사마르칸트, 795년 바그다드, 900년경 카이로, 1100년경 모로코, 1150년경 스페인에 제지공장이 건설되면서 제지 기술이 이슬람 전체에 퍼졌다고 한다. 그 이후 모로코에서 시칠리아를 거쳐 1295년경 이탈리아 북부의 볼로냐까지 제지 기술이 전해져 제지공장이 세워졌다.

제지기술을 획득한 아바스 왕조는 인도, 그리스, 페르시아의 고전을 아랍어로 번역하도록 하였고, 이러한 고전의 아랍어 번역 작업은 200여 년 동안 계속되었다고 한다. 아바스 왕조는 번역한 책 무게만큼의 황금을 주었다는 일화가 있을 정도로 고전 번역 작업에 진심이었다. 그 결과 이슬람의 도서관에는 수많은 장서들이 구비되기 시작하였다. 10세기 알렉산드리아에 있던 도서관은 200만 권을 소장할 정도였고, 다른 수많은 이슬람 세계의 도서관들도 보유 장서가 몇십만 권 이상이었다고 한다. 14세기 파리대학 도서관의 보유 장서가 2,000권, 바티칸 도서관도 3,000권에 불과하였다는 것을 보면, 유럽의 도서관에 있는 장서를 모두 합하여도 이슬람의 어느 한 도서관 보유 장서보다 적었을 것이다.

아직 서양은 종이가 전해지지 않았고, 로마를 무너뜨리고 그 자리를 차지한 게르만족은 먹을 것이나 입을 것들에만 관심이 있었기에, 로마가 쌓아올린 찬란한 문명을 남김없이 파괴하였다(게르만족 중 반달족은 그 이름 자체가 '기물파괴자'라는 뜻인데, 지금도 반달리즘이라 하면 공공의 재산이나 사유재산을 고의적으로 파괴하거나 해를 끼치는 행위나 그런 경향을 일컫는다). 당연히 자신들의 글도 없었고, 라틴문자도 읽을 수 없었던 그들은 로마제국에 있었던 대부분의 책들을 파괴하였고, 로마의 멸망 후 1,000년 동안 그렇게 문맹의, 무지의 세계에 살고 있었던 것이다.

1206년 테무친은 몽골제국을 통일하고 칭기즈 칸에 오르게 된다. 칭기즈 칸은 동양의 금나라, 남송, 고려와 전쟁을 하였고, 서하를 거쳐 1220년 호라즘 왕조(지금의 이란, 이라크 지역의 왕조)를 공격하여 수도인 사마르칸트를 11일 만에 점령한다. 이때 호라즘 왕조의 무함마드 2세는 간신히 도주하였는데, 칭기즈 칸은 수부타이에게 2만의 군사로 뒤를 쫓게 하였고 결국 무함마드 2세는 1년 후 카스피해의 외딴섬에서 죽은 시신으로 발견되어, 몽골군도 더 이상 추격을 중단하였다. 그 1년 동안 무함마드 2세가 지나간 길에 있던 서아시아의 모든 도시들은 몽골군에 항복하거나 정복당했고, 몽골군은 돌아가는 길에 크림반도, 조지아, 러시아 등을 두들긴 후 떠났다. 몽골은 금나라로부터 획득한 화약 제조 기술을 사용하여 조악한 수준의 대포를 사용하였다고 하는데, 화약의 폭발력을 경험하지 못한 이슬람인들이나 서양인들은 그 소리만으로도 싸울 의지를 잃었을 정도라고 한다.

몽골은 지금도 그렇지만, 인구가 많지 않다. 정복을 떠나는 몽골군은 후방 지원부대 없이 오로지 자신들의 군대만으로 임무를 수행해야 한다. 그런데 정복해야 할 도시나 국가는 많다. 원래도 잔인한 몽골군은 정복전쟁에서는 더 잔인해질 수밖에 없다. 저항하는 도시는 어떠한 생명도 남겨두지 않고 파괴한다. 남아 있는 패배자들이 다시 모여 복수를 꿈꾸지 못하도록, 자신들의 뒤통수를 치지 못하도록. 철저히 파괴된 도시에서도 살아남은 자들이 있을 수 있기에, 도시를 파괴한 후 2~3달 후 일부 군사를 다시 보내 살아 있는 모든 것들을 파괴하고서야 마음을 놓고 다른 도시를 공격한다. 순순히 항복한 도시의 경우 유력자의 아들이나 딸들을 데리고 떠난다. 항복한 도시의 주민들은 가까스로 목숨은 구했지만, 결국 몽골의 노예가 되어 엄청난 착취를 당하게 된다.

이래서 항복하기도 어려운 데다, 항복하지 않으면 다 죽는다. 이럴 때 아직 몽골군이 도착하지 않은 지역의 이슬람 사람들은 어떤 선택을 할까? 몽골군은 1258년 바그다드를 점령하여 철저히 파괴한 이후 시리아까지 점령하고, 가자 지역에서 이집트와의 결전을 앞두고 이집트에게 항복할 것을 요구하고 있었다. 그러나 이집트의 지배자인 술탄 쿠투즈는 끝까지 싸울 것을 결심하고, 1260년 시리아 아인잘루트에서 몽골군에 대승을 거둠으로써, 이집트 서쪽의 이슬람 세계(북아프리카, 스페인)는 몽골의 파괴와 정복에서 벗어날 수 있었다(르네상스 운동은 이탈리아인들이 북아프리카의 이슬람 세력으로부터 구해 온 아라비아어로 된 그리스 고전의 번역에서부터 시작하였다). 몽골이 호라즘을 정복한 1220년부터 1260년까지 이슬람 세계는 몽골에 지속적으로 침입당했고, 몽골군이 오기 전에 도망치는 것이 유일한 선택이었을지도 모른다. 몽골이 동쪽에서 북쪽에서 밀려오니 도망할 곳은 서쪽. 같은 이슬람 세력이 있는 스페인, 알제리, 모로코 등으로 피난 가는 이슬람 사람들이 많았을 것이고, 그들 중 부유하고 지식이 많은 사람들이 최우선적으로 피난하였을 것으로 생각된다.

한편, 몽골의 3대 칸이 된 오고타이는 1236년 다시 수부타이에게 7만의 군사를 주어 서양을 정복하고 오라고 한다. 수부타이는 4년 여 동안 러시아를 완전히 점령하고, 1241년 폴란드와 오스트리아 연합군마저 박살을 내고, 헝가리로 육박하기 시작하였다. 헝가리는 다급하게 전 유럽에 구원을 요청하였고, 헝가리의 구원 요청에 따라 튜튼기사단, 템플기사단, 크로아티아왕국, 신성로마제국 등 전 유럽에서 동원된 10만의 군대가 몽골군을 막기 위해 모히평원에 집결했다. 양군은 1241. 4. 11. ~ 4. 12. 단 한 번의 대회전을 벌였고, 유럽의 10만 군사가 전멸당하는 것으로 끝이 났다. 모히평원에서 몽골군과 마주한 10만의 군사가 사실상 서양의 모든 군대였다고 할 수 있어, 서양을 지킬 군대는 없는 것이나 마찬가지였고, 수부타이는 평소 꿈꾸던 세계의 끝까지 정복할 기회를 얻게 되었다. 몽골 군대는 동유럽 전역을 유린한 후 오스트리아 빈까지 진출하였고, 이제는 신성로마제국이 그들의 앞에 두려움에 떨고 있었다. 신성로마제국이 점령당하면 그 다음은 프랑스, 이탈리아, 스페인이다.

그런데 1241년 12월 오스트리아 빈에서 공격 준비를 하던 몽골군이 순식간에 사라져 버렸다. 3대 칸 오고타이가 사망하였다는 전갈이 몽골군에 도달한 것이다. 몽골군은 다음 칸을 선출하기 위한 쿠릴타이에 참여하기 위하여 최대한 빠른 속도로 몽골로 돌아갔다. 이렇게 몽골은 서양에 화약제조기술과 아라비아어로 된 그리스 고전을 남기고 떠났다. 오고타이가 죽지 않았다면 수부타이는 계속 서쪽을 향해 나아갔을 것이고, 수많은 사람들이 죽고, 도시가 파괴되었을 것이다. 그랬다면 서양에서 르네상스가 일어날 수 있었을까[02]?

서양의 수학사를 보면 탈레스(기원전 600년경), 피타고라스(기원전 500년경), 플라톤(기원전 350년경) 등 고대 그리스 수학자들의 이름 다음으로 유클리드(기원전 300년경) 헤론(서기 50년경), 파포스(서기 300년경) 등 헬레니즘(이집트의 알렉산드리아) 수학자를 끝으로 더 이상 수학자의 이름이 거론되지 않는 암흑의 시대를 거치게 된다(로마는 찬란한 문명을 자랑했지만 수학사에 이름을 남긴 로마인은 아무도 없다). 그리고 무려 900년의 공백을 깨고 수학자 목록에 피보나치(서기 1200년경)가 잠깐 나타났다가 다시 400년 만에 갈릴레오(서기 1600년경)를 시작으로 데카르트, 페르마, 뉴턴 등 수많은 수학자, 철학자들이 진짜수학을 가지고 놀면서 급속도로 발전하는 17세기 수학혁명의 시대가 온다.

게르만에 무너지기 전 로마는 이미 기독교 사회가 되었다. 콘스탄티누스의 기

---

[02] 동유럽이 서유럽과 달리 르네상스 운동이 일어나지 못한 것은 몽골족으로부터 파괴적 점령을 당했기 때문이라고 보는 학자도 있다.

독교 공인으로 기독교는 로마 전역으로 빠르게 전파되었고, 그와 함께 각 지역에 주교들이 파견되어 로마인들의 정신세계를 관장하기 시작하였다. 콘스탄티누스가 기독교를 공인한 이유에 대하여 『로마인 이야기』의 저자 시오노 나나미는 '황제의 권력은 신으로부터 받은 것'이라는 왕권신수설을 주장하여 권력의 안정을 꾀하기 위한 것이었다고 설명한다[03]. 로마 말기 성경을 기반으로 한 왕권신수설에 플라톤의 철인정치 사상까지 포함된 스콜라철학의 기반이 마련된다. 로마를 무너뜨린 게르만족들의 지도자들도 자신들의 지위를 유지할 수 있는 스콜라철학의 기독교 체제를 받아들였고, 글도 없고 이렇다 할 문명도 없었던 게르만족들은 1,000년 동안 무지와 문맹의 시대를 살았던 것이다.

초기 기독교는 알렉산드리아파와 안디옥(시리아와 터키의 접경지역, 사도 바울의 전도 근거지)파에 의하여 성경이 경쟁적으로 해석되었다. 플라톤의 철학을 기초로 한 알렉산드리아파의 승리(아리우스파에 대한 아타나시우스파의 승리)로 스콜라철학이 중세교회의 지도 이념이 될 수 있었고, 이것이 서양에게는 플라톤을 끝까지 살아남게 한 큰 행운이 되었다. 아타나시우스파는 삼위일체론을 기반으로 하는 성경해석론파인데, 성부, 성자, 성령의 삼위일체론의 근거가 그 유명한 플라톤의 삼각형에서 출발하고 있는 것이다.

플라톤은 국가론에서 국가의 계급을 통치자, 수호자, 생산자로 구분한 후, 통치자 계급의 목표는 지혜의 덕을 갖추는 것이라고 보았고, 지혜를 얻기 위해서는 추상적인 수와 기하를 통하여 이성을 갈고닦는 혹독한 훈련을 거쳐야 하며, 그래야 절대적이고 보편적인 진리인 이데아에 도달할 수 있다는 철인정치를 주장하였다. 이러한 철인정치론은 이데아에 신을, 통치자에 왕 또는 교황을, 수호자에 귀족 또는 사제를, 생산자에 일반인(농노)을 대체하면 중세 사회의 구성요소에 딱 들어맞았다. 그리하여 중세는 더 이상 진리나 체제에 대해 고민할 필요 없이

---

[03] 콘스탄티누스 이전의 로마는 군인 황제 시대로 게르만족과의 전투에서 승리하고 로마로 돌아온 군사령관은 군사반란을 일으켜 황제가 되는 일이 잦았고, 이로 인해 로마는 분열되어 쇠퇴기로 접어들게 되었다.

진리인 신을 믿고 현세의 생활에 충실하면 되는 안정적인 사회구조를 유지할 수 있었다. 이성의 힘을 강조했던 플라톤의 철학은 이성을 억압하는 정반대의 기형적인 모습으로 중세 시대에 겨우 살아남았다[04].

이처럼 중세 시대가 더욱 공고화되어 가던 중 13세기에 들어서면서 몽골이 나타나 이슬람 침략을 시작으로 오스트리아까지 한 번의 패배도 없이 동유럽을 유린하게 되었고, 서양인들은 두려움에 휩싸인 채, 신이 우리를 지켜줄 것이라는 믿음에 균열이 나기 시작하였다. 그러다 14세기 중반에 흑사병의 대유행으로 수많은 사람들이 죽어 나가자, 중세 기독교 사회의 신에 대한 믿음은 더욱 흔들리게 되었다. 그 무렵 종이가 서양에 전파되기 시작하였고, 제지술을 습득한 후 수많은 고전을 번역한 아바스 왕조처럼 이탈리아에서도 그리스 고전 번역 및 출판이 시작되었다. 그런데, 번역할 그리스 고전은 중세 시대를 거치면서 모두 사라져 거의 남아 있지 않았고, 부득이하게 아라비아어로 번역된 그리스 고전을 라틴 문자로 번역하는 작업을 하게 되었다. 당시 서양은 각 지역마다 쓰는 말은 달랐으나 문자는 모두 라틴 문자를 사용하였기에 그 작업은 아라비아어로 된 고전을 각 지역의 말로 이해하고 다시 라틴 문자로 번역하는 이중의 노력이 필요하였다. 아라비아어에 능통한 사람이 아라비아어로 쓰인 고전을 이탈리아어나 스페인어 등 자신들의 언어로 구술하면, 옆에 있는 사람이 다시 라틴 문자로 받아 적었다. 두 사람이 짝을 이루어 즉석에서 해석하고 기록하는 이 과정은, 실로 어렵고 고단한 작업이었다.

그래도 메디치가 등 유력한 가문의 후원에 힘입어 그리스 고전 번역 작업은 200여 년 이상 진행되었고, 특히 자신들에게 친숙하면서, 교회에서도 인정한 플라톤의 저작들이 서양의 귀족들과 부유한 상인들에 전달되었을 것이다.

---

[04] 『원자론』의 저자 데모크리토스는 70여 권의 저서를 남겼는데, 모두 소실되고 『원자론』과 『윤리론』만 남아 있다고 한다. 데모크리토스는 인간도 죽으면 원자로 돌아간다는 인과적 유물론을 주장하였는데, 목적론적 인간관을 가진 중세 교회의 시각으로는 허용될 수 없는 이단으로 간주되어 데모크리토스의 저서들은 금서로 지정되었고, 번역이나 출판이 불가능하였다.

르네상스 초기의 번역물들은 필사의 방법이나 목판 인쇄로 만든 책의 형태였다가, 1440년 독일의 금 세공업자인 구텐베르크에 의해 금속 활판 인쇄술이 개량[05]되어 대량의 책을 인쇄할 수 있게 되었다. 이로 인해 서양 전체에 엄청난 수의 책이 퍼지게 되었고, 이를 두고 정보혁명이 일어났다고 평가하기도 한다. 르네상스, 종교개혁, 인본주의 운동은 구텐베르크 없이는 '생각조차 할 수 없는 것'이었다. 문헌사학자 토마스 프란시스 카터는 한나라 채륜과 구텐베르크를 각각 영적인 부자 관계에 묘사하였는데, 종이가 그 시대에 서양에 전파되지 않았다면 르네상스, 종교개혁, 인본주의운동은 생각조차 할 수 없었다고 하는 것이 더 정확한 말 아닐까? 양피지나 파피루스는 금속활자로는 물론 목판으로도 인쇄할 수 없다. 서양의 역사학자들은 종이의 전파 경위를 알고 있음에도 구텐베르크의 금속활자의 개량만을 칭송하는데, 1300년까지 양피지를 사용하였던 자신들의 후진성을 굳이 드러낼 필요가 없기 때문으로 짐작한다. 칼 세이건은 『코스모스』에서 "인류사에서 책이 없었다면 얼마나 끔찍하였을까? 한 세대에서 다음 세대로 넘어가면서 정보가 입에서 입으로 말로만 전해졌다면 우리의 진보가 얼마나 느렸을까? 선대가 알아냈던 지식 중에서 어쩌다 얻어들을 수 있었던 몇 마디의 이야기들만 후대에 전해졌을 것이다. 비록 전해졌다고 하더라도 그 정보의 정확도는 보장할 수 없었을 것이다. 책은 시간 여행을 가능하게 해 준다. 책은 과거의 사람과 오늘을 사는 우리를 하나가 되게 하였고, 미래의 사람과도 대화를 할 수 있게 하는 마법이다. 책은 인류가 이룩한 거대 지식 체계와 위대한 통찰의 세계를 우리와 연결시켜 주어 진보를 이루게 한다"고 하면서 책의 중요성을 이야기하고 있는데, 결국 종이가 없이는 책이 있을 수 없다는 점에서 종이의 전래가 서양의 발전에 미친 영향은 이루 말할 수 없이 크다 할 것이다.

1600년 이후까지도 교리에 어긋나는 서적들은 금서로 지정하고 저자를 처벌

---

[05] 서양문화사에서는 구텐베르크가 금속활자술을 발명하였다고 서술하고 있는데, 동양에서는 이미 그보다 200년 이상 앞서 금속활자술이 사용되고 있었다. 여기 비추어보면 구텐베르크는 금속활자술을 '발명'한 것이 아니라, '개량'하였다고 보는 것이 타당한 것으로 생각된다.

할 수 있는 강력한 힘이 교회에 있었다는 것은 갈릴레이 갈릴레오의 종교 재판 사례로 알 수 있다. 교회는 르네상스 초기부터 플라톤의 저서들이 교리에 어긋나는 것이라고 생각하였다면 번역 및 출판 작업을 금지시켰을 것이다. 그런데, 플라톤은 스콜라 철학의 기반이 되는 인물이었기에 교회는 차마 플라톤과 그 학파들의 저서를 금서로 지정할 수 없었을 것이다. 당시 대량으로 인쇄되어 유통되는 대부분의 책들은 교황의 칙서나 종교적인 서적이었고, 종교서적을 제외하고는 교회가 번역 및 출판을 허락한 플라톤 및 플라톤 학파의 저서들이 그나마 번역되어 출판되었던 것이다. 그런데, 서양의 지식인들이 플라톤의 저서들을 직접 읽어보니 스콜라 철학에서 말하던 모습과는 전혀 다른 플라톤이 나타나는 것이 아닌가? 플라톤의 생각은 철인정치에 방점이 있는 것이 아니라 누구도 반박할 수 없는 공리에서 출발하여 이성의 힘으로 이데아를 찾아야 한다는 것에 중점을 두고 있었다.

12세기부터 태동된 서양의 대학은 교회에서 후원하여 교수가 거의 대부분 성직자였고, 중세 대학 필수 이수과목은 수학, 기하학, 천문학, 음계론, 논리학, 수사학, 문법 등(플라톤 아카데미아의 필수 이수과목)이었는데, **수 자체를 연구하는 수학, 정지 상태의 양을 생각하는 기하학, 운동 상태의 양을 살피는 천문학, 다른 수와의 비율을 관찰하는 음계론**은 그 자체가 수학이다. 중세 시대 이름난 철학자, 과학자가 있다면 예외 없이 성직자였다는 것은 중세 시대에는 성직자 외에는 누구도 학문을 하지 않았다는 것을 방증한다. 무한우주론과 지동설을 주장하다 1600년에 종교재판으로 화형당한 조르다노 브루노 역시 성직자였다. 이렇듯 1300년대가 지나면서 성직자만 책을 접할 수 있던 중세시대에서 비교적 많은 사람들이 책을 접할 수 있는 시대가 되어갔고, 서양 곳곳에 대학이 설립되면서 교회에 의하여 허락된 플라톤 및 플라톤 학파의 저술들이 서양의 지식인 사회에 많은 영향을 미치게 되면서 르네상스의 불꽃을 피우게 된 서양은 드디어 동양을 앞지르게 될 기회를 잡게 된 것이다. 다시 말하자면, 라틴 문자로 쓰여진 종이책과 이성의 힘으로 진리를 찾고자 한 플라톤이 없었다면 서양의 르네상스는 없었다.

 물론, 대항해 시대의 결과로 아메리카로부터 쏟아져 들어온 재화나 식량 등으로 1500년 이후 서양은 먹고사는 문제가 어느 정도 해결되었을 것이다. 소수의 유럽인들이 남북 아메리카를 철저하게 유린할 수 있었던 것은 1300년경 동양으로부터 전래 받은 화약 제조 기술을 개량하여 1500년경에는 위력 있는 총과 대포를 만들 수 있었기 때문이다[06]. 먹고사는 문제의 해결은 더 많은 서양 사람들이 플라톤과 유클리드를 연구하면서, 수학과 철학을 공부할 수 있게 하였으므로 아메리카로부터의 식량의 수탈은 서양의 르네상스에 어느 정도 도움이 될 수 있었을 것이다.

---

[06] 동양은 화약 제조 기술을 발명하였고, 유럽보다 먼저 대포를 만들었으나, 총을 만들거나 위력 있는 대포를 만드는 데에는 실패하였다.

02
산학과 수학

동양은 예로부터 산학이라는 이름으로 수를 연구하였다. 산학은 주로 국가기관 내의 재정, 회계에 관한 업무를 보는 전문직들을 대상으로 수의 원리와 실제 산술을 실습하는 과목이었고, 고위관료가 되고자 하는 사람들이 공부하는 소위 과거시험에 포함되는 과목은 아니었다. 철저히 인간세계의 질서를 유지하는 데 도움이 되는 것만을 공부하는 실용적인 학문이었다. 산학은 조세징수를 위한 토지 면적의 측량, 인구 수의 조사, 전쟁물자 등의 수요예측, 상인 간의 거래에 있어서 산술 등에 이용되는 실용적인 것이었고, 누구도 산학 그 자체를 학문으로 의식하거나 진리 탐구의 수단으로 생각하지는 않았다. 그렇기에 '왜?'라는 질문보다 '해법은 무엇인가?'에만 관심이 있었고, 그 해법이 왜 옳은지에 대해서는 관심이 없었다. 결국 동양의 산학은 구체적이고 개별적이며, 실용적인 여러 문제에 대한 공식의 집대성이다.

이러한 실용수학, 산학의 전통은 단지 동양의 경우에만 국한되는 것이 아니라, 이집트, 메소포타미아, 로마 문명 등 그리스 문명을 제외한 모든 문명에서 공통적으로 나타나는 현상이다. 실생활에 도움이 되지 않아 보이는 수, 기하 자체를 계속 연구한다는 것은 인간 본성에 반하는 측면까지 있는 듯하다. 로마의 카토는 "훌륭한 시민에게는 실제적 지식 이외의 그 어떤 지식도 필요하지 아니하다"고 『De Agri Cultura』라는 책에서 주장하였는데, 이러한 인식은 로마를 비롯한 대부분의 문명권에서 보편적으로 지니고 있는 것으로 보인다.

이에 반하여 그리스는 수학을 Mathematics라고 불렀는데, 그 뜻은 배움의 기술(또는 배울 것들)이다. 이성적 사고하에 감각적, 경험적 판단에 입각하여 토론을 통하여 진리에 도달할 수 있다고 주장한 스승 소크라테스가 반대파들에 의하여 제거되는 것을 본 플라톤은 변하지 않는 것에서 이성에 의한 사고를 통하여 진리를 찾고자 하였고, 그 변하지 않는 것은 추상적인 수와 기하밖에 없다는 결론을 내리게 된다. 시간이 지나면 모든 것이 변하지만, 수는 그 자체로 영원히 변하지 않는 것이고, 인간의 이성으로 생각해 낸 기하는 현실세계와는 무관하게 추상적으로 영원히 변하지 않는 것이다. 플라톤의 제자인 아리스토텔레스는 플라톤의 사상 중에서 자신의 이성으로 동의할 수 없는 것은 과감히 버리고 새로운 진리를 향해 나아갔고, 이와 같은 이성에 의한 진리 탐구는 플라톤과 플라톤 학파의 주요한 특징으로 남게 되었다. 스승의 말이라도, 스승이 진리라고 주장하였더라도 끝없이 회의하고 틀렸음이 증명되면 가차없이 폐기하는 것이 전혀 이상한 것이 아니었다. 어떤 명제가 진리임을 증명하는 것, 반대로 진리가 아님을 증명하는 것 모두 누구도 반박할 수 없는 공리에서 출발해야 한다. 플라톤의 학문은 이 같은 원칙 아래서, 누구든 옳고 그름을 따져볼 수 있는 수와 기하에서 시작되었다[07].

아테네의 귀족 가문 출신인 플라톤은 스승인 소크라테스가 사형당하자, 현실 정치에 대한 미련을 버리고, 아테네를 떠났다. 여러 곳을 방랑하면서 철학 공부에 열중하던 중 세상과 모든 사물의 근본을 "수"로 보았던 피타고라스 학파 사람들도 만나게 되었고, 피타고라스 학파의 여러 가르침을 배우게 되었다. 피타고라스 학파는 우주의 본질적 원리는 수이며, 모든 사물과 현상은 수에 의해 질서정연하게 구성되어 있다고 생각했다. 또한 수의 비율이 음악, 예술, 자연, 그리고 건축에 나타나는 조화와 아름다움의 근원이라고 보았다. 음악에서 조화로운 음계

---

[07] 이러한 수와 기하에서 진리를 찾고자 하는 사상은 데카르트에 의하여 더욱 발전되고, 1,600년 이후 서양 문명이 비약적으로 발전하는 결정적 계기가 된다.

와 비율을 찾아내고, 예술과 건축에서도 비율의 원리를 적용하려는 노력을 기울였으며 수에 신비한 의미가 있다고 믿었다. 직각삼각형의 세 변 사이의 관계를 설명하는 그 유명한 피타고라스 정리를 통하여 우주의 질서가 수로 구성되어 있음을 설명하였다. 추상적인 수의 계산만으로 3, 4, 5의 세 수가 직각삼각형을 이루며, 5, 12, 13의 세 수 역시 직각삼각형을 이룬다는 것을 알아낼 수 있으니, 수야말로 만물을 이루는 근본이라고 생각하며, 더 큰 피타고라스의 수를 찾는 어찌 보면 멍청하고 할 일 없는 짓을 지금까지 해 오고 있는 것이다[08].

플라톤은 피타고라스 학파와의 만남 이후 여러 곳을 방랑하다가 아테네에 아카데미아를 열고 수많은 제자를 양성하였고, 유명한 아리스토텔레스 역시 플라톤의 아카데미아 출신이다. 플라톤은 아카데미아 입구에 "기하학을 모르는 자, 이 문을 들어서지 말라"는 문구를 적어 놓은 것으로 유명하다. 진리를 찾는 길에 기하와 수가 중요하다는 플라톤의 신념이 한마디로 드러난 사례이다. 플라톤은 소크라테스로부터는 사람들과 대화를 주고받으며 진리에 도달하려는 대화법을, 파르메니데스로부터는 불변하는 참된 존재에 대한 존재론을, 피타고라스 학파로부터는 만물의 근원인 수의 존재론과 수학적 진리의 확실성 등을 받아들였다. 이러한 플라톤의 사상은 그 유명한 알렉산더 대왕의 스승인 아리스토텔레스를 거쳐 이집트의 알렉산드리아에서 프톨레마이오스(마케도니아인으로서 알렉산더 대왕의 친구) 왕조의 헬레니즘 문화로 발전하게 된다. 고대 그리스는 마케도니아에 정복당한 이후, 곧 로마제국에 편입되었고, 로마제국에 편입된 이후에 철학과 수학사에 이름을 남긴 그리스인은 아무도 없다[09]. 헬레니즘 시대에 알렉산드리아

---

[08] 1637년 발표된 페르마의 마지막 정리는 피타고라스 정리의 확장판이라 할 수 있는데, 페르마의 정리를 증명하기 위하여 수많은 수학자들이 노력하였으나 실패하고, 358년이 지난 1995년에야 증명되었다. 페르마의 정리를 증명하기 위한 수많은 실패 과정에서, 엄청난 수학의 발전이 이루어졌다. 이 지난하고도 눈물겨운 과정은 '시도했던 모든 것이 물거품이 되었더라도 그것은 또 하나의 전진이기 때문에 나는 용기를 잃지 않는다'라고 하며 실패는 멍청하고 할 일 없는 짓이 아니라고 강조한 에디슨의 고백과 더불어, 정답으로 가는 길만이 유일한 가치라고 생각하는 우리에게 시사하는 바가 크다.

[09] 그리스를 점령한 로마인은 그리스인을 노예강사로 고용하여 수사학, 논리학 등을 배웠으나, 수학, 기하학 등은 배우지 않았다.

에서 프톨레마이오스 1세를 가르치면서 『원론』을 저술한 유클리드, 지구의 크기를 계산한 에라토스테네스, 삼각법을 완성하여 천동설의 이론적 근간이 된 『알마게스트』를 집필한 프톨레마이오스, 헤론의 엔진[10]과 헤론의 공식[11]을 창안한 헤론, 수학의 집대성을 저술한 파포스를 끝으로 그리스, 헬레니즘의 수학자 명단은 끝이 난다. 수학을 진리로 이끄는 길이라고 생각한 그리스와 달리 실용적인 수단으로 수학을 바라본 로마는 플라톤의 아카데미아에서 강조한 수학, 기하학, 음계학, 천문학을 아이들에게 가르치지 않았다. 로마의 이런 사회적 분위기에서 위대한 수학자가 나올 리 없다. 동양과 마찬가지로.

유클리드는 제자가 "이렇게 딱딱한 정리들을 배워서 무엇을 얻을 수 있습니까"라고 질문하자, 노예 한 명을 불러서 이렇게 말했다고 한다. "저자에게 동전한 닢을 던져주어라. 저놈은 자신이 배운 것으로부터 반드시 본전을 찾으려는 놈이다". 유클리드 역시 실용 수학을 주장하는 자들을 학문하는 사람이라고 생각하지 않은 것이었다. 유클리드는 지금의 우리에게도 동일한 질책을 하지 않을까?

동양은 공자와 맹자 등 성현들의 경험에서 나온 생각을 옳은 것으로 받아들여 인간세계에 적용하는 것에 치중하였다. 공맹사상의 핵심인 인, 의, 예, 지, 신(仁, 義, 禮, 智, 信)의 오상은 엄밀한 증명이 불가능한 개념들이다. 그럼에도 이에 대해서는 어떠한 반박도 하기 어렵고, 조금이라도 다른 해석을 하면 사문난적이라 비난하면서 생각의 자유를 박탈해 왔다. 사람의 경험과 감각은 같을 수 없기에 다른 사람의 경험과 감각에서 나온 주장은 동의하지 않을 수 있는데도 말이다. 우리가 공자왈, 맹자왈 하는 것은 공자와 맹자의 말을 암기하는 것이고, 이와 같은 암기에서 동양의 모든 공부는 시작된다. 산학은 '왜?'에는 관심이 없고, '그래서?'에만 관심이 있다. 공식이 왜 그렇게 만들어졌는지에 대한 의문이 없으므로, 무조건적으로 공식을 외우고 문제풀이에 적용하는 것이 공부의 전부다. 공식

---

10 공기의 열 팽창을 이용해 움직이는 기계로 증기기관과 유사한 기계로 알려져 있다.
11 삼각형의 세 변의 길이를 알면 삼각형 면적을 구할 수 있는 공식이다.

을 모르면 문제풀이를 할 수 없다. 무조건 공식을 외워야 한다. 공식만이 살길이다. 공식이 옳은지 그른지를 구분할 수 없으므로, 공식이 틀렸다고 주장하는 사람에 적대적 태도를 취하게 된다. 공식으로만 공부한 사람(성현의 말씀을 암기한 사람)은 열린 이성으로 사물을 보는 것이 아니라 주입된 공식(또는 성현의 말씀)으로만 세상을 보는 편협함이 생긴다. 예로부터 전해지는 공식의 타당성에 대한 의심과 확인을 거치지 않고 이를 그대로 수용하는 것은 베이컨의 '극장의 우상'을 그대로 받아들이는 결과가 되어, 관습과 선례를 무비판적으로 따르거나 전문가나 권위자들의 의견을 맹신하게 되는 노예적이고 기계적인 인간으로 만든다.

서양은 유클리드의 원론에서부터 수학을 시작한다. 원론은 "점은 부분이 없는 것이다(쪼갤 수 없는 것이다)."로 시작한다. 현실 세계에서 쪼갤 수 없고 부분이 없는 것이 도대체 무엇이란 말인가?. 원론은 시작부터 추상의 세계에서 논리를 펼쳐간다는 것을 선언하고 있는 것이다. 원론은 그다음 정의로, "선은 폭이 없이 길이만 있는 것이다"로 이어지고 23번째 정의로 "평행선이란 동일한 평면에 있는 직선으로, 양쪽 각각으로 아무리 길게 늘여도 어디에서도 만나지 않는 직선이다"를 서술한 이후 공준으로 불리는 5개의 문장이 나온 후[12] 공리 9개[13]가 제시된다. 수학 전체에서 원론의 공리는 너무도 중요하므로 인용해 본다.

1. 어떤 것 둘이 다른 어떤 것과 같다면, 그 둘도 같다.
2. 서로 같은 것에 같은 것을 더하면, 그 결과도 서로 같다.
3. 서로 같은 것에서 같은 것을 빼면, 그 결과도 서로 같다.
4. 서로 같지 않은 것에 같은 것을 더하면, 전체는 같지 않다.
5. 서로 같은 것의 2배는 서로 같다.

---

[12] "어떤 점에서 또 다른 어떤 점으로 직선을 그을 수 있다." "한 직선이 두 개의 직선과 교차할 때, 어느 한 쪽의 두 내각의 합이 180°보다 작으면 두 직선을 연장하였을 경우 두 개의 직선은 두 내각의 합이 작은 쪽에서 교차한다" 등 너무나 당연하여 아니라고 할 수 없는 문장들이다.

[13] 방정식과 기하에서 기본적으로 사용되는 증명방식이다. 우리는, 우리 아이들은 이 당연한 사실을 깊이 생각해 보지 않아 수학에서 어려움을 겪는다.

6. 서로 같은 것의 절반은 서로 같다.

7. 서로 겹쳐지는 것은 서로 같다[14].

8. 전체는 부분보다 크다.

9. 두 직선은 구역을 둘러쌀 수 없다.

현대식으로 표현하자면, 제1공리는 "a와 b가 c와 같다면 a는 b와 같다", 제2공리는 "a와 b가 같다면, a와 b에 같은 c를 더한 것도 같다", 이런 식으로 표현될 수 있는데, 당연한 말을 당연하게 하고 있다고 생각될 것이다. 공리 9까지 현대식으로 한번 생각해 보라. 원론은 아무리 자명하다고 여겨지는 내용이더라도 그 타당성을 보다 원리적인 사항으로부터 도출하려는 연역적 태도에서 출발하고 있는데, 그와 같이 누구도 반박할 수 없는 공리에서 출발하여 특수한 사항을 기술하는 연역법적 태도가 그리스 수학의 첫걸음이었고, 서양 수학의 모태가 된 태도이다. 데카르트는 『방법서설』에서 명징성의 규칙[15], 분해의 규칙[16], 복합의 규칙[17], 열거의 규칙[18] 등 네 가지 규칙으로 철학하는 방법을 수와 기하를 기준으로 설명하고 있다.

이러한 엄밀한 논증의 방식으로 원론은, 평면도형, 평면도형(기하학적 대수), 평면도형(원), 평면도형(내접 및 외접다각형), 일반 비례론, 일반 비례론의 도형에의 응용, 수론(정수론, 3권), 무리수[19], 입체도형, 구적론(적분과 유사), 정다면체론 등 13권으로 각각의 수리적, 기하적 이론을 증명하고 있다. 원론의 개념은 현행 중등 과정까지를 포괄하는 개념이고, 여기에 데카르트의 좌표계, 뉴턴과 라

---

[14] 탈레스의 포갬의 원리

[15] 명징하게 참으로 인식되지 않는 어떤 것도 참으로 받아들이지 않는 것(공리 이외의 것은 참으로 받아들이지 않는 것)

[16] 복잡한 각각을 가능한 작은 부분으로 나누는 것

[17] 가장 단순한 것에서 조금씩 단계적으로 순서에 따라 연결해 나가는 것

[18] 내가 아무것도 빠뜨리지 않았다고 확신할 정도의 완전한 열거와 점검을 어디서나 하는 것

[19] 앞으로 이 책에서는 무리수가 아니라 무비수라 한다. 유리수도 유비수라 한다.

이프니츠의 미적분 개념, 가우스, 오일러의 정수론, 집합론과 확률론까지가 고등수학, 수능수학의 목적지이다.

 종이와 활자술의 보급으로 1300년경부터 서서히 책을 접하게 된 서양의 지식인들은 16세기부터 3차방정식[20]과 4차조건등식의 대수적 해법에 몰두하기 시작하였다. 16세기 당시 서양에서는 상대방과 서로 일정 수의 문제를 출제하고, 일정 기간 동안 그 문제들을 풀이하는 수학시합이 성행하였는데, 승자는 상금과 명예는 물론 대학 등에 취직하거나 유력 귀족의 후원하에 수학을 계속할 수 있는 자격을 얻었고, 패자는 모든 것을 잃었다. 가장 유명한 수학시합으로 1535년 2월 피오르와 타르탈리아의 3차조건등식 해법에 관한 수학 시합이 많은 사람들의 관심 속에서 개최되었다. 서로에게 30문제를 제시하고, 일정 기간 내에 더 많은 문제를 풀이한 사람이 승리하는 방식이었다. 타르탈리아는 피오르의 문제를 모두 풀이하였는데 피오르는 타르탈리아의 문제를 하나도 풀지 못해 타르탈리아의 완벽한 승리로 끝이 난다. 타르탈리아의 승리 소식을 들은 카르다노는 그 해법을 알려달라고 간청하였고, 타르탈리아는 외부에 누설하지 않겠다는 서약을 받고 그 해법을 전수하였으나 카르다노는 약속을 어기고 『아르스 마그나』라는 수학서를 통하여 3차조건등식의 해법을 공개해 버리게 된다. 이와 같이 3차조건등식의 풀이가 해결된 이후, 4차조건등식의 해법에 매달리게 되고 카르다노의 제자인 페라리가 그 풀이에 성공하게 된다. 당연히 5차조건등식의 해결에 매진하였으나, 300년이 지나서야 5차 이상의 조건등식은 대수적으로 일반해를 구할 수 없다는 것이 증명되어, 서양 지식인들의 5차 조건등식에 대한 일반적인 풀이법에 대한 탐구가 끝이 난다.

 지동설을 주장한 갈릴레이는 "수학은 신이 자연에 쓴 언어이다"라는 말을 하였고, 양자물리학자인 파인만 역시 "미적분학은 신이 사용하는 언어이다"라는 말을 하였다. 데카르트는 원론과 갈릴레이의 저작들을 공부하면서 좌표계를 고

---

[20] 앞으로 이 책에서는 방정식이 아니라 조건등식이라 한다.

안해 수학 역사상 처음으로 도형(기하)과 대수학을 한 곳으로 결합시킴으로써, 도형을 대수적으로 표현 가능하게 하였다.

데카르트는 이성에 의하여 회의하는 플라톤의 전통을 따라 『방법서설』에서, 선례와 관습에 의하여 참이라고 받아들여지는 모든 것들을 가장 단순하게 나누어 직관으로 명징하게 참이라고 받아들일 수 있는 부분(공리)에서 다시 조금씩 단계적으로 복잡한 대상으로 연역을 통해 진리에 도달하는 방법으로 수학과 철학을 하여야 한다고 하였다. 데카르트는 참으로 인식되는 명징적 지식은 직관과 연역을 통해서만 획득할 수 있다고 하였다. 데카르트는 누구나 참이라고 알 수 있는 직관(공리)에서 연역된 지식은 다시 직관으로 바뀌고, 그렇게 직관의 세계가 또 다른 연역을 통하여 다시 직관으로 확대되면 결국 진리에 이를 수 있다고 보았고, 이것이 그리스 수학을 이어받은 유럽의 수학 전통이 되었다.

다시 원론과 데카르트의 저작을 공부한 뉴턴[21]과 라이프니츠는 기하학과 대수학이 좌표계에서 만나 이루는 상상의 세계에서 접선의 조건등식인 미적분학을 생각해 내었고, 미적분학은 지구와 태양과 우주의 비밀을 풀 열쇠가 된 것이다. 갈릴레이 이후 페르마, 데카르트 등에 의하여 수학의 범위가 기존 아라비아 대수학을 넘어 기하학과 대수학을 아우르는 심연으로 확장되어 갔고, 마침내 뉴턴과 라이프니츠에 의하여 미분과 적분의 통일적 파악의 단계에 이르러 서양문명은 비약적인 상승의 토대를 이룬 것이다. 김민형 박사는 『수학이 필요한 순간』이라는 책에서 16세기 이후의 수학에서 가장 중요한 발전 세 가지를 ① '빛은 시간을 최소화하는 경로로 진행한다'는 페르마의 원리, ② 뉴턴의 프린키피아(자연철학의 수학적 원리)의 편찬[22], ③ '데카르트의 방법서설의 부록 중 기하학의 편찬'이

---

[21] 칼 세이건은 『코스모스』에서 뉴턴이 미적분학을 발명하게 된 경위에 대하여 다음과 같이 서술하고 있다. "당시 스무 살이던 뉴턴은 신비주의 박람회에서 점성술책 한 권을 구입했다. 그는 그 책을 읽다가 도면을 하나 이해하지 못해 계속 읽어 나갈 수가 없었다. 그가 삼각법을 몰랐기 때문이다. 그래서 삼각법의 책을 사서 읽기 시작했지만, 이번에는 그 책의 기하학적 논의를 따라갈 수 없었다. 그래서 유클리드의 원론을 구해다가 읽기 시작하였고, 2년 뒤에 뉴턴은 미적분학을 발명하기에 이른다"

[22] 1687년 발간되었고, 그로부터 8년 후 서양 음악의 아버지, 어머니가 태어났다.

라고 하고 있다. 이러한 수학에서의 중요한 발전은 과학문명의 발달에 기폭제가 되어, 인간과 동물과 바람의 힘만을 동력으로 사용하던 서양에서 전기를 발견하게 되고, 석탄과 석유를 동력원으로 사용하게 되고, 급기야 원자의 힘을 동력원으로 사용하게 되는 시대로 이끌게 된 것이다.

1800년을 전후하여 동양은 발전된 과학문명을 앞세워 밀려오는 서양에 속수무책으로 당하는 지경에 이르게 되었다. 불행히도 당시 청나라는 강희, 옹정, 건륭의 강건성세를 지나 쇠퇴기에 있었고, 조선 역시 구체제의 모순으로 인해 심각한 사회적 문제에 봉착해 있어서 밀려오는 서양 세력에 효율적으로 대처하지 못한 채 단기 대응에만 진력하면서 사회적 모순이 점증하게 되었고, 직접적인 서양의 침입을 당하지 않은 일본[23]은 스스로의 힘으로 서양의 문물을 배우겠다는 메이지유신으로 사회 체제를 바꾸는 것으로 대응하였다. 동양이 서양에 대응하는 모습은 각기 달랐지만, 동양보다 월등하게 우월한 모습으로 나타난 서양의 문물을 배워야겠다는 의욕은 모두 같았고, 빨리 서양을 따라잡기 위해서 서양의 문물, 특히 과학 기술을 집중적으로 배우는 과정이 한동안 진행되었다. 과학 기술과 함께 수학도 전파되고 수학을 배우는 동양 사람들이 늘어났지만, 역사적, 사회적으로 인식된 산학의 전통을 버리지 못한 동양 사람들은 결과만을 흡수하고, 그에 이르는 과정은 소홀히 대하는 어찌 보면 당연한 행동을 현재까지도 하고 있는 것이다. 수학은 과학 기술을 발달시키려고 연구되는 것이 아니다. 수학이 발달하면서 자연현상을 수식으로 표현할 수 있게 되었지만, 자연현상을 설명하고 과학 기술을 발달시키기 위하여 수학을 하는 것은 아니다. 그런데, 서둘러 서양을 따라가고 싶은 동양인들은 원인과 결과를 거꾸로 인식하여 과학 기술을 발달시키려면 수학을 공부해야 한다고 하면서도, 진짜수학이 아닌 산학을 하고 있는 것이다.

동양의 주식은 쌀이고, 서양은 밀이다. 쌀과 밀은 칼로리는 비슷하지만, 쌀은

---

[23] 일본은 청에 비하여 서양 세력이 탐낼 것이 없었다는 행운도 있었다.

조밀하게 식재가 가능하여 밀보다 단위면적당 생산량이 많다. 지역과 농업기술에 따라 다르지만, 1헥타르당 쌀은 4.5톤, 밀은 3.5톤 정도를 생산하는 것으로 나타나므로, 쌀은 단위면적당 밀에 비하여 30% 정도 높은 생산량을 보인다. 프리츠 하버가 1906년 발명한 질소고정법[24]에 의한 질소비료가 나오기 전까지 인류는 늘 배고픈 신세였다. 배고픈 사람은 진리 탐구를 위한 공부를 할 수 없다. 매슬로우의 5단계 욕구이론에 의하면 가장 높은 수준의 욕구는 "자아실현 욕구"로서 질서정연하고 조화를 이루며 아름답고 진실된 것을 찾고자 하는 욕구로 정의하고 있다. 매슬로우는 아래 단계의 욕구가 충족되지 않으면 다음 단계의 욕구가 생기기 어렵다고 보면서, 인간의 욕구가 단순한 생리적 욕구에서부터 고차원적인 자아실현 욕구에 이르기까지 계층적으로 구성되어 있다고 설명한다. ① 인간의 기본적인 생존을 위한 욕구로, 음식, 물, 호흡, 수면, 성(性) 등의 필수적인 욕구를 포함하는 생리적 욕구, ② 생리적 욕구가 충족된 후에는 신체, 경제적 안전과 건강, 고용 안정성 등을 포함하는 안전 욕구, ③ 안전 욕구가 충족된 후에는 소속감, 우정, 사랑, 가족 관계 등 사회적인 상호작용과 소속감을 포함하는 사회적 요구, ④ 사회적 욕구가 충족된 후에는 인정, 명예, 성취감, 자존심 등을 포함하는 자존감과 타인의 존경을 얻고자 하는 존중 욕구, 위의 모든 욕구가 갖추어진 이후에야 ⑤ 자아실현 욕구가 발휘된다고 한다. 즉, 인간이 창의성을 발휘하여 진리를 탐구하기 위해 공부한다는 것은 앞의 4단계의 욕구가 충족되었을 때에만 가능하다는 것이다. 단순히 대학에 합격하기 위하여, 과거시험(현재 행정고시)에, 의사시험에, 로스쿨시험(과거 사법시험)에 합격하기 위하여 하는 공부는 잘 봐주어야 4단계의 욕구 충족을 위한 행위로 보아야 할 것이고, 자아실현을 위한 공부라고 할 수 없다[25].

---

[24] 하버를 공기에서 빵을 만든 사람이라고 칭송한다.
[25] 그런데, 우리는 4단계 욕구 충족을 위한 시험에 통과한 변호사, 의사, 회계사 등을 지식인으로 부르며, 그들은 5단계의 욕구 충족을 위한 별다른 노력도 하지 않으면서도 자신들이 지식인이라고 착각하면서 살아가고 있다.

질소고정법이 발명되기 이전 동양과 서양은 쌀과 밀의 단위면적당 생산량에 의존하여 유지가능한 인구수를 조절할 수밖에 없었다. 전쟁으로 죽든지, 기아로 죽든지 등의 극단적인 방법을 통하여. 어쨌든 과거, 현재까지 단위면적당 인구부양능력이 뛰어난 쌀을 주식으로 한 동양은 밀을 주식으로 한 서양에 비하여 많은 인구수를 유지할 수 있었고, 이는 인구가 곧 국력인, 농업을 중심으로 한 시대에는 엄청난 장점이었다.

쌀을 주식으로 한 덕분에 동양은 서양에 비하여 4단계의 욕구를 충족한 계층의 사람들이 훨씬 많았을 것이다. 그러나, 진리를 찾는 방법이 연역법이 아니고, 선례나 관습을 중요시하고, 이를 회의하는 전통이 없으며, 진리를 찾는 대상이 인간질서 유지에 국한되어서, 동양은 서양과 같은 진보를 이룩하지 못한 것으로 생각된다(나는 수학과 과학에 대해서만 이야기하고 있고, 동양의 정신문화를 폄훼하는 것이 절대 아님을 분명히 밝힌다). 서양도 1600년 이전의 과학자, 수학자, 철학자들은 예외 없이 4단계의 욕구를 충족한 계층으로 인식되는 귀족, 신부, 거대 상인의 후손들이다. 그런데, 최초로 귀족, 신부, 거대 상인의 후손이 아닌 농부의 아들이 과학자, 수학자로 나타난 사람이 1642년생 뉴턴이다. 그 뒤를 이어 가우스, 패러데이 등 한미한 가문의 후손들도 과학자, 수학자로 이름을 드러내고 있는데, 뉴턴이 태어난 1640년대 이후 서양 사회는 수학, 과학, 철학에 대한 사회적 분위기가 고양되어 금수저가 아닌 사람들도 두각을 나타내는 경우가 생기게 된 것이다. 걸출한 과학자 패러데이의 예는 특히 인상적이다. 패러데이는 10세 때 인쇄조판공으로 사회에 첫발을 내디뎠는데, 당시는 화학과 물리학 관련 서적들이 쏟아져 나오던 시기였다. 그가 조판공으로 일하며 인쇄한 대부분의 책들이 화학과 물리학에 관한 것이었기에 그는 자연스럽게 화학과 물리학에 관심을 가지게 되었고, 그 길에 매진해 마침내 전자기의 성질을 규명하는 등 과학 역사상 큰 업적을 이루게 되었다. 현재 우리나라는 대부분의 사람들이 먹고사는 문제를 해결하여 누구든 5단계의 욕구 충족 단계까지 나아갈 수 있는 역사상 처음의 경험을 하고 있다.

헤겔[26]은 '양이 일정한 수준을 넘어서면 그 본질을 바꾼다' 혹은 '양의 점진적 변화는 질의 혁명적 변화를 일으킨다'라는 이론을 제기하였다. 양은 연속적(아날로그적)으로 증가하지만, 일정 수준 이상이 되면 비연속적으로 질적 변화를 일으키게 된다는 이론이다. 물은 99도까지 아날로그적으로 온도가 증가하지만, 100도가 되면 순식간에 기체가 되는 극적인 변화를 이루는 것과 같이. 서양의 지식인 수가 늘어남에 따라 사회의 지식 총량이 커졌고[27], 마침내 그 양이 일정한 수준을 넘어서게 되어 질적인 변화를 일으켜 수학혁명, 과학혁명으로까지 발전하게 된 것이다[28]. 동양의 인구가 수천 년 동안 서양보다 훨씬 많았다는 양의 우위는 1500년까지의 서양에 대한 동양의 우위를 설명할 수 있는 근거가 된다. 그런데, 왜 동양은 양의 우위를 질적 변화로 바꾸지 못한 것일까? 왜 동양에서는 1900년 이후에도 괄목할 만한 철학자, 과학자, 수학자가 거의 나오지 않고, 여전히 서양에서 시작된 컴퓨터, 챗GPT 등의 첨단기술과 경제학 이론과 양자물리학 이론을 따라가기 급급한 것일까? 우리는 플라톤의 동굴에 갇혀 서양 문명의 그림자만 따라가면서도 실체를 따라간다고 착각하는 것은 아닐까?

동양은 해가 하지 때 어떤 방향으로 지나가고, 춘분과 추분, 동지 때는 또 어떻게 지나가는지 그 결과는 정확하게 알고 있었지만, 왜 하지, 춘분, 추분, 동지 때 해가 다른 길로 지나가는지에 대해서는 아무도 궁금해하지 않았다. 동양은 조수간만의 차가 언제 생기는지 결과는 정확하게 알고 있었지만, 왜 그런 조수간만의 차가 생기는지는 아무도 궁금해하지 않았다. 동양은 해가 동에서 서로 진다는 사실은 알고 있었지만, 누구도 왜 그런지 궁금해하지 않았다. 지구의 크기가 얼마

---

[26] 헤겔은 수학의 미분에서 사용되는 미분소와 무한에 대한 개념으로 변증법을 설명하였다.

[27] 이언 모리스는 『왜 서양이 지배하는가』라는 책에서 '사회발전지수'라는 포괄적 개념으로 설명하고 있다. 눈에 보이는 인구수, 에너지사용능력, 군사력, 문맹률을 척도로 삼고 있으나, 왜 그러한 척도가 200년 사이에 갑자기 서양에서만 폭발적으로 증가하여 서양이 동양을 지배하게 되었는지에 대한 명확한 대답은 없다. 그 외에 수많은 서양이 동양을 추월하게 된 이유를 나름대로 설명한 책들을 살펴보아도, 우연히 그랬다든가 원래 그랬다든가 등 명확한 근거를 들고 있지 못하다.

[28] 이성의 힘으로 생각하는 지식인의 수가 많은 사회는 건강한 사회로, 그러한 사회에서는 이성의 힘을 억압하는 공산주의나 집단주의가 설 자리가 없다.

인지, 지구와 해의 거리는 얼마인지 궁금해하지 않았고, 결과를 알고 난 이후에도 지구의 크기는 인간세상의 질서와 하등의 관계가 없다고 생각하였으므로, 그 다음을 아무도 궁금해하지 않았다. 동양은 번개가 왜 생기는지[29], 달의 모습은 왜 변하는지, 바람이 왜 부는지, 구름은 왜 생기는지, 물이 왜 끓는지[30], 얼음은 왜 어는지, 물이 왜 높은 곳에서 낮은 곳으로 흐르는지[31], 새는 왜 날 수 있는지, 나무는 왜 물에 가라앉지 않는지[32], 아무도 궁금해하지 않았다. 궁금해했어도 알아낼 방법이 없었다. 수학적 사고력이 없었기 때문이다.

서양은 그런 것들을 궁금해했고, 그 궁금증을 풀어줄 해답이 바로 수학에 있었던 것이다. 히포크라테스는 "사람들이 간질을 신이 내린 것으로 여기는 이유는 그 병의 정체를 이해하지 못하기 때문이다. 그러나, 이해하지 못하는 것들을 모두 신이 내렸다고 여긴다면 그 목록에 끝이 어디 있겠는가?"라고 하면서 인간은 사물의 본질을 이해하기 위한 과학적 노력을 계속하여야 한다고 설파하였다. 서양은 동양으로부터 화약 제조 기술을 습득한 후 200여 년 만에 동양보다 월등하게 발전된 총과 대포를 만들었는데[33], 이 역시 사물의 본질을 이해하기 위한 과학적 노력과 수학의 힘이 절대적인 영향을 미쳤을 것이다. 여기서 절대 오해하지 말아야 할 것은 서양에서 자연현상 등에 숨겨진 비밀이 궁금했기 때문에 수학을 한 것이라고 앞뒤를 거꾸로 인식하는 것이다. 앞에서도 말했지만, 수학은 자연현상의 비밀과는 무관하게 순수한 인간의 이성을 바탕으로 한 추상의 세계에서 벌어지는 연역적 활동이다. 뉴턴이 컴퓨터와 휴대전화, GPS를 만들기 위해 미적분을 생각해 낸 것이 아니고, 아인슈타인이 원자폭탄을 만들기 위해 상대성 이론을 생각해 낸 것이 아니라는 것이다.

---

[29] 그 물음의 답이 전기의 발견이다.
[30] 그 물음의 답이 증기관의 발명이다.
[31] 그 물음의 답이 중력의 발견이다.
[32] 그 물음의 답이 철제 증기선의 발명이다.
[33] 일본이 포르투갈 상인으로부터 얻은 조총으로 임진왜란을 일으켰고, 조선은 동학농민 혁명 때까지 그 총을 그대로 사용하였다.

새로운 지식은 사회적, 역사적으로 전승되어 내려오는 축적된 지식을 바탕으로 나오는 것이고, 그 시점의 사회 전체의 지식과 기준이 뒷받침해 주지 않으면 개인의 발견을 연속적으로 후대로 연결해서 지속적으로 발전시킬 수 없다. 과학철학자 폴라니는 "과학적 발견은 개개인의 노력에 의해 이루어지지만, 이 발견의 사회적 수용은 발견과 동시에 일어나는 것이 아니고 그 시점의 과학자 사회 전체의 지식과 기준에 영향을 받는다"는 견해를 밝혔는데, 그리스 시대의 수학자 일단은 둥근 지구의 둘레를 정확하게 측정하고, 둥근 지구가 태양을 중심으로 공전하고 있다는 것을 발견하고 주장하였지만, 그 시대의 사회가 이를 받아들일 준비가 되지 않아 여전히 천동설이 유지되었고, 지동설을 주장하였다는 이유로 2,000년 후의 과학자가 화형에 처해지는 비극이 벌어지게 되는 것이다[34]. 사회 전체 지식인층의 공통된 지식의 고양이 사회 발전에 중요한 동력이 됨을 극명하게 보여주는 사례라 할 것이고, 서양의 1600년 이후의 급성장이 사회 전반의 지식의 향상과 무관하지 않다는 것을 보여주는 실례라 할 것이다. 서양에서는 지식인이라면 수학에 대한 나름의 철학을 가지고 있어야 하고, 수학에 대한 논의에 참여할 수 있어야 한다고 생각한다. 반면 우리는 수학 이야기를 하면 잘난 체한다고 기분 나빠 하거나 심지어 재수 없는 사람으로 취급받는 경우도 있다. 이러한 사회적 분위기, 강한나 씨 말대로 '기분냄새'가 그 사회를 규정짓고, 그런 기분냄새를 맡은 우리 아이들은 암묵적으로 수학을 미워하거나 두려워하게 되는 것은 아닐

---

[34] 1,500여 년 동안 천동설의 이론적 근거가 된 『알마게스트』를 집필한 프톨레마이오스는 인류 역사상 최고의 천재가 아닐까 생각한다. 지동설이 진리이고, 천동설이 거짓임에도 불구하고, 온갖 수학적 기교를 동원하여 1,500년 동안 태양이 지구를 도는 것처럼 보이는 틀림없는 계산방식을 만들어 냈으니 말이다. 프톨레마이오스 역시 젊은 시절 수학적 계산이 간단하고 정확한 지동설이 맞다고 생각한 적이 있다고 한다. 그런데, 그 시대의 모든 사람들이 지동설을 터무니없다고 생각하였고, 프톨레마이오스는 그와 같은 사회 전반의 지식과 기준을 극복하지 못한 채, 지동설을 포기하고 천동설을 수학으로 해석하기에 이르렀다. 프톨레마이오스가 극복하지 못한 지동설의 약점은 뉴턴도 동일한 문제로 수많은 반박을 당한, "지구가 돈다면, 나는, 너는, 찻잔 속의 물은, 왜 가만히 있느냐" 하는 것이었다. 중력과 관성의 법칙을 모르면 지동설을 이해할 수 없는 것이고, 중력과 관성의 법칙을 발견한 뉴턴은 지동설을 수학적으로 입증할 수 있었다.

까? 비고츠키는 시각장의 노예 개념[35]에서 "인간의 인식은 언어, 문화, 역사 등의 사회적 요인에 의해 영향을 받는다"고 설파하였는바, 수학에 대한 우리 사회 전체의 인식이 바뀌면 우리 아이들의 수학에 대한 두려움이나 미움이 바뀔 것이다.

우리 민족은 세계 유일의 창제자가 있는 문자인 한글을 가지고 있는 창의적인 민족이고, 타고난 근면과 성실성으로 식민지를 겪은 나라가 지배했던 국가를 추월하는 믿을 수 없는 결과를 이룩하였으며, K-POP과 한류로 세계를 홀리는 흥이 있는 민족이다. 그런데도, 세계에서 가장 불행하다고 느끼며 살아가고 있다. 전 세계가 부러워하는 한국인이 스스로는 아무도 행복하지 않으며, 전쟁과 흑사병의 시대보다 낮은 출생률을 기록하며 국가 소멸의 길을 가고 있다. 2023년의 출생아 수는 23만 명으로 불과 50년 전인 1973년 96만 명의 24%에 불과하게 된 이유가 무엇일까? 점점 출생아 수는 줄어들고 있고, 조만간 20만 명을 깨고 내려갈지도 모른다. 모든 출생아가 100년 동안 생존한다고 하더라도 우리 대한민국은 2,300만 명 이하에 불과한 소국으로 명맥을 이어갈지도 모른다. 과장일지 모르지만, 나만의 억측일지 모르지만, 우리가 이렇게 불행하게 살아가고 출생아 수가 점점 줄어드는 것에는 초등학교 전부터 수능 때까지 연산과 문제풀이만 매달려 수학지옥을 견뎌온 우리 아이들, 젊은이들의 반항도 큰 지분을 차지하고 있지 않을까? 하는 생각이 든다. 자신이 견뎌온 수학지옥을 자신의 아이들에게는 물려주지 않고 싶은 생각에서 인간의 당연한 본능인 아이를 낳고 기르며 얻게 되는 행복을 외면하게 만든 것은 아닐까?

---

35 인간의 인식은 현실에 의해 완전히 결정되는 것이 아니다. 인간은 현실을 반영하는 것이 아니라, 현실을 해석하는 것이다. 인간의 인식은 언어, 문화, 역사 등의 사회적 요인에 의해 영향을 받는다.

03
진짜수학

위키피디아에서는 수학을 다음과 같이 설명하고 있다. "수학은 양, 구조, 공간, 변화 등의 개념을 다루는 학문이다. 현대 수학은 형식논리를 이용해서 공리로 구성된 추상적 구조를 연구하는 학문으로 여겨지기도 한다. 수학은 그 구조와 발전 과정에서는 자연과학에 속하는 물리학을 비롯한 다른 학문들과 깊은 연관을 맺고 있다. 하지만 여느 과학의 분야들과는 달리, 자연계에서 관측되지 않는 개념들에 대해서까지 이론을 일반화 및 추상화시킬 수 있다는 차이가 있다. 수학자들은 그러한 개념들에 대해 추측하고, 적절하게 선택된 정의와 공리로부터 엄밀한 연역을 통해서 추측들의 진위를 파악한다."[36] 수학은 사칙연산을 비롯한 산수(Arithmetic)가 아니고 수, 양, 공간의 구조와 성질, 변화 등을 연구하는 학문으로 인간의 감각적 오류에 흔들리지 않는다는 특징을 가진다.

수, 양, 공간의 구조와 성질, 변화 등을 연구하기 위한 기초 수단으로 사칙연산이 필요한 것일 뿐, 진짜수학을 위해서는 사칙연산이 아닌 수, 양, 구조에 대하여 정의와 공리로부터 엄밀한 연역을 통해 끊임없이 생각해야 한다. 데카르트의 『방법서설』[37]에서 "나는 생각한다. 고로 존재한다"라는 말은 다름 아닌 "나는 수

---

[36] 김민형 박사의 『수학이 필요한 순간』이라는 책에 그렇게 적혀 있다. 내가 찾은 위키피디아의 설명은 좀 다르지만, 김민형 박사의 설명이 좀 더 타당한 듯하여 그 책의 내용을 그대로 인용하였다.

[37] 데카르트는 방법서설 서론에서 "나는 단순하고 쉬운 것에서 시작하고 여기서 더 이상 할 게 없다는 것이 분명해지기 전까지 다른 것으로 넘어가지 않겠다고 결심했다. 아주 어려운 것을 증명하기 위해 기하

학한다. 나는 의심한다"로 바꾸어 써도 좋을 것이다. 수학은 말로 하는 학문이다. 생각을 말로 하기 때문이다. 과학은 의심하고 궁금해하는 것에서 출발한다.

15세기에서 17세기에 걸쳐 덧셈, 뺄셈, 곱셈, 나눗셈, 등호의 기호가 나타났고, 현대에서는 세계공통기호로 $+, -, \times, \div, =$ 를 사용하게 되었다. 그 이후 수학에서는 수많은 약속(분수, 비, $\sqrt{}, \Sigma, \infty, \pi, e, \log, \sin, \cos$ 등)을 기호로 표기하기에 이르렀고, 이러한 기호의 의미를 충분히 이해하지 못하면 더 이상 수학을 할 수 없는 지경에 이르렀다[38]. 수학에 기호가 나타나기 시작한 15세기 이전에는 모든 수학은 말로 하였고, 말로 교육되었음에도 말이다.

진짜수학을 알기 위해서는 다시 유클리드 "원론"을 보아야 한다. "원론"은 모든 권에서 정의를 먼저 서술하고, 각각의 명제를 이전의 정의와 공리를 바탕으로 이전에 증명한 구체적 명제를 이용하여 엄밀한 논리로 연역적으로 증명하는 것으로 이루어져 있다[39]. 그 어디에도 수식이나 공식 따위는 없다. 동양의 산학과 같은 문제풀이집이 아닌 것이다. 근대 자연과학의 획기적인 변환점이 되는 뉴턴의 프린키피아를 비롯한 대부분의 서양의 수학, 과학 논문은 유클리드의 "원론"의 체계를 따라 자신의 주장을 증명한다[40]. 미국 독립선언문은 "우리는 이러한 진실을 자명한 것으로 여깁니다. 모든 사람은 태어날 때부터 평등하며, 창조주에 의해 생명, 자유, 행복 추구의 불가침한 권리를 부여받습니다"라는 문장으로 시작한다. 정의와 공리를 먼저 내세우고, 이러한 정의와 공리가 자명하다면, 그 아

학자가 흔히 사용하는 아주 단순하고 쉬운 근거들의 긴 연쇄는 나에게 다음과 같은 것을 생각하게 했다. 인간이 인식할 수 있는 모든 것은 그와 같은 방식으로 서로 연결되어 있고, 참이 아닌 어떤 것도 참으로 간주하지 말며, 어떤 것을 다른 것에서 연역할 때 항상 필요한 순서를 지키기만 하면, 아무리 멀리 떨어져 있어도 결국 도달할 수 있고, 또 아무리 숨겨져 있어도 결국 발견할 수 있을 것이다"라고 말했다. 우리가 배워야 하는 진짜수학을 하는 참된 자세이다.

38 이러한 기호는 약속으로 진짜수학과는 무관하고, 이러한 약속은 외워야 한다.

39 데카르트는 이를 연역에 의하여 직관으로 바뀐다고 하고, 폴라니는 암묵적 지식이라고 표현하였는데, 결국 한 단계 한 단계 완벽하게 이해하고 체득된 이후 다음 단계로 넘어가야 진짜수학을 할 수 있다는 것이다.

40 뉴턴의 『프린키피아』에서는 서두에 8개의 정의와 3개의 공리(법칙)을 이야기하고, 거기에서 출발한다.

래의 논증이 정당하다는 "원론"의 전형적인 증명방식으로 미국 독립선언문은 시작된다. 서양의 지식인들은 "원론"의 논증방식을 밑바닥에 둔 채, 자신의 수학적, 과학적, 정치적, 철학적 주장을 철저하게 연역적으로 설명하여 그 주장의 정당성을 확보한다. 진짜수학은 연역적으로 아래에서 시작하여 개별적이고 구체적인 명제에 도달하는 방식이다. 문제풀이로 얻은 개별적, 감각적 경험에 의해서 전제와 결론 사이에 "개연성"을 추구하는 귀납적 방법은 전제와 결론 사이에 "필연성"이 요구되는 수학에서는 적절한 방식이 아니다. 문제풀이로 산학을 공부한 수많은 동양의 산학자들이 역사에서 수학자로 거의 인정받지 못한다는 것이 그 증거이다.

물론, 진짜수학은 어렵다. 오죽하면 프톨레마이오스 1세가 기하학에 쉬운 길은 없냐고 유클리드에게 하소연했겠는가? 그런데, 재미있다. 수학이 재미있다고? 시험 치지 않고 공부하는 수학은 정말 재미있다. 평가 없이 공부하는 역사나 그밖의 취미로 하는 모든 공부가 재미있듯이. 쉬운 것은 재미없다. 골프와 자동차 운전 중 어느 것이 재미있는가? 사람마다 다를 수 있지만, 대부분의 사람들은 골프가 재미있다고 할 것이다. 골프가 더 어렵기 때문이다. 그런데, 골프의 재미를 느끼려면 혹독한 수련으로 일정 수준에 올라야 한다. 라운딩마다 늘 OB 내고, 파(PAR)는커녕 보기(BOGEY)도 못해 쩔쩔매면서 골프가 재미있을 리가 없다. 이것은 골프만 그런 것이 아니다. 대부분의 스포츠, 바둑, 예술 등에 모두 적용되는 원리이다. 수학도 마찬가지이다. 수학의 재미를 느끼려면 일정 수준에 올라야 한다. 그 일정 수준은 무엇으로 형성되는가? 수학을 이루는 요소들에 대한 끊임없는 반복을 통해 체화되어야 한다. 오해 마시라, 그 재미없고 의미 없는 연산의 기계적 반복은 절대 아니다. 폴라니는 "우리는 말할 수 있는 것 이상을 알 수 있다", "모든 지식은 두 종류 중 하나에 속하는데, 하나는 암묵적 지식이고, 다른 하나는 암묵적 지식에 뿌리를 내리고 있는 것이다"라고 하면서 암묵적 지식의 중요성을 강조하고 있다. 여기서 말하는 암묵적 지식은 언어로는 쉽게 설명하지 못하는 체화된 지식이라는 것이다. 똑같은 글도 각자가 가진 암묵적 지식에 따라 어떤 이에게는 잘 이해되지 않는 글이 되며, 어떤 이에게는 감명 깊은 글이 될 수 있다. 수학의 재미를 느끼려면 어떻게 해야 하는가? 천천히, 아주 천천히 가야 한다. 어디를? 땅바닥부터 샅샅이 꼼꼼히 단단히 살펴보면서 우리가 가야 할 멀지만 어려운 첩첩산중을 호기심을 가지고, 궁금해하며 재미있게 한 고비 한 고비 넘어가야 한다. 데카르트도 『방법서설』에서 "아주 느리게 걷는 이들이 늘 곧은 길을 따라간다면 뛰어가되 곧은 길에서 벗어나는 이들보다 훨씬 더 앞으로 나아갈 수 있다"고 말하였다. 축구를 좋아한다고, 또 열심히 연습한다고 해서 손흥민이 될 수는 없다. 우리도 모두 수학자가 되거나 복잡한 현대 수학을 모두 이해하여야 할 직업을 가질 것도 아니지 않는가? 수능 수학에서 요구하는 정도는 프로축구 선수 정도의 기량을 평가하는 것은 아니고, 그저 동네 축구동호회에서 꽤 잘하는 정도, 축구를 어느 정도 이해하고 사랑하는 정도의 실력이면 충분하다. 누구나 천천히 제대로 된 길을 가면 도달할 수 있는 곳이다. 우리는 어렵지만 재미있는 진짜수학을, 어렵기만 하고 재미없는 가짜 수학으로 바꾸어 배우며 수학지옥에서 헤매고 있다. 생각의 기술을 배우기 위하여 진짜수학을 배우고 공부하는 것이 아니라, 오로지 대학에 가기 위하여 가짜 수학을 허겁지겁 암기과목[41]으로 배우고 있다. 대학에 가면 즉시 수학을 미워하며, 다시는 수학을 곁에 두지 않는 그런 불행한 일이 100년 넘게 반복되고 있다. 이제는 끝내야 하지 않겠는가? 공부는 스스로 궁금해하면서 그 궁금증을 풀어나가는 과정이 되어야 한다.

삼각형을 공부하고 탐구하며 그 속에 들어 있는 운명을 느껴본 적 있는가? 나는 삼각형에서 여러 가지 운명 같은 신의 섭리를 느낀 적이 있다. 외심[42]을 구성하는 두 수직이등분선의 교점이 만들어지면, 나머지 한 수직이등분선은 그 점을 정확하게 통과하고, 무게중심[43]을 구성하는 2개의 각에서 대변의 중점을 향해 뻗

---

41 문제풀이식 가짜 수학에서 외워야 할 공식이 얼마나 많은지 아는가? 나도 모른다. 하지만, 각 학년 별 문제집에서는 단원마다 외워야 할 공식을 몇 개씩 쏟아내고 있고, 우리 아이들은 이러한 공식을 외우느라 생각할 시간이 없다. 외운 공식이 쓰이는 곳은 반복되는 연산뿐이다.
42 변의 수직이등분선이 만나는 점(외접원의 중심)
43 각에서 대변의 중점을 연결한 중선이 만나는 점

어 나온 2개의 직선이 만나는 점을 향해 나머지 한 각에서 직선을 그으면 그대로 그 성질 그대로 대변의 중점을 지나게 된다는 사실 같은 것 말이다. 다시 말하면 어떤 평면상에서 2개의 직선은 평행하지 않으면 무조건 만나게 되어 있지만, 나머지 한 직선이 두 직선이 만나는 점을 통과하기란 사실상 불가능한 확률인데,[44] 나머지 한 각에서 그 만난 점을 향해 그은 직선이 2개의 각에서 그은 직선과 같은 성질을 가진다는 사실 말이다.[45] 교과서에는 무게중심, 외심, 내심, 수심을 세 변이나 세 각을 주인공으로 설명하고 있으나, 이러한 삼각형의 운명적 만남으로 두 각이나 두 변만을 주인공으로 설명해도 충분하다. 무게중심, 외심, 수심이 한 직선상에 있다는 오일러의 직선 논리 역시 삼각형의 운명 같은 신의 섭리를 느끼게 된다. 삼각형이 어떻게 생겨도 운명처럼 외접원과 내접원이 있다는 사실, 내각의 합이 180도라는 사실도 신기하지 않은가?

오일러의 수[46]는 모든 다각형의 꼭짓점, 면, 모서리 개수 사이의 관계를 나타내는 수인데, 결국 모든 다각형(다각형의 무한인 원도 포함)은 외각의 합(뾰족함의 합)이 360도라는 사실을 수학적으로 증명한 것이다. 산꼭대기에 있던 큰 바위(삼각형 또는 사각형)이 굴러 내려오며 뾰족한 일부분이 잘려 나가 사각형이나 오각형이 되든, 다시 삼각형이 되든 결국 자갈(원)이 될 때까지 굴러도 뾰족함의 합은 변함이 없다니….

학창 시절 외우지 못하면 맞았던 기억이 있는 삼각비의 특수각인 30도, 45도, 60도의 사인, 코사인, 탄젠트의 값도 사실은 신이 우리에게 전부 다 외우려면 힘드니 다 외우지 말라고 아름다운 비율로 선물한 것이라는 점을 아는가[47]?

---

44 유클리드 기하학에서만 가능한 결론이고 비유클리드 기하학에서는 다른 결론이지만, 이 글은 수능수학까지만 다루고 있음.

45 내심, 수심, 방심도 동일하게 2개의 직선이 만나는 점을 향해 나머지 직선은 같은 성질을 가지고 만나게 된다.

46 v(꼭짓점 수)$-e$(모서리 수)$+f$(면의 수)$=1$이라는 변하지 않는 값을 갖는다.

47 특수각($0°$, $30°$, $45°$, $60°$, $90°$)의 사인값은 0, 1, 2, 3, 4의 루트 값의 2분의 1배로 아름답게 나온다. 즉, 특수각의 사인값은 $0, \frac{1}{2}, \frac{\sqrt{2}}{2}, \frac{\sqrt{3}}{2}, 1$의 순으로 되어 있는데, 코사인값은 사인값을 거꾸로 읽으면 되

진짜수학은 수나 양을 비교해 보고, 묶어보고, 비슷한 것을 추출해 패턴화해 보는 것이다. 진짜수학은 닮음을 찾아보고, 대칭의 아름다움[48]을 연구하는 것이고, 다르지만 같은 것을 찾는 것이다. 모든 원은 닮았다. 아르키메데스가 π값 찾기를 소원한 이유도 모든 원은 닮았기 때문에 원의 반지름만 알면 모든 원의 면적과 원둘레를 알 수 있기 때문이었다. 모든 정다면체는 닮았다. 그래서 한 변의 길이[49]만 알면 전체 면적과 둘레, 대각선 길이를 알 수 있다. 닮은 삼각형은 닮음비가 같기 때문에 측정할 수 있는 작은 삼각형의 길이비를 알면 측정할 수 없는 지구의 둘레도, 지구와 태양까지의 거리도 구할 수 있게 된다. 원은 중심에 대칭이다. 이차함수는 y축에 대칭이다. 덧셈과 곱셈은 좌우의 수를 바꾸어도 성립함으로 대칭[50]이다. 뺄셈과 나눗셈은 좌우를 바꾸면 성립하지 않으므로 대칭이 아니다. 대칭이 아름다운 이유는 대칭이 무너지면 질서가 깨지기 때문이다. 지구와 태양 사이의 원심력과 구심력의 대칭이 무너지면, 지구는 태양으로 빨려 들어가거나 태양을 떠나 먼 여행을 해야 한다. 인간세계도 마찬가지이다. 권력을 독점한 우파 나치가, 좌파 크메르루주가 얼마나 잔인하게 질서를 무너뜨렸는지 우리는 알고 있다.

나는 1985년 2월 노량진 재수학원에 있었다. 첫 수학 시간에 선생님이 칠판에 x축, y축을 그리더니 다음과 같은 도형을 크게 그렸다.

고, 탄젠트값은 코사인 분의 사인으로 읽으면 외우지 않고도 특수각의 사인, 코사인, 탄젠트 값을 다 알 수 있다. 이러한 이치를 모르는 우리들은 무작정 모든 특수각을 외우고, 못 외우면 맞았다.

[48] 리언 레더먼과 크리스토퍼 힐은 『대칭과 아름다운 우주』라는 책에서 "자연과 그것의 수학구조에서 어떤 형태의 새로운 해답이 발견되든, 심오한 질문이 제기되든 그 중심에는 항상 대칭이 자리할 것이다"라고 이야기하고 있다.

[49] 원에서는 반지름이다.

[50] 수학에서는 대칭을 묻는 경우가 참 많다. 원점대칭, 선대칭, 점대칭, $y=x$대칭 등등. 원리를 알면 그리 어렵지 않은데, 원리를 모르면 모든 경우를 모두 공식으로 외워야 한다.

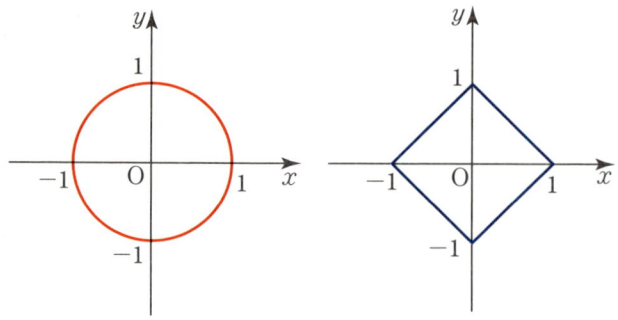

두 도형을 식으로 표현할 수 있는 학생이 있는지 물었고, 원의 경우 $x^2+y^2=1^2$이라고 다들 알고 있었으나, 마름모는 아는 학생이 없었다. 선생님은 두 도형이 닮았는지, 닮았다면 어디가 닮았는지 잘 살펴보라고 하면서 창밖을 한동안 보고 계셨고, 우리는 열심히 살펴보았다. '이게 뭐지? 수학 시간에 왜 이러지?' 하면서. 살펴보니 원도 마름모도 원점을 중심으로 각 사분면[51]에서의 기울기가 유사하다[52]는 점을 알 수 있었다. 선생님은 두 도형이 닮았기 때문에 식도 닮았다[53]고 하면서 마름모의 식을 칠판에 써주었다. $|x|+|y|=|1|$

난 처음으로 진짜수학 비슷한 공부를 하였다.

진짜수학은 보이지 않는 것에서 보이는 것을 찾는 것이다. 진짜수학이 추상적이라는 말은 변화하는 것들 중에서 내재되어 있는 어떤 속성을 분리한 다음, 한데 모아서 일반화하여, 그 일반화된 속성을 연구하여 복잡함 속에 가려져 보이지 않는 무언가를 찾아내는 일이기 때문이다. 자연에 비슷한 것은 있어도 완전한 삼각형, 원은 없다. 지구도 달도 태양도 완전한 구가 아니고, 산도 완전한 삼각형이 아니다. 삼각형을 공부한다는 것은 삼각형의 일부(한 변과 한 각 등)를 알고 있을

---

[51] 데카르트 좌표계에서는 x, y축에 의하여 분할되는 평면을 1, 2, 3, 4분면으로 나누어 부른다.
[52] 기울기는 x축의 변화량 분에 y축의 변화량을 말하는 것으로, 원과 마름모의 기울기가 유사하다는 것은 같은 사분면에서는 기울기가 증가하거나 감소하는 패턴이 유사하다는 말이다.
[53] 원과 마름모는 원점, x축, y축, $y=ax$직선(마름모의 기울기), $y=-ax$직선 등 총 5개에 대칭이고, 어느 방향으로 회전해도 동일한 모습을 갖는다. 현대 위상기하학에서는 삼각형도, 사각형도, 오각형도, 원도 다 같다고 한다.

때 나머지를 알아내는 숨바꼭질 비슷한 일이다. 원과 삼각형이 만났을 때 이루는 보이지 않는 속성을 찾아내기 위해서 원과 삼각형의 관계를 공부한다. 가짜 수학은 그러한 것들이 공식으로 이미 주어져 있어서 주어진 결과를 연산하거나 그러한 것들을 암기하는 것이고, 진짜수학은 그러한 것들을 스스로 찾아서 체화해 나가며 지식을 늘려가는 것이다.

  삼각형의 무게중심을 생각해 보자. 가짜 수학은 왜 그런지도 모른 채, 무게중심은 중선을 2:1로 내분한다고 외우고, 그로부터 문제 풀이 연산에 나아간다. 진짜 수학은 삼각형의 무게중심이 무엇인지를 찾아보고, 삼각형을 쪼개 보고 붙여보면서 무게중심의 본질에 나아가면 자연스럽게 무게중심이 중선의 2:1 내분점에 있을 수밖에 없음을 체화하게 된다[54]. 이렇게 공부해야 숨은그림찾기를 잘 할 수 있다. 삼각비를 공부하는 이유도 제한된 정보를 통해 나머지를 알아내기 위함인데, 가짜 수학을 하여 원리를 체화하지 못한 우리들은, 우리 아이들은 공식을 주더라도 숨은 그림을 찾을 수 없는 경우가 태반이다. 가짜 수학을 한 사람은 진짜수학을 하기 어렵고, 진짜수학을 한 사람은 숙달만 되면 가짜 수학도 거뜬히 잘하게 된다. 우리 아이들은 직각삼각형의 '소자 공식[55]'을 열심히 외운다. 우리 아이들은 평행사변형의 면적공식을, 사다리꼴의 면적공식을, 삼각형의 합동, 닮음 공식을 외운다. 우리 아이들은 분배법칙을 외우고, 결합법칙을 외운다. 안타까운 일이다.

---

[54] 삼각형의 밑변을 고정한 채, 한 점을 이리저리 움직여 가면서 무게중심의 변화를 살펴보면, 무게중심은 항상 대칭의 중심인 평균에 있게 됨을 알게 된다. "무게중심의 좌표는 꼭짓점의 좌표의 평균과 같다"라고 외울 일이 아니고, 느껴야 한다. 좌표계에서도 0이 대칭점인 이유가 좌우, 상하의 평균이기 때문이다. 이차함수 $(x-a)^2+(x-b)^2\cdots\cdots+(x-g)^2+(x-h)^2$이 어디에서 최솟값을 갖는지를 확인해 보면 각 항들의 최솟값인 a에서 h까지를 모두 더한 값의 평균인 점이라는 것을 알 수 있는데, 평균이 대칭의 중심이기 때문이다.

[55] 소자 공식을 외우라고 하는 것은 삼각형의 면적이 밑변과 높이의 곱이라는 것이 체화되어 있지 않다는 것을 의미한다.
2024년 수능 수학 20번 문제는 '소자 공식을 알아차릴 수 있느냐? 원과 삼각형의 관계를 알고 있느냐?'에 관한 문제로 삼차함수의 접선의 형태를 빌린 중학 도형 문제이다. 중학 수학의 기본이 있는 수험생은 큰 힘들이지 않고 문제를 순식간에 풀 수 있다. 하지만, 이를 모르는 수험생은 막막하게 접선의 방정식 공식을 만지면서 헤매다가 강사의 풀이나 해설지를 보고는 '아! 이거 내가 아는 건데'라고 한탄을 내뱉지만, 그 수험생은 모르고 있었던 것이고, 다만 자신의 지게에 공식이 쌓여 있었을 뿐이다.

04
수학지옥

잠실 롯데월드 스케이트장을 가 본 적 있는가? 어떤 이는 TV에 나오는 전문 선수처럼 허리를 숙이고 멋지게 스케이트를 타고, 어떤 이는 젓가락 행진곡을 시전하면서 뒤뚱거린다. 아무런 교육도 받지 않고 스스로 스케이트를 타기 시작해서 젓가락 행진곡으로 제법 속도를 내기 시작하면, 다시는 허리를 숙이는 스케이팅을 할 수 없다. 그런데, 선수들처럼 타려면 12개월 정도 펜스 잡고 걷기, 자세 낮추어 걷기, 양팔 벌려 자세 낮추어 밀기, 직선 한 발로 오래가기, 펜스 잡고 코너 넘기기, 활주하면서 코너 발 넘기기 등 30단계를 혹독한 지상훈련과 병행하면서 훈련하여야 한다. 그 이후에는 각자의 능력에 따라 스케이팅의 발전 속도가 달라지지만, 자세 낮추어 선수처럼 코너링을 할 수 있는 정도는 된다. 처음부터 서서 타는 스케이팅을 한 사람은 30단계를 꾸준히 밟는 사람보다 처음에는 빨리 가는 것처럼 보인다. 30단계를 천천히 훈련하는 사람이 아직 걷거나 밀기를 하고 있을 때 서서 타는 사람은 벌써 나름의 속도로 달릴 수 있다. 동시에 스케이팅을 시작하였다면 처음에는 서서 타는 사람이 체계적 훈련을 하고 있는 사람보다 빠르다. 그러나, 얼마 지나지 않아 서서 타는 사람은 30단계의 훈련을 마친 사람을 도저히 이길 수 없다. 제대로 배운 사람은 코너가 나오면 무게중심을 더 낮추어 곡선을 활주해 나갈 수 있지만, 서서 타는 사람은 코너가 나오면 오히려 무게중심을 더 올리려고 허리를 뒤로 젖히기까지 한다. 골프 역시 마찬가지이다. 처음에 제대로 배우지 않으면 잘못 들인 습관이 바뀌지 않는다[56]. 좋은 습관이든 나쁜 습관이든 한번 체화되면 고치기 어렵다. 물론 잊기도 어렵다.

교육부는 수학의 개념, 원리, 법칙을 이해하고 주변의 여러 가지 현상을 수학적으로 관찰하고 해석하며 논리적으로 사고하고 합리적으로 문제를 해결하는 능력과 태도를 기르는 교과로 수학 교과를 설명하고 있다. 교육부의 고시에 따르면 "수학은 오랜 역사를 통해 인류 문명 발전의 원동력이 되어 왔으며, 세계화, 정보화가 가속화되는 미래 사회 구성원이 지녀야 할 역량을 기르는 데 필수적이다. 수학 학습은 자연과학, 공학, 의학뿐만 아니라 사회과학, 인문학, 예술 및 체육 분야 등 다양한 분야의 직업에서 요구하는 수리 소양을 형성하는 기초가 되며, 나아가 미래사회를 주도할 창의성을 갖춘 사람으로 성장할 수 있는 기반을 제공한다. 학생들은 수학 학습을 통해 수학의 가치를 인식하고 수학을 학습하는 과정에서 협력하여 문제를 해결하고 성찰하는 경험을 통해 다른 사람에 대한 포용성을 갖춘 민주 시민으로 성장할 수 있다."라고 되어 있다.

교육부가 정의하는 수학의 개념에 동의하는가? 우리의 수학 교육 체계에서 교육부가 말하는 수학 교과의 목표가 달성될 수 있다고 생각하는가? 우리 아이들이 수학 학습을 통해 수학의 가치를 인식하고 학습하는 과정에서 협력하여 문제를 해결하고 성찰하는 경험을 통해 다른 사람의 견해에 대한 포용성을 갖춘 민주 시민으로 성장할 수 있다고 믿는가?

소크라테스는 "진정한 학습은 자발적인 것이며, 학생들이 스스로 배우고 싶은 동기를 가지고 있어야 한다"고 하였고, 플라톤은 "의무적으로 하는 운동은 몸에 해가 되지 않는다. 그러나 강제로 습득된 지식은 마음에 남지 않는다", "교육이 한 인간을 양성하기 시작할 때의 방향이 훗날 그의 삶을 결정할 것이다"라고 하였다. 인지발달이론가인 피아제는 "아이들은 자기 주도적인 활동을 통해 가장 잘 배울 수 있다", "교사들이 억지로 지식을 전달할 수는 없다. 교사들이 아이들

---

[56] 내가 그렇다. 나는 프로처럼 친다고 생각하고 스윙을 하는데, 다른 사람들은 웃는다. 가끔 내가 한 스윙을 녹화된 영상으로 볼 때가 있는데, 그 이후 한동안은 골프장에 가지 못한다.

에게 어떤 것들을 말하도록 강제할 수는 있어도 이것이 진정한 이해를 의미하는 것은 아니다", "교사들은 사실을 전달하려고 하기보다 아이가 질문과 실험을 통해 사실들과 관계들을 발견할 수 있는 상황을 만들어야 한다", "아이들은 외부세계를 잘 이해하기 위해 끊임없이 대상, 언어, 상황을 실험한다. 그러나 학교를 다니기 시작하면서 아이들은 실험하기를 멈춘 것처럼 보인다. 학교에서 탐구는 허용되지 않으며, 탐구를 하더라도 아이가 아닌 교사가 실험자가 된다. 이런 상황에서 아이들은 학습하는 것이 거의 없으므로 아동은 흥미를 잃고 동기를 상실하게 된다. 그러므로 교사들은 아동에게 스스로 실험을 고안할 수 있는 상황을 제시해 주어야 한다. 이것은 교사나 교과서가 제시하는 사실들을 기계적으로 암기하는 것보다 더 깊은 지식을 가져다줄 것이다", "7~8[57]세 아이들은 구체적인 상황이 아니면 이를 이해하기 어렵다. 눈앞에 있는 대상에 대해서는 추론할 수 있지만, 보이지 않는 추상적인 부분에 대해서는 그 의미를 이해하지 못한다"라고 하였다. 협력하여 배우고 익혀야 제대로 느끼고, 이해할 수 있다는 협력교육을 주장한 교육학자 비고츠키는 3세부터 7세까지인 전학령기[58]에는 또래들과의 놀이, 특히 규칙을 기반으로 한 놀이가 발달에서 가장 중요한 역할을 한다고 보았다. 8세부터 12세까지의 학령기에서는 직접적으로 양을 지각하는 단계에서 '수'를 통해 양을 지각하고 생각하는 단계를 거치게 된다고 보았으나, 아직은 구체적, 시각적 사고가 강하기 때문에 추상적인 부분을 잘 이해하지 못한다고 하였다. 13세부터 18세까지의 사춘기 시기를 지적인 혁명이 일어나는 시기로 규정하면서, 이 시기에 비로소 개념적 사고 발달과 논리적 추상적 생각을 할 수 있다고 보았다. 학령기까지의 아이들은 지성의 주요 토대가 주의를 기반으로 한 '기억'인 데 반하여 청소년기에 지성의 토대는 이성에 기한 사고로 질적인 변화를 하게 된다고 한다. 비고츠키는 학습자 주도의 자기주도학습 이론을 주장하였는데, 학

---

57 이하 모두 만 나이로 7~8세는 우리 아이들이 초등학교 1, 2학년에 다니는 나이이다.

58 비고츠키는 유아기(1세), 초기 유년기(1세~3세), 前학령기(3세~7세), 학령기(8세~12세), 청소년기(13세~18세)로 나누고, 각 시기마다 발달의 위기를 거치며 질적인 변화를 거친다고 하였다.

습자가 흥미를 느끼고 관심 있는 부분에 대해서만 진정한 학습이 이루어지고 강제적인 주입식 교육은 그 효과가 거의 없다고 보고 있다. 플라톤의 아카데미아에 입학할 수 있는 나이를 대략 15~17세로 보고 있는데, 플라톤 역시 그 나이가 되어야 이성적 사고를 할 수 있다고 생각하였던 것으로 보인다.

구글의 Gemini에게 초등학교 1학년에게 수학을 어떻게 가르치면 되는지 물어보았더니 이렇게 답하였다[59]. "수학을 즐겁고 흥미롭게 배우도록 놀이와 일상생활에서 수학을 활용하도록 하고, 흥미를 잃지 않도록 능동적인 학습태도를 가지게 해야 한다."

우리는 초등학교 1학년 아이에게 어떻게 수학을 가르치고 있는가? Gemini가 제시하는 것과는 달리 아이들이 즐겁고, 흥미롭게 배우지 못하도록, 자신감을 가지고 능동적으로 학습하는 태도를 갖추지 못하도록 하고 있는 것은 아닌가? 많은 부모들이 유치원 때부터 1부터 9까지의 숫자를 미리 가르친 후 어떤 부모들은 덧셈, 뺄셈 연산까지, 또 어떤 부모들은 구구단[60]까지 외우게 해서 초등학교에 입학시킨다. 여기서 돌이킬 수 없는 문제가 발생한다. 초등학교 입학 전에 숫자를 가르치고, 덧셈과 뺄셈을 가르치고 곱셈구구를 외우게 하는 교재는 무엇인가? 시중의 연산문제집일 것이다. 이게 정말 문제다. 수학교과서[61]가 아닌 연산문제집으로 수학을 처음 시작하는 바로 이것이, 스케이팅을 하면서 30단계 훈련 없이 바로 젓가락 행진곡으로 들어가 평생 젓가락 행진곡으로만 스케이팅을 하게 되는 첫걸음이다. "환영한다. 수학지옥에 오게 된 것을!!"

교육부는 아이의 인지발달과정에 맞게, 진짜수학으로 인도하기 위해 수학교육의 목표와 과정을 정했고, 교육부의 검정을 받아 펴낸 수학 교과서는 이러한 인

---

59 직접 찾아보시라. 2학년 이상도 거의 유사하다. 단순한 기호 조작을 이용한 수의 반복인 연산을 강조하지는 않는다.

60 일본식 용어로 이 책에서는 곱셈구구라고 한다. 우리는 일본의 영향을 받아 2단, 3단이라고 곱셈구구를 이야기하는데, 2의 배수, 3의 배수라고 이야기하여야 그 뜻이 바로 이해된다. 일본은 아직도 소학교에서 산수라는 과목을 배운다.

61 교과서도 많은 문제가 있지만, 이 책에서는 그에 대한 언급을 가능한 자제하기로 한다.

지발달과정과 진짜수학을 느낄 수 있도록 최대한 많은 노력과 자원을 투입하여 작성된 것이다. 그런데, 우리 아이들은 초등학교 입학 전에 숫자를 알고 있고, 덧셈과 뺄셈까지 알고 곱셈구구까지 알고 있다(고 착각하고 있다). 숫자와 수의 진정한 의미를 느껴보기도 전에 서둘러 암기를 시작한다. 부모들은 마음이 바쁘고 아이들을 믿지 못한다. 초등학교 1~2학년은 그냥 친구들끼리 뛰어놀면서 배워야 할 나이이다. 모든 교육학자가 그렇다고 하지 않는가. 그 시기에는 구체적인 것이 아니면 이해를 하지 못하는 나이이다. 기호를 조작하여 덧셈, 뺄셈, 곱셈을 할 수 있어도 그 의미를 이해하지 못한다. 연산문제집의 답을 맞힐 수는 있어도 수와 숫자를 이해하지는 못한다. 아니 우리 부모들도 수를, 숫자를 이해하지 못하는 사람이 많다. 수와 숫자는 그렇게 암기로 체화되기에는 쉽지 않은 고도로 추상화된 개념이다. 수를, 숫자를 아는가? 그렇다면 '1의 크기는 얼마인가?', '1 더하기 1은 왜 2인가?', '10은 숫자인가? 수인가?', '10분의 1은 1과 같은가?' 다른가? 같다면 왜 같고, 다르다면 왜 다른가? '0은 무엇인가?'

이미 연산문제집 등을 통하여 수를 알게 되고 덧셈, 뺄셈을 알고 있다고 착각하는 아이들은 더 이상 학교에서 진행되는 수업에 관심을 갖지 않고, 교과서를 읽어 보지도 않는다. 아이들이 학교 수업에 관심을 잃자 교사들도 덩달아 수학교육에 흥미를 잃게 되는 악순환이 12년 내내 계속되어, 공교육이 피폐화된다. 아이들은 계속 학교 수업보다 학원에 의지하게 되고, 학원은 당장의 정답 맞히기에만 몰두하여 아이들에게 생각 없이 공식을 적용한 연산문제를 수없이 풀게 하고, 산더미 같은 숙제로 집에서도 단순한 공식적용을 통한 연산문제 풀이를 계속하게 된다. 연산문제집과 학원교재로 수학을 시작한 우리 아이들은 교과서의 개념에 대한 친절한 설명이 진짜수학으로 가는 길이라는 것을 알지 못한다. 오로지 기호로 표시된 숫자와 연산기호와 공식만이 수학이라고 생각하여 말로 설명되어 있는 교과서를 더더욱 보지 않게 된다. 생각하는 힘을 얻을 수 없다. 오로지 인해전술로 몰아닥치는 문제들을 처리하기에 바쁘다. 법무법인에서는 여러 후배들과 협업하여 하나의 프로젝트를 완성해 나간다. 그런데, 유독 리걸 마인드가 없는 후배들이 있다. 넌지시 무슨 책으로 법학 공부를 했는지 물어보면 대부분 교과서가 아닌 단권화된 요약본으로 공부했다는 대답이 나온다. 그렇다. 교과서를 보며 체계적인 법학 지식을 쌓지 못했기 때문에 리걸 마인드가 없는 것이다. 수능 만점자들의 교과서 위주로 공부했다는 똑같은 인터뷰가 거짓말이 아니었다.

연산은 누구나 싫어한다. 연산문제집을 풀게 하는 것은 단순하고 지루하고 무의미하며 반복적인 정말 하기 싫은 일을 시키는 것이다. 아이가 연산문제집 풀이를 행복해하고 즐겁게 해내고 있다면, 그 아이는 연산문제를 풀어도 된다. 하지만 대부분의 우리 아이들은 하기 싫은 것을 억지로 부모의 강요에 의하여 꾸역꾸역 해내고 있는 것이다. 우리 아이들은 안다. 자신이 연산문제집 풀이를 하지 않으면 엄마가 슬퍼한다는 것을, 아빠가 슬퍼한다는 것을. 자신이 연산문제집을 매일매일 꾸준히 풀고, 시간까지 단축시키면 엄마와 아빠가 기뻐한다는 것을. 또한 연산문제를 틀릴 경우 더 많은 연산문제가 폭탄으로 투하될 것을 알고서는 틀리지 않도록 하나하나 정성을 다해 풀어나간다. 보통 초등학교 4~5학년 정도까지 연산문제집 풀이를 매일 10분씩 30문제 정도를 5년 동안 푼다고 보면, 5년 동안 대략 5만 문제 이상을 매일 풀어나갔다는 것인데, 엄마 아빠도 아이와 같이 5년 동안 매일 10분씩 그 지루하고 의미 없고 반복적인 연산을 같이 해보라. 장담컨대, 정신과 치료를 받지 않고는 살 수 없을 것이다. 그런 일을 우리 아이들은 묵묵히 초등학교 5학년 정도까지 해내야 한다. 우리 수학교육의 또 다른 문제는 진짜수학을 탐구해야 할 주제에서도 즉각적인 연산문제로 바꾸어 버린다는 것이다. 가령 원에 대해 배운다고 해보자. '원은 중심에서 같은 거리에 있는 도형이다'라는 기본적인 정의만을 설명하고, 즉각적으로 3.14를 이용하여 원둘레, 원면적을 구하는 공식을 던져주고 이를 구하게 한다. 원의 탈을 쓴 연산문제로 바꾸어 버린다. 삼각형도, 사각형도, 평행사변형도, 사다리꼴도 그 성질을 이해하고 체화하기 전에 즉각적인 면적과 둘레 구하기를 하는 공식을 적용한 연산문제로 바꾸어 버린다. 아이들이 아무런 맥락도 없이 원의 면적과 둘레와 부채꼴의 면적과 둘레를 구하고 싶겠는가? 그것도 반지름만 바뀐 똑같은 수많은 연산문제를.[62] 아이들 말로 안물안궁이다. 궁금해하지도 않고 알고 싶지도 않은 것을 연산문제로 뺑뺑이 돌리니 원도 삼각형도 그냥 동그라미이고, 삐죽삐죽이일 뿐이다.

컴퓨터가 대중화되기 전까지는, 정확하게는 전자계산기가 대중화되기 전까지는 빠른 연산능력도 경쟁력의 한 요소였을 수는 있다. 1970년대와 1980년대에는 주산 열풍이 불기도 했다. 그러나, 지금은 아이들도 연산능력은 별 쓸모없는 것이라는 것을 안다. 바로 옆에 전자계산기가 있는데, 그것을 사용하지 못하게 하고 연산문제집을 풀게 하는 것은 아이에게 스스로 바보가 되어 가는 모습을 바라보게 하는 것이라 생각한다. 이른바 현타가 오는 것이다. 내가 지금 뭐하고 있는 걸까? 나는 무엇을 위해 이런 바보 같은 짓을 하고 있는 걸까?

"지랄총량의 법칙"[63]이라고 들어보았는가? 한 사람이 평생 해야 할 '지랄'의 총량이 정해져 있다는 것이다. 나는 여기에 더하여 "집중총량의 법칙"과 "에너지총량의 법칙"이 있다고 믿는다. '지랄'은 자기 마음대로 세상을 살아가는 행위를 일컫고, '집중'은 무언가를 위하여 참고 견디며 이루어 나가는 행위를 말하며, 에너지는 지랄과 집중을 합한 것을 말한다. 초등학교 시절 자기 마음대로 뛰어놀면서 지랄을 많이 소비한 아이는 자연스럽게 집중의 힘이 남아 있어 중등, 고등 과정을 집중하면서 살아갈 수 있다고 생각한다. 그런데, 우리는 지랄을 하여야 할 초등 시절에 부모가 강압하여 못하게 하니 힘없는 초등 시절에는 집중을 하게 되고, 나중에 부모와 대등한 힘이 있게 되는(또는 그렇게 믿게 되는) 시기부터 지랄을 하게 된다. 그런데 그 시기는 초등 시기와는 비교할 수 없이 중요한 시기여서 이 시기를 제대로 보내지 못하면 밝은 미래가 오지 않을 가능성이 크다. 초등학교 시기에 인생에 쓸모없는 연산에 모든 집중을 사용하고 나니 이제 지랄만 남게 되고, 그 지랄과 집중을 허무하게 모두 소비한 사람은 무기력증에 빠지게 된다.

---

[62] 초등학교 때는 원주율을 3.14로 계산했지만 중학교에 올라가면 π로 계산하게 된다. 계산량이 많이 줄어들어 아이들은 잠깐 기뻐한다.

[63] 김두식 교수의 "불편해도 괜찮아"에서 언급된 용어이다.

가우스는 "수학은 만학(萬學)의 여왕이고, 정수론은 수학의 여왕이다"라는 말을 하면서 평생을 수에 관하여 연구하였다. 우리 교육체제상 정수론에 관하여 탐구하고 공부하여야 할 대부분은 초등학교 수학에 있다. 자연수, 짝수, 홀수, 제곱수, 기본수[64], 약수, 배수, 분수, 비 등 정수론의 주제들이 대부분 초등수학 과정에 몰려 있다. 여기서 충분히 몸으로 탐구하고 느껴보아야 그다음 단계인 대수 및 함수, 수열, 미적분 단원을 무리 없이 받아들일 수 있게 된다. 평생을 정수론을 연구한 가우스도 자연수가 무엇인지에 대하여 엄밀한 증명을 하지 못하였다. 결국 그다음 세대인 데데킨트의 연구에 의하여 자연수, 유비수, 무비수의 성질이 엄밀한 증명으로 밝혀지게 된다. 초등수학이 쉽다고? 가짜 수학에서는 쉬워 보일지 몰라도 진짜수학에서는 초등수학의 개념들을 체화하는 것이 그리 만만하지 않다. 단순한 기계적 연산을 잘하는 것과는 전혀 다른 의미다. 분수의 사칙연산을 기계적으로 해낼 수 있다고 분수의 의미를 안다고 생각하는가?

아이가 "아빠, 수학은 왜 배워?"라고 물으면 무엇이라고 답할 것인가? 교육부의 목표대로 수학의 가치를 인식하고 다른 사람과 협력하여 문제를 해결함으로써 포용성을 갖춘 성숙한 민주시민으로 성장하기 위해서 수학을 배운다고 말해줄 것인가? 아니면 "좋은 대학 가기 위해서 꼭 필요한 과목이야. 힘들어도 꾹 참고 12년만 고생하면 다시는 수학 공부 안 해도 돼"라고 할 것인가? 다시 아이가 "좋은 대학은 왜 가야 해?"라고 하면 무엇이라고 할 것인가? "좋은 대학 가서 좋은 회사 취직해서 잘 먹고 잘 살면 행복한 생활을 할 수 있어"라고 할 것인가? 좋은 대학 가서 잘 먹고 잘 살면 행복해지는가? 우리는 우리 아이들이 행복한 삶을 살아가는 데 도움이 될 것이라고 생각해서 어릴 때부터 곱셈구구를 외우게 하고 수많은 연산문제 풀이를 시키는 것인가? 우리 아이가 돈 걱정 없이 다른 사람들이 부러워하는 삶을 살았으면 하는 바람이지 아이의 행복한 삶을 위한 것은 아니지 않을까? 어린 시절 행복하지 않은 사람이 성인이 되어 행복감을 느낄 수 있

---

[64] 소수(素數), 이 책에서는 기본수(Prime Number)라 한다

다고 생각하는가? 수많은 연구에서 어린 시절, 특히 사춘기 이전 시절의 행복한 경험은 아이에게 타인과의 관계설정, 자존감, 자아실현 의지 등에 결정적 영향을 미치는 것으로 나타나고 있다.

그렇다. 우리는 교육부, 교육학자, 뇌발달 연구자, 사회심리학자들의 조언과 권고를 모두 무시하고 어린 시절부터 아이가 하고 싶지도, 알고 싶지도 않은 사칙연산과 원, 삼각형의 외피를 둘러쓴 사칙연산을 줄기차게 강요함으로써, 아이들에게 뛰어놀고, 탐구하며, 생각할 자유를 허락하지 않고 불행한 어린 시절을 보내게 하는 것은 아닌가? 초등학교 5학년부터 의대반이라는 것을 만들어 미적분을 공부하게 하는 현실이 그 아이들의 행복을 위한 길이라고 생각하는 부모들이 있다는 것이 믿기 어려운 우리의 현실이다. 장담컨대, 초등학교 5학년은 미적분을 이해할 수 없다. 미적분 문제풀이를 흉내 낼 수는 있지만, 이해할 수는 없다. 아이의 발달과정상 전혀 불가능한 일이다. 뉴턴도 초등학교 5학년 때 미적분을 이해할 수 없었을 것이다. 초등 5학년부터 의대반에 들어가 공부한 아이들 중 실제로 의대를 가는 아이들이 있을 수 있고, 의대반을 가지 않은 아이들보다 더 많은 비율로 좋은 대학을 갈 것으로 예상된다. 그러나 초등 5학년 때 의대반을 갈 정도면, 원래 수학에 자질이 뛰어난 아이들이라고 하여야 하고, 그렇게 뛰어난 자질을 가지고도 잘못된 방법의 수학 공부로 의대에 합격하는 아이들보다 더 많은 아이들이 수학을 포기하게 되는 불상사가 벌어지게 된다.

물론 많은 사람들은 이렇게 반론할 것이다. "아이를 그냥 놀게 내버려 두면 절대로 공부하지 않아. 컴퓨터 게임이나 유튜브나 보고 놀지. 다른 아이들은 선행을 하며 마구 달려나가는데, 우리 아이만 뒤처지게 놓아두라고? 아이에게 동기를 유발할 어떤 것도 찾을 수 없어, 스스로 공부하지는 않아." 어느 정도 이러한 반론에 동의한다. 우리가 어렸을 때와 비교하면 우리 주변에는 아이들이 정신을 빼앗길 것들이 너무 많다. 컴퓨터 게임, 유튜브 등등. 그런데, 아이들이 컴퓨터 게임, 유튜브를 왜 좋아하는지 생각해 보았는가? 또 Gemini에게 물어보았다. 대답은 이렇다.

아이들이 컴퓨터 게임에 몰입하는 이유는 단순히 재미있기 때문만은 아닙니다. 심리학, 사회학, 인지 과학 등 다양한 분야의 연구를 통해 아이들이 컴퓨터 게임에 몰입하는 데 영향을 미치는 여러 요소들이 밝혀졌습니다.

1. 심리적 요인

- **도파민 분비:** 컴퓨터 게임을 할 때 뇌에서는 쾌락과 보상과 관련된 신경진달 물질인 도파민이 분비됩니다. 도파민 분비는 긍정적인 감정을 유발하고, 게임 플레이를 지속하도록 동기를 부여합니다. 아이들은 특히 성인에 비해 도파민에 대한 민감도가 높아 게임에 더 쉽게 몰입할 수 있습니다.
- **성취감:** 컴퓨터 게임은 다양한 목표와 과제를 제시하며, 아이들이 이를 달성할 때 성취감을 느끼도록 합니다. 성취감은 아이들의 자존감을 높이고, 게임 플레이에 대한 만족도를 높입니다. 특히, 레벨업, 아이템 획득 등 게임 내 보상 시스템은 아이들에게 강한 성취감을 선사합니다.
- **몰입감:** 컴퓨터 게임은 현실 세계를 벗어나 가상 세계에 몰입할 수 있는 경험을 제공합니다. 몰입감은 아이들이 스트레스를 해소하고, 일상의 문제들을 잊게 해주는 효과가 있습니다. 또한, 현실 세계에서는 불가능한 경험을 게임 속에서 할 수 있다는 점도 아이들이 몰입하는 데 영향을 미칩니다.
- **도전과 위험:** 컴퓨터 게임은 적절한 수준의 도전과 위험을 제공합니다. 도전과 위험을 극복하는 과정에서 아이들은 스릴감과 만족감을 느낄 수 있으며, 이는 게임 플레이에 대한 흥미를 높입니다. 특히, 액션 게임, 퍼즐 게임 등은 아이들에게 적절한 도전과 위험을 제공하는 대표적인 게임 장르입니다.

2. 사회적 요인

- **친구와의 소통:** 온라인 게임은 아이들이 친구들과 함께 게임을 즐기고 소통할 수 있는 기회를 제공합니다. 친구들과 함께 게임을 하면서 아이들은 협력, 소통, 경쟁 등을 경험하며 사회성을 함양할 수 있습니다. 또한, 게임 속에

서 친구들과 공동의 목표를 달성하는 경험은 아이들에게 큰 성취감을 선사합니다.
- **사회적 지위:** 일부 컴퓨터 게임은 게임 내에서 다른 플레이어들과 경쟁하고 자신의 실력을 과시할 수 있는 기회를 제공합니다. 게임에서 좋은 성적을 거두는 것은 아이들에게 사회적 지위와 인정을 가져다 줄 수 있으며, 이는 게임에 대한 몰입도를 높이는 요인이 됩니다.
- **소속감:** 컴퓨터 게임은 아이들이 공통의 관심사를 가진 다른 아이들과 소통하고 연결할 수 있는 기회를 제공합니다. 게임 커뮤니티 참여를 통해 아이들은 소속감을 느끼고, 외로움을 해소할 수 있습니다. 특히, 온라인 게임은 전 세계의 플레이어들과 연결될 수 있다는 장점이 있어 아이들에게 더욱 강한 소속감을 제공합니다.

3. 인지적 요인

- **문제 해결 능력:** 컴퓨터 게임은 다양한 문제들을 해결해야 하는 과제를 제시합니다. 아이들은 게임을 하면서 논리적 사고력, 문제 해결 능력, 의사 결정 능력 등을 향상시킬 수 있습니다. 특히, 퍼즐 게임, 전략 게임 등은 아이들의 문제 해결 능력을 키우는 데 효과적인 것으로 알려져 있습니다.
- **집중력:** 컴퓨터 게임은 아이들이 게임에 집중해야 하는 상황을 제시합니다. 게임에 집중하면서 아이들은 집중력을 유지하고, 주의력을 향상시킬 수 있습니다.

그렇다. 진짜수학도 제대로만 하면 도파민 분비, 성취감, 몰입감, 도전과 위험, 친구와의 소통, 사회적 지위, 소속감, 문제 해결 능력, 집중력 등을 모두 획득하면서 재미있게 할 수 있다. 아이들이 컴퓨터 게임을 재미있어 하는 것은 스스로의 선택에 의하여, 엄마, 아빠의 훼방을 뚫고 스스로 쟁취한 자유의지로 하는 것이기 때문이라고 생각한다. 아이들에게 자유의지로 진짜수학을 하게 하면 그러한 재미와 몰입감을 줄 수 있을 것이다. 비고츠키의 교육이론에 따른 적절한 비계와 목표를 제시하면서 아이들 스스로 수학이라는 먼 길을 나설 수 있게 도와준다면 대부분의 아이들은 수학을 재미있게 느낄 수 있다. 안 믿긴다고 생각하는 사람들이 많을 것 같다. 나도 얼마 전까지는 절대 그렇게 생각하지 않았다. 강한나 씨도 아직 이 말에는 동의하지 않는다. 우리 아이들을 믿자. 아이들도 수학이 대학입시에, 자신들의 인생에서 중요한 역할을 한다는 것을 알고 있다. 수학을 좋아하는 모든 사람들은 수학공부를 하는 도중 "아하"의 순간이 있었고, 그 순간 이후부터 또 다른 "아하"를 찾기 위해 늘 수학을 생각하다 보니 저절로 좋아하게 되었다는 말을 한다. 우리 아이들에게 "아하"의 순간을 스스로 체험하도록 도와주자. 힘든 일을 견디고 노력하여 얻은 "아하"의 체험은 비교할 수 없이 많은 도파민을 분비하여 아이들이 계속 수학을 할 수 있는 동력을 제공한다. 아이에게 자전거를 가르친 때를 생각해 보자. 처음에는 자전거 뒤를 붙잡아주면서 균형을 잡을 수 있도록 도와주고, 곧 스스로 자전거 페달을 밟으며 나아갈 수 있도록 손을 놓아주어야 한다. 아직 아빠가 손을 잡고 있다고 믿으면서 아이는 나아가는데, 아빠가 손을 놓아야 자전거를 완전하게 배울 수 있다. 아빠가 계속 손을 놓지 않으면 아이는 자전거를 혼자서는 타지 못할 것이다. 아이는 아빠가 자전거를 놓았다는 것을 알게 된 이후에는 더욱 재미있게 자전거를 타게 된다.

나를 아빠가 될 수 있게 해 준 서현과 서후. 내가 눈앞의 아이들의 아빠가 될 확률은 얼마일까? 수학적 확률계산으로는 무한대 분의 1, 수학적 계산으로는 0이다. 우리 아이들은, 우리는 0%의 확률을 뚫고 지구별에 온 우주 전체보다 귀한 존재들이다. 부모에게 아이는 그만큼 귀한 손님이다. 우리는 귀한 손님을 최대한 잘 대접하려고 하지 않는가? 우리는 귀한 손님이 싫다고 하면 강권하지 않는다. 그것이 손님에게 결과적으로 도움이 될 것이라고 생각하더라도 손님이 싫어하면 더 이상 권하지 않는다. 그런데 우리는 아이들이 싫어해도 결국 너에게 도움이 될 것이라는 믿음으로 가짜 수학의 길로 밀어 넣고, 아이들은 싫어하면서도 어쩔 수 없이 그 길을 간다.

우리는 자기주도적 학습만이 진정한 지식을 습득하는 것이라는 점을 잘 안다. 모든 전문가가 그렇게 말하지 않는가? 학원 강사들 빼고. 부모들은 이렇게 반문할 것이다. "우리 아이는 스스로 공부하라고 하면 뭘 해야 할지 모르고, 놀 궁리만 해", "학원을 보내고 닦달을 해도 안 하는 공부를 스스로 한다고?". 그런데, 우리는 아이들에게 스스로 공부할 기회를 주었는지? 아이들이 스스로 공부하면서 "아하! 이래서 그렇구나"하는 깨달음의 기쁨을 느끼게 시간을 주며 탐구할 기회를 주었는지? 스스로 목표를 세우고 힘들어도 즐겁게 공부할 기회를 주었는지? 우리는 아이들이 부모에게 전적으로 의존할 수밖에 없는 초등 이전부터 재미없는 수학이라는 인식을 심어 주기 위해 노력한 것은 아닌지 반성해 보아야 한다[65]. 공부는 재미있어야 한다. 아니 그 어떤 행위라도 재미있어야 계속하게 되고, 늘 그 생각을 하게 되는 것이다. 공자는 "배우고 생각하지 않으면 잊어버리고, 생각만 하고 배우지 않으면 위태롭다", "배움은 즐거운 일이다. 배우는 데 지친다면 그것은 배우는 방법을 잘못 알았기 때문이다"라고 하였다. 우리는 잘못된 방법으로 가짜 수학을 하기 때문에 지치고 힘들며, 중간에 포기하고 싶은 생각이 드는 것이다. 진짜수학도 가짜 수학도 어렵다. 진짜수학은 어렵지만 재미있고, 스스로 자꾸 생각하게 되는 매력이 있다. 가짜 수학은 어렵지만 다시는 생각하고 싶지 않게 하는 마력이 있다. 진짜수학은 그 끝에 세븐틴[66], 트와이스가 기다리고 있다. 아이들은 세븐틴을, 트와이스를 아니 그 어떤 것이라도 자신들이 간절히 만나고 싶은 것이라면 그 길이 아무리 험하더라도 기꺼이 견디며 나아갈 수 있다. 세븐틴을 만나러 가는 길은 쉽지 않다. 진짜수학으로 가는 길은 처음에는 조그마한 개울이나 도랑이 나오고 좀 더 가다 보면 야산, 협곡, 호수, 큰 산 등등 많

---

[65] 어느 초등수학 개념사전이라는 책의 저자는 서문에서 "수학이 흥미로운 내용을 다루기보다 딱딱하고 매순간 정확성을 요구하는 교과이기 때문에 조금의 실수도 허용하지 않는다"라고 쓰고 있는데, 우리 수학 교사들도 이와 비슷하게 수학은 딱딱하고 재미없는 교과라고 생각하고 있는 것은 아닌지 하는 의문이 든다.

[66] 서현이 세븐틴을 만나기 위해 밤을 새워 티켓팅할 때의 모습, 티켓팅에 성공해 기쁨에 환호하는 모습, 공연 보러 가서 하루 종일 기다리고 즐기고 와서 그다음 날 녹초가 되어서도 얼굴에 비치는 행복감을 보면서 진짜수학도 저렇게 공부할 수 있을 것이라 믿는다. 즐기면 힘들어도 행복하다.

은 것을 건너야 비로소 도착할 수 있다. 진짜수학으로 가는 길은 종이와 연필, 눈금 없는 자와 컴퍼스만을 가지고 이성의 힘으로 온갖 것들을 건너가야 하는 길이다. 개울에 빠져 허우적거릴 수도 있고, 협곡에 미끄러져 떨어질 수도 있고, 산이 너무 높아 올라가는 길을 찾지 못하고 헤맬 수도 있다. 그렇게 스스로 길을 찾는 노력을 하게 놓아두어야 한다. 아이들의 뒤에서 길을 잘 헤쳐 나가기를 응원하면서 생각의 방법을 알려주는 정도로 도와주면 대부분 스스로의 힘으로 갈 수 있는, 힘들지만 재미있는 길이 될 것이다. 가짜 수학은 마귀할멈, 심술궂은 혹부리 영감이 기다리고 있다. 아이들에게 절대로 궁금하지도 않고 만나고 싶지도 않은 존재들이다. 궁금하지 않으니, 생각하지 않게 되고, 생각하지 않으니 무조건 외워야 한다. 가짜 수학으로 가는 길에는 진짜수학으로 가는 길보다 훨씬 많은 것들이 필요하다. 우선 아이들에게 큰 지게 하나를 메게 한다. 조그마한 도랑이 나오면 냉큼 공식을 던져준다. 아이는 공식을 이용하여 도랑을 건너고, 지게에 공식을 넣어 둔다. 다음 도랑이 나오면 또다시 공식이 나오고 건넌 후에는 소중히 공식을 지게에 쌓아 둔다. 그렇게 점점 지게에 쌓여가는 공식의 무게는 무거워지고, 지게에 있는 공식 중 어떤 것을 사용해야 할지 모르는 수학문제를 만나면 풀 수가 없다. 시험이 끝나고 해설지를 보면, '어, 이게 내가 아는 공식을 사용하는 것이었구나' 하면서, 알고 있는데 틀렸다[67]고 생각한다. 계속 지게에 공식을 쌓아가도 수학문제가 풀리지 않으니, 수포자가 하나둘 나오기 시작하고, 급기야 중학교, 고등학교를 지나면서 60% 이상의 아이들은 수포자가 된다[68].

서후는 π만 나오면 즐겁게 3.14159265358979323846이라고 20자리까지 줄줄 외운다. 서후 3학년 때 담임 선생님이 학기 초에 3월 14일 파이데이를 맞아 수학

---

[67] 몰라서 틀린 것이다. 해설지에 있는 공식을 내가 알고 있다고 하더라도 그 공식이 그 문제에 사용해야 하는 것인지 찾아 낼 수 없다면, 그 문제는 모르는 것이다.

[68] 수능수학의 4등급은 원점수가 50점 내외인데, 2점 문제와 3점 문제를 다 맞히면 48점이다. 2점과 3점 문제는 공식만 적용하면 바로 풀 수 있는 문제인데, 2, 3점 문제만 다 맞아도 절반 이상의 등급인 4등급을 받는다. 객관식 4점 문제는 8문제인데, 수학적 확률상 1.6개(6점)는 맞힐 수 있다고 보면 2, 3점 문제를 2개 이상 틀려도 4등급은 받을 수 있다는 계산이 된다. 그 아래 등급인 60%의 아이들은 완전한 수포자라고 보면 된다.

시간에 π를 누가 많이 외우나 배틀을 하겠다고 선언하였는데, 서후네 반 아이들은 누가 먼저랄 것도 없이 자발적으로 즐겁게 그 긴 파이를 외웠고, 각자의 능력과 관심에 따라 꽤 긴 π의 무한한 수들을 외우게 되었다고 한다. 2년이 지난 지금도 그때의 즐거운 기억이 있어 π만 나오면 서후는 즐겁게 스무 자리를 외운다. 진정으로 즐겁고 재미있게 하면 몸에 스며든다. 파이를 외우는 것은 공식을, 연산기술을 외우는 것과는 또 다른 무한 수에 대한 경외감을 느낄 수 있는 일이다. π를 외우는 동안 아이 안에는 수학에 대한 혐오 대신, 신비감이 자리잡을지도 모른다.

초등학교 이전에 아니, 최소한 초등학교 2학년까지 곱셈구구를 외우게 해서는 안 되는 이유는 아이들이 곱셈구구를 외우면서 수학은 암기과목이라는 강력한 암시를 받기 때문이다. 첫 출발부터 수학은 암기하여야 하는 재미없는 과목이고, 앞으로도 계속 외워야 할 것이 많아지게 될 것이라는 불길한 예감을 주는 것이다. 그리고 그 불길한 예감은 어김없이 사실로 드러나게 된다. 학년이 올라갈수록 단원이 복잡해질수록 외워야 할 것은 많아지고, 열심히 하였음에도 점점 모르는 것은 더 많아지고, 어디까지 언제까지 해야 하는지도 모른 채, 엄마에게 끌려가다가 엄마와 힘겨루기를 할 수 있을 때쯤부터 수학을 놓아 버리면 수포자가 되는 것이다. 수포자가 아니라고 하더라도 거의 수포자의 마음으로 고3까지 겨우겨우 가서 수능시험에서 2, 3점 문제만 겨우 풀고 나머지 시간은 멀뚱거리며 보낸다. 수능 수학시험 시간은 100분이라는 꽤 긴 시간인데, 절반 이상의 아이들은 시험 시작 1시간 이전에 문제 풀이를 그만두고 잠을 잔다는 이야기를 들은 적이 있다. 그 아이들에게는 손을 댈 수가 없는 문제들이므로, 그냥 자는 것이 다음 시간을 위해 도움이 된다는 것이다.

곱셈구구를 외우게 해서는 안 되는 또 다른 이유는 추상적 기호를 이용한 기계적 계산으로 연산을 해낼 수 있게 되어 아이들이 수를, 곱셈을, 나눗셈을 잘 안다고 착각하도록 유도해, 수에 대한, 진짜수학에 대한 생각을 더 이상 하지 못하도록 강제한다는 데에 있다. 수학이 암기과목이라는 선입견을 주는 것보다 더 나쁜 영향이다.

  학원강사들은 최대한 많은 문제를 풀어 보아야 수능시험에 대비할 수 있다고 주장하면서 초등 고학년, 중학교 때부터 고등학교 수학문제를 끊임없이 아이들에게 쏟아내 놓는다. 이런 문제는 이런 공식을 사용하여 이렇게 푸는 것이라고, 생각할 시간도 주지 않고 수없이 많은 문제를 아이들에게 공식과 함께 외우라고 강요하고 있다. 소위 "양치기"만이 살길이라고 주장한다. 수학은 천천히 가도 쉽지 않은 학문이다. 하나하나 기초를 다지며 한 계단 한 계단 올라야 계속 갈 수 있는 학문이다. 많은 음악을 들어보겠다고 2배속, 3배속으로 음악을 들으면, 그 음악이 아름답거나 즐거울 수 있겠는가? 또 진정으로 음악을 알 수 있다고 생각하는가? 수능시험문제를 내는 출제자들은 우리 아이들이 이렇게 공부를 하고 있다는 것을 잘 안다. 2배속, 3배속으로 음악을 들은 아이들은 0.8배속으로 약간의 변주를 주는 것을 알아차리지 못한다. 아니 정규속도에서 약간의 변주를 주어도 알 수 없다. 그래서 연습하지 않은 문제가 나오면 신유형문제라면서 손도 못 대고 좌절하는 것이다. 우리는 그렇게 수학지옥에 갇혀 있다가 대학을 입학하거나 대학을 포기하면서 수학지옥에서 벗어나게 되고, 다시는 수학을 입에 떠올리기도 싫어하는 삶을 살게 된다. 뿐만 아니라, 수학을 배우는 과정에서 공식만이 살길이라는 생각이 너무 확고해져서, 극장의 우상에 사로잡히고 만다. 점차 스스로 생각하는 방법을 잃어버린 채 다른 사람의 의견에 이리저리 휘둘리는 수동적 생활을 하게 될 가능성 또한 커진다.

05
수학지옥을 벗어나는 길

1979년까지는 대학별 본고사가 있었다. 학교마다 다르고 학년마다 변하였지만 서울대 수학 본고사의 경우 2시간 정도에 5문제를 풀어내는 방식이었다. 다섯 문제 중 두 문제 정도를 풀어내면 합격이다[69]. 지금같이 수많은 문제를 타임어택 속에서 공식과 스킬에 의하여 곧바로 풀어내는 방식이 아니었다. 수학 본고사 세대들에게는 수학에 대한 미움과 분노가 그 이후 세대보다는 크지 않은 것으로 보인다. 수학이 어렵기는 해도, 지금과 같이 다시 보기도 싫고 생각조차 하기 싫은 괴물은 아니었던 것 같다.

현재 수능수학과 같은 체제에서는 어쩔 수 없이 문제풀이도 병행해야 한다. 아무리 깊게 생각하는 연습을 한다고 하더라도, 타임어택 속에서 하나하나 문제를 음미하고 있을 수는 없기 때문이다. 그렇다고 하여 모든 수학공부 시간을 문제풀이에만 집중하는 지금의 방식은 효율적이지도 않고, 생각할 힘을 기르지도 못한다. 대학에서부터 문제풀이 수학은 아무짝에도 쓸모없고, 대학 졸업 후에도 마찬가지이다. 이러한 쓸모없는 노력을 기울이는 것은 사회적으로 개인적으로 시간, 노력 낭비일 뿐이다. 문제풀이에만 집착하는 것은 험하고 먼 산을 한 발로 깽깽

---

[69] 이 이야기를 들은 서후의 얼굴에 화색이 돈다. "다섯 문제 중에 두 문제만 풀어도 서울대 합격할 수 있다고요?", "응." 그리고 그 다음 이야기는 해 주지 않는다. 수학 본고사 문제가 궁금한 분은 Gemini에게 물어보든지, 찾아보길 바란다.

이해서 오르는 것과 같다. 깽깽이 걸음으로 해서는 멀고 큰 산을 절대 넘을 수 없다. 진짜수학을 바탕으로 문제풀이를 병행하여야 험난한 산을 넘을 수 있다. 우리는 아이들에게 '나는 바담풍해도 너는 바람풍하라'고 강요하고 있고, 그 와중에 찰떡같이 바람풍으로 알아듣고 진짜수학과 문제풀이를 병행하는 아이들이 그나마 좋은 대학을 가는 것이 아닌가 생각한다. 수학이라는 어렵고 먼 길을 가는 아이들에게 절대로 넘어지지 않게 두 발로 씩씩하고 안전하고 멀리 걸어가도록 해 주는 것이 우리가 해야 할 일이 아닐까 생각한다.

우리 아이들이 수학에 첫발을 내딛는 꼬꼬마 시절부터 진짜수학의 길로 들어서게 하여야 한다. 그것은 그리 어려운 것이 아니다. 추상적인 기호를 사용한 계산이 수학의 전부인 것처럼 처음부터 가르치면 절대 진짜수학의 재미를 느끼지 못하고, 암기식 수학, 연산만을 하는 수학을 하게 되는 비극으로 끝이 난다. 우리 사회가 얼마나 연산을 좋아하는지, 무엇이든 수학이라면 연산으로 바꾸어 버리는지 실감나는 사례를 하나 소개한다. EBS 수학 다큐멘터리에서 이집트의 단위분수에 대하여 설명하는 프로그램이 있었다. 이집트는 단위분수만을 사용하였다는 것을 설명하고는 곧바로 분수를 단위분수로 계산하는 공식을 제시하면서, 어떤 분수를 단위분수로 나타내는 연산을 쭉 설명하는 것이 아닌가? 나는 이집트가 왜 단위분수만을 사용하였는지 그 이유가 알고 싶었는데, 프로그램은 분수를 단위분수로 나타내는 공식을 알려주는 것이 더 중요하였던 것이다. 이집트는 실용수학을 근간으로 하였기 때문에 단위분수 이외의 분수는 필요 없었을 것이라는 것이 내 추측이다. 빵 몇 조각을 몇 명에게 공평하게 나누어 주느냐가 궁금했기 때문에 단위분수만 필요했고, 분수 자체가 궁금한 것은 아니었기 때문에 단위분수 이외의 분수는 불필요하였던 것이다.

꼬꼬마[70]때는 수나 양을 눈에 보이는 대상을 가지고 분류해 보고, 나누어 보고, 묶어보는 구체적 활동을 통하여 수나 양을 체화하는 과정을 거쳐야 한다. 그 시

---

[70] 통상 초등 2학년까지의 시기다.

기 이후에도 가능하면 눈에 보이는 대상으로 수나 양을 비교하고 닮음을 확인하는 과정을 거쳐야 진짜수학을 할 수 있다. 우리는 이성으로 추상적인 대상을 생각하는 수학을 하여야 하지만, 눈에 보이지 않는 대상으로 논리를 계속 이어가는 것은 상당히 어렵다. 고등수학에서도 그래프를 이용하여 1, 2, 3차 조건등식을 생각하는 것이 훨씬 효과적인 것과 동일하다. 나는 초등학교 때까지 체화시켜야 하는 부분은 ① 교구를 이용한 수의 묶기[71], ② 분수 ③ 비의 개념 이해하기, 이 세 가지[72]라고 생각한다. 이 세 가지를 재미있게 충분히 연습하면 그 이후 중학 수학, 고등수학도 어렵지만 재미있게 수학과 놀 수 있을 것이라고 생각한다. 우리 아이들에게는 매슬로우의 사회적 욕구, 자아존중의 욕구, 자아실현의 욕구가 있고, 그 욕구를 실현하고자 하는 마음도 있으므로, 우리가 조금만 기다려 주는 것은 어떨까? 우리 아이들이 그 욕구를 건강하게 마음껏 발휘할 수 있도록 응원하면서. 현재의 교육제도와 수능의 문제점에 대해서 할 말은 많지만, 이 책은 수학에 관한 것이므로 진짜수학에 대해서 2장부터 시작한다.

---

[71] 수를 묶는다는 것은 나눈다는 것과 동일하다. 곱셈과 나눗셈은 동일하고, 덧셈과 뺄셈 역시 동일하다. 수를 제대로 묶으며 놀면, 곱셈, 나눗셈, 약수, 배수, 공배수, 공약수를 자연스레 익히게 된다. 곱셈구구를 외고, 사칙연산 따로 하고, 약수 배수 따로 익힐 필요 없이. 어느 과격한 수학자는 덧셈과 곱셈만 연산이고, 뺄셈과 나눗셈은 필요한 연산이 아니라고 주장한다. 수를 마음껏 묶어 보지도 못한 우리 아이들은 중학수학에서 바로 수보다 더 추상적인 문자를 묶어야 하는데, 그냥 외우는 수밖에 없다.

[72] 분수는 비와 동일하다. 기하와 관련하여 초등수학에서는 면적, 둘레를 알아보는 것 이외의 것은 거의 다루지 않고 있다. 중학수학에서 비로소 제대로 된 기하를 다룬다. 하지만 초등수학에서도 연산을 목적으로 한 도형의 공부가 아닌 도형 자체를 가지고 노는 공부를 할 필요가 있다. 초등 때부터 해 볼 수 있는 놀이로 평행선과 그 성질(고등수학에서 등적변환이라는 어려운 용어로 이야기하는 바로 그것)을 탐구하는 것을 권한다. 평행선을 잘 가지고 놀면 이후의 기하를 공부함에 있어 매우 도움이 될 것이고, 조금 더 욕심을 내자면 이등변 삼각형, 원 가지고 놀기를 하면 도움이 될 것으로 생각한다. 다시 한번 말하지만, 평행선을 빙자한, 삼각형을 빙자한, 원을 빙자한 연산 연습 말고.

<아이들은 내일의 집에 산다>

그대들의 아이들은 그대들의 아이들이 아니다.

그들은 자기 삶을 열망하는 생명의 아들들과 딸들이라.

그들은 그대들을 통해 왔지만 그대들로부터 온 것은 아니니

그들은 그대들과 함께 있지만 그대들에게 속한 것은 아니다.

그대들은 아이들에게 사랑은 줄 수 있으나 그대들의 생각은 주어서는 아니되리라.

아이들에게도 자신의 생각이 있기 때문이라.

그대들은 아이들의 몸은 돌볼 수 있으나 그들의 영혼은 거둘 수 없으니

아이들의 영혼은 그대들이 꿈에라도 결코 닿을 수 없는 내일의 집에 살기 때문이라.

그대들은 아이들과 같아지려고 애쓸 수는 있으나 그들을 그대들과 같이 만들려 하지 말라.

삶은 뒤로 돌아가지도 않고 어제에 머물지도 않기 때문이라.

그대들은 활이니

살아 있는 화살 같은 아이들은 그대들로부터 쏘아져 앞으로 나아간다.

신은 무한의 길 위에 있는 과녁을 겨누고

그의 화살이 빠르고도 멀리 갈 수 있도록 온 힘을 다해 그대들을 당기리라.

그러니 그대들은 신의 손에 기쁘게 당겨지라.

그는 날아가는 화살을 사랑하는 것만큼 튼튼한 활인 그대들을 또한 사랑해 주시리라.

〈배움의 길〉

어느 누구도 그대들을 가르칠 수 없다.

다만 깨달음의 새벽에 그대들이 이미 눈을 반쯤 뜨고 있다는 것을 알려줄 수는 있으리라.

제자들에 둘러싸여 사원의 그늘을 거니는 스승도 그의 믿음과 사랑을 나누어 줄 수 있

으나 자신의 지혜를 나누어 줄 수는 없는 법이니

그가 참으로 현명하다면 그는 자신이 지은 지혜의 집으로

그대들에게 들어오라 강요하지 않으리라.

대신에 그는 그대들의 마음의 문으로 그대들을 인도하리.

천문학자도 우주에 대해 이해한 것을 그대들에게 말해 줄 수 있으나

그의 이해를 줄 수는 없으리.

음악가도 온 우주에 있는 선율을 그대에게 노래해 줄 수 있으나

그 선율을 듣는 귀나 울려주는 목소리를 줄 수는 없으리.

물리학자도 질량의 법칙을 말해 줄 수 있으나

그대들을 그곳으로 안내할 수는 없으리라.

한 사람의 통찰력은 다른 사람에게 그 날개를 빌려줄 수 없기 때문이라.

그리하여 누구나 신 앞에서는 혼자 힘으로 서 있을 수밖에 없으니

그대들 각자는 홀로 신을 배우고 홀로 세상의 일을 알아가야 하리라.

-칼릴 지브란 예언자 중-

초등수학 정말 잘 아시나요?

01
10은 숫자가 아니다

- 🧑 수와 숫자는 무엇일까?
- 👦 둘 다 같은 것 아니에요?
- 🧑 글쎄, 글자가 다르니 뭔가 다르지 않을까? 무엇이 다를까?
- 👦 1은 숫자이고 수이지 않나요? 그래서 숫자나 수나 같은 것 같은데…
- 🧑 그럼 10은? 수일까? 숫자일까?
- 👦 1과 같이 수이고 숫자 아닐까요?
- 🧑 그럼 111은 수일까, 숫자일까?
- 👦 음… 수일 것 같아요.
- 🧑 그럼 수와 숫자는 무엇이 다를까?
- 👦 아빠, 10이 수이건 숫자이건 구분할 필요가 있나요? 10+10=20, 10+25=35, 이런 연산에는 아무런 소용이 없는 질문 같아요.
- 🧑 피보나치라는 사람 알아?
- 👦 피보나치 수열은 들어보았어요.
- 🧑 피보나치는 1202년에 『산반서』라는 책을 쓴 이탈리아의 수학자이지. 피보나치는 그 책의 서문에 이렇게 썼단다. "피사의 상인들을 대행하는 버기아(현재의 알제리 베자이아) 세관의 서기로 임명받은 아버지는 어린

나를 불렀다. 유용한 것과 미래에 편리한 것에 주목한 아버지는 내가 그 곳에서 머무르며 회계학교에서 공부하기를 바랐다. 내가 훌륭한 지도를 받아 인도인들의 아홉 개의 기호가 나타내는 예술을 알게 되었을 때, 무엇보다도 그 예술에 대한 지식을 이해하게 되어 기뻤다. 그리고, 이집트, 시리아, 그리스, 시칠리아와 프로방스에서 다양한 형태의 그 예술을 모두 공부했다. 여행하는 곳마다 아랍의 상인들이 인도-아라비아숫자를 사용해 10진법의 위치기수법으로 계산하는 것을 지켜보며, 유럽인들이 주판을 사용한 결과를 로마숫자로 기록하는 방식보다 우월하다는 것을 알게 되었다." 이 서문을 통해 인도-아라비아 숫자를 서양에 소개하였지.

🧒 인도인들의 아홉 개의 기호가 1, 2, 3, 4, 5, 6, 7, 8, 9인가요? 0은 포함되지 않나요?

👨 피보나치는 0은 단지 자릿값을 나타내는 것이라 생각하고 숫자라는 생각을 하지는 않았지. 그때는 아직 0의 개념이 없고, 음수의 개념도 없는 시대였단다.

🧒 10진법의 위치기수법은 뭐예요?

👨 우리가 지금 사용하는 자릿값 체계를 이용한 수체계를 말하는 것이지. 234라는 것은 10×10이 2개, 10이 3개, 1이 4개를 말하는 것이지. 로마숫자로 표시하면 CCXXXIV라고 표시되겠지. 아라비아숫자가 훨씬 간단하지? 동양에서는 二百三十四로 표시하였는데, 역시 아라비아숫자보다 복잡하지. 로마나 동양은 10진법의 위치기수법을 사용하지 않아서 그래. 그런데, 피보나치가 아라비아숫자와 10진법의 위치기수법을 유럽에 소개하였음에도 유럽에서는 1500년대 중반까지 로마숫자를 이용하는 사람들이 더 많았다고 해.

🧒 왜요? 딱 봐도 아라비아숫자가 훨씬 간편하고 편리한 것 같은데요.

🧑 그 당시는 상업이 발달하지 않은 중세 시대라서 지금처럼 백만 단위, 천만 단위 이상을 쓸 필요가 없었고, 많아야 천 또는 만 단위 정도의 수를 사용하였기 때문에 로마숫자를 이용한 계산이 크게 어렵지 않았어. 또, 사람은 누구나 익숙하지 않은 새로운 것을 배우는 데 저항감을 느끼는 경향이 있다는 점도 아라비아숫자가 서양에 빨리 전파되는 데 방해로 작용했겠지. 그리고 아라비아숫자가 0부터 9까지 10개라면 로마숫자는 Ⅰ(1), Ⅴ(5), Ⅹ(10), Ⅼ(50), Ⅽ(100), Ⅾ(500), Ⅿ(1,000)까지의 7개밖에 없었던 것도 영향이 있었겠지.

🧑 우리 수체계에서 10이 숫자가 아니라 수라는 것이 왜 중요해요?

🧑 10진법의 위치기수법은 1부터 9까지의 숫자를 사용하여 나머지 수들을 나타낼 수 있다는 점이지. 즉, 숫자 9개를 재활용하여 나머지 모든 수를 나타낼 수 있다는 점이 제일 중요해. 10은 숫자가 아니라 자릿값 체계를 이용한 수에 불과하다는 점이 10진법의 위치기수법이 로마숫자나 동양의 수 체계와 가장 다른 점이지. 로마나 동양에서는 십, 백, 천, 만 등이 모두 숫자이지. 우리는 동양의 문화권에 살고 있어서 대부분의 사람들이 10을 十으로 이해하여 숫자라고 잘못 이해하고 있는데, 암묵적으로 10진법의 위치기수법을 몸으로 체화하는 데 큰 방해 요소가 되는 것 같아.

🧑 위치기수법은 또 뭐예요?

🧑 옛날 중세 유럽 사람들에게 ⅠⅠ이라고 써 놓으면 뭐라고 읽을까?

🧑 로마자 Ⅱ와 같으니 둘이라는 뜻으로 읽겠지요.

🧑 맞아, 로마숫자에는 I, V, X, L, C, D, M의 숫자만 있고, 1부터 4까지는 1의 개수를 늘어놓는 식[01]으로, 6부터 9까지는 V(5) 다음에 I을 늘여놓는 식[02]으로 표기를 하였지. 그러다가 13세기에 중세 유럽의 피보나치에 의

---

01 Ⅰ, Ⅱ, Ⅲ, Ⅳ

02 Ⅵ, Ⅶ, Ⅷ, Ⅸ

하여 아라비아숫자가 소개되면서 4와 9가 IV, IX로 간단해지게 되지. 누가 봐도 9를 VIIII로 표기하는 것은 간단한 아라비아숫자에 비하여 촌스럽게 느껴진 거지. I를 V, X 앞에 둔 것은 V, X에서 하나를 뺀 것이라는 뜻이래. 오른쪽은 더하고 왼쪽은 빼고. 우리는 아라비아 수 체계 아래에서 숫자를 재활용하는 방법으로 편리한 세계를 이룰 수 있었어. 9개 숫자의 위치만으로 얼마든지 큰 수와 작은 수를 표시할 수 있었으니 말이야. 만약 자릿값 체계의 10진법이 아니라면, 0.1, 0.01, 0.001 등등 소수를 어떻게 표기하고 불러야 했을까? 중세 시대까지는 0.001이 없어도 별문제 없었을 거야. 하지만, 소수를 간편하게 표기하고 계산하는 방법을 알 수 없었다면, 지금과 같은 현대문명을 이룩할 수 있었을까? 빛의 속도나 태양과의 거리 같은 큰 수 역시 마찬가지겠지.

십, 백, 천, 만은 10진법의 위치기수법에서는 숫자가 아니라 수이고, 동양, 로마, 이집트, 마야 문명 등 모든 문명에서는 숫자이다.

02
10진법

- 🧑 근데 10진법은 뭐예요?
- 👨 1부터 9까지를 세고 그 하나 다음은 10이라는 한 묶음으로 하여 다시 수를 세어 나가는 방식?
- 🧑 10진법 말고 다른 진법도 있어요?
- 👨 그럼. 역사적으로는 10진법보다 12진법, 60진법이 먼저 사용되었다고 보고 있지. 우리는 하루를 12시로 두 번 나누어 사용하고, 1년도 12월로 나누어 사용하지. 그리고, 분, 초는 60으로 나누어 사용하고, 각도는 360으로 나누어 사용하지. 동양에서도 시간과 월은 12개로 나누어 사용하는 등 보편적으로는 12진법이 먼저 사용된 것 같아.
- 🧑 왜 12진법이 먼저 사용된 것일까요?
- 👨 12는 1, 2, 3, 4로 나머지 없이 묶을 수 있는 편리한 수라서 그런 것 아닐까? 사람은 태어날 때부터 1에서 4까지의 수나 양은 한 번에 크기를 분간할 수 있는데, 5 이상의 수나 양은 하나하나 세어보아야 크기를 분간할 수 있다고 읽은 기억이 나. 5 이상의 수는 그냥 좀 많다, 10 이상의 수는 좀 더 많다 이렇게 인식하는 것이 인간의 수에 대한 선천적인 분류 방식이라는 것이지. 또, 어떤 물건을 나누어 가지려고 할 때 두 사람, 세 사람, 네 사람으로 나누는 경우가 가장 많아서 12가 먼저 사용된 것 아

닌가 해. 1년도 12개월로 나뉘어져 있어서 분기와 반기로 자연스럽게 구분해서 사용할 수 있는데, 만약 1년이 10개월이면 반기로만 나누어야 하고 분기로 나누기에는 뭔가 어색하지 않겠니? 1년이 10개월이면 2개월 반이 분기가 되어 지금보다 더 복잡하지 않을까? 마찬가지로 하루가 24시간이 아니라 10시간이면 하루를 나누는 것이 불편하겠지.

🧑 그럴 수도 있겠네요. 그럼 왜? 12진법보다 나누기 불편한 10진법을 사용하게 된 것일까요?

🧑 글쎄, 왜 그랬을까? 손가락이 10개여서 그렇지 않을까?

🧑 손가락이 10개여서 10진법을 사용하게 되었다고요? 그럼, 손가락이 12개였으면 12진법을 사용하고, 손가락이 8개면 8진법 뭐 이렇다는 거예요?

🧑 아빠는 그렇게 생각해. 칼 세이건도 『코스모스』에서 같은 이야기를 하였지. 우리가 고대 사람이라고 가정해 봐. 그때는 학교도 없었고, 필기구도 없었고, 계산기도 없었겠지. 그리고 계산해야 하는 수도 10개 이하, 많아야 20개 정도가 대부분이었을 거야. 국가나 대규모 종교단체 등을 제외한 일반 사람들의 경우에 말이야. 아빠의 추측으로는 12진법이나 60진법은 여러 수로 묶기 편하니까 수 공부가 가능했던 공무원이나 종교단체가 주도해서 사용했을 것 같아. 그런데, 손가락셈으로 수 세기, 덧셈과 뺄셈을 하던 일반 민중들은 12진법이나 60진법의 계산을 어려워했고, 그런 일반 민중들의 편의 또는 요구에 의해 국가가 손가락셈이 가능한 10진법으로 양보한 것 아닐까?

🧑 손가락으로 10개를 세고, 다시 10개를 세면 몇 개인지를 쉽게 알 수 있겠네요.

🧑 그렇지. 지금도 아이들은 수를 세거나 덧셈, 뺄셈할 때 손가락으로 하는 경우도 있지. 손가락으로 부족하면 발가락도 거들고. 어떤 사람은 초등

학교 1학년 때 발가락도 사용해서 덧셈을 했대. 그리고, 로마숫자나 주판을 보면 손가락셈이 10진법의 기초였다는 것을 쉽게 알 수 있지.

🧑 로마숫자가 왜요?

👨 로마숫자는 I과 V, 그리고 X 밖에 없다고 조금 전 말했지. 로마 사람들은 손가락을 접은 상태에서 하나하나 펴며 수를 세었는데, 5가 되면 작은 단위 하나가 이루어지는 것으로 생각했지. 우리말로 생각하면 하나, 둘, 셋, 넷, 한 주먹 이런 식으로 말이야. 그래서 I과 V[03]라는 숫자만 있었던 것 아닐까? 다시 6부터는 한 주먹(V)에서 하나, 둘 셋, 넷, 두 주먹(X) 이런 식으로 가다 50에서는 한 주먹(V)이 10개 있으니 다시 L이라는 숫자를 부여한 것 같아. 로마인들의 수에 대한 인식의 기초에는 5가 가장 중요한 것으로 보여. 5는 아라비아 수 체계에서도 무척 중요하지. 고대 중국에서는 5개짜리 주판알을 오래 사용했단다. 현대까지 쓰인 주판은 1을 나타내는 주판알이 4개만 있고, 5를 나타내는 주판알 하나와 1을 나타내는 주판알을 합하여 9까지만을 나타내고 바로 10으로 넘어가지. 주판 역시 한 주먹(5), 두 주먹(10) 개념을 사용하고 있어. 10 단위도 주판알이 4개만 있고, 다시 50을 나타내는 주판알 1개와 10을 나타내는 주판알 4개로 90까지를 나타내고 100으로 넘어가게 되지.

🧑 그런데, 손가락을 사용해서 수 세기, 덧셈, 뺄셈을 하면 암산 능력이 떨어진다고 하지 말라고 하던데요.

👨 손가락으로 덧셈, 뺄셈하면 쉽게 계산되는데, 누가 왜 그랬을까?

🧑 그리고 친구들이 놀려요. 손가락으로 그런 짓 하면.

---

03 V는 손을 편 모습이어서, 손가락을 접은 상태에서 펴는 방식으로 셈을 한 것인데, 유럽 사람들은 우리와 달리 주먹 상태에서 손가락을 펴면서 수를 세기 시작해서 다 펴지면 5가 된다고 한다. 우리처럼 손가락을 편 상태에서 하나하나 접는 것으로 셈을 하였다면 로마숫자 5는 O 이렇게 되지 않았을까? 지역마다 나라마다 손가락셈 하는 방식이 다 다르다니 신기하다. 한 주먹(V)이라는 표현은 우리가 손가락셈을 하는 방식인 손가락을 편 상태에서 5개를 다 접은 것을 표현하고 있다.

🧑 음, 손가락으로 하면 정말 쉽고 편리하게 할 수 있는데.

👩 그런데, 손가락으로 셈을 하면 쉽고 편리한가요?

🧑 손가락으로 3을 센다고 해 보자. 손가락을 편 후 손가락 3개를 구부려 3이라고 하면 뭐가 보이지?

👩 구부려진 3과 나머지 펴진 손가락 2개요.

🧑 3을 세는 것만으로 ① 3 더하기[04] 2는 5, ② 5 빼기 3은 2, ③ 5 빼기 2는 3이 자동으로 보이지 않니? 뭐 안 보인다고? 다시 손가락 3개를 구부리고 잘 쳐다봐.

👩 아, 보여요.

🧑 손가락은 휴대용 자동계산기라고 생각해. 또, 세 개의 수를 더해서 10으로 만드는 방법도 손가락으로는 금방 알 수 있어. 2 더하기 5를 손가락셈으로 7이라고 답하고 남은 수를 바라보면, 자동으로 3을 더하면 10이 된다는 것을 알 수 있지. 굳이 외울 필요 없이 손가락으로 여러 가지 수들을 많이 더해 보면 그냥 몸에 익게 되는 거야. 연산학원 같은 곳에서 10의 보수[05]를 외우라고 하는데, 손가락만 잘 들여다보면 알 수 있는 것을 왜 손가락을 보지 말라고 하면서 외우라는지 아빠는 진짜 이해 안 돼. 한 주먹(V)을 보면 1과 4, 2와 3이 보수[06]이니 사실 이 두 가지 경우만 생각하면 보수라는 개념은 금방 깨우치지 않을까 해. 한 주먹에서 1과 4는 두 주먹에서는 1과 9이니까[07]. 손가락셈을 하지 말라는 사람들은 아이들에게 십진법의 원리를 깨닫지 못하도록 하는 거라 생각해.

👩 보수는 쉽게 보인다고 하더라도, 두 자릿수 덧셈이나 뺄셈은요?

---

[04] 수학은 말로 전승되고 생각하는 것이라 아직은 기호를 사용하지 않고 말로만 표기한다.
[05] 1과 9, 2와 8처럼 더해서 10을 만드는 수
[06] 1과 4, 2와 3은 5를 기준으로 보면 5를 만드는 수
[07] 한 주먹에서 2와 3은 두 주먹에서는 2와 8이다.

- 마찬가지 아닐까? 27 빼기 16을 볼까? 20을 머릿속으로 생각하고 손가락 7개를 구부린 후 7에서 6을 빼고 남은 1과 (머릿속으로) 20에서 10을 뺀 10을 더해 11이라는 답을 낼 수 있지. 27 빼기 18은 똑같이 20을 머릿속으로 생각하고 손가락 7개를 구부린 후 7에서 8을 빼⋯면, 아. 아직 하나 덜 뺐네. (머릿속으로) 20에서 10을 뺀 10에서 다시 하나를 더 빼서 9라는 답을 낼 수 있지.

- 그냥 지금까지 배운 대로 아라비아숫자로 세로셈 뺄셈을 하는 게 더 편한 것 같아요.

- 만약 서현이가 기호를 바탕으로 한 세로셈 뺄셈을 안 배웠다면 손가락 셈이 더 편리하다고 느낄걸?

- 그럼 곱셈은요?

- 곱셈은 손가락 셈으로 하기는 어렵지.

- 그럼 손가락으로 굳이 덧셈, 뺄셈을 할 필요가 없겠네요. 더 어려운 곱셈, 나눗셈을 손가락으로 할 수 없다면 덧셈, 뺄셈을 굳이 손가락을 사용하여 할 필요가 없을 것 같은데요?

- 곱셈은 덧셈의 확장판이어서, 덧셈을 잘하게 되면 곱셈은 쉽게 할 수 있지. 먼저 수 뛰기를 열심히 해 봐야 곱셈을 능숙하게 할 수 있어. '2씩 뛰어요. 2, 4, 6, 8, 10, 12, 14, 16, 18. 3씩 뛰어요, 9씩 뛰어요'를 계속해 보는 거지. 수틀[08] 가지고 수를 직접 놓아 보기도 하고. 손가락셈에 대해서는 한 번 더 이야기하기로 하고, 다시 10진법으로 표현된 수의 본질에 대해서 생각해 보자.

---

[08] 초등학교 교과서에 수많은 예시를 들며 재미있게 설명하고 있다.

손가락이 5개이고, 손이 2개이므로, 10진법 체계에서는 5와 2가 제일 중요하다

03
10진법으로 표현된 수의 본질

🧑 10진법은 수를 10개씩 한 묶음으로 한다는 것이고, 한 묶음이 되면 다시 하나씩 세어 간다는 의미이지. 그런데, 11이라는 수는 1이 2개가 아니라 10 한 묶음과 1이라는 뜻이고, 111이라는 수는 10 열 묶음, 10 한 묶음과 1이라는 뜻이지. 아이들이 처음 수를 배울 때 묶음 단위로 체험해 보지 않고 추상적인 기호인 숫자를 사용하는 경우 111을 백십일로 읽고 덧셈, 뺄셈을 할 수는 있지만, 10 열 묶음이 백이고, 10 한 묶음이 십이며, 다시 1 하나가 일이라고 느끼게 될까? 기계적 연산을 할 수 있다고 수를 안다고 생각해서는 안 될 것 같아. 자릿값 체계를 이용한 10진법 표기법은 숫자가 위치하고 있는 자리에 따라 같은 숫자라도 위치에 따라 값이 달라지는 것인데, 아이들에게 이러한 쉽지 않은 이야기를 자세한 설명도 하지 않고 수를 느끼기도 전에 그냥 외우라고 강요를 하는 것 같아.

👧 그런 것 몰라도 연산은 할 수 있는 것 아니에요?

🧑 수의 본질을 모른 채 하는 기계적인 연산은 진짜수학으로 이끌지 못해. 만약 10진법이 아니고 8진법이라면 8 더하기 7은 얼마로 표시될까?

👧 8진법이라면 8이 한 묶음 나머지 7이니까, $17_{(8)}$로 표시될 것 같아요.

🧑 12진법이라면 12가 한 묶음 나머지 3이니까 $13_{(12)}$로 표시되고, 13진법이라면 $12_{(13)}$로, 2진법이라면 $1111_{(2)}$로 표시되겠지. 똑같은 8 더하기 7인

데, 15, 17, 13, 12, 1111로 표시되지. 진법에 따라 7 더하기 8의 결과가 여러 가지로 나타나는 것은 수의 본질은 변하지 않는데, 그 나타나는 모습이 변하는 것이기 때문이야. 8 더하기 7이 15라는 것은 10진법 세계 안에서만 그렇고, 다른 세계에서는 다른 모습으로 나타나지. 15를 13진법으로 표시하니 12$_{(13)}$로 짝수인 것처럼 보여도 12$_{(13)}$가 홀수임에는 변화가 없어. 보이기만 짝수처럼 보일 뿐. 숫자로 표시된 기호는 변화하는 것으로 수 자체의 본질이라고 할 수 없어. 우리는 10진법의 세계만을 보는 플라톤의 동굴에 들어앉아서 변할 수 있는 숫자가 진리라고 착각하면서 수 자체의 본질을 외면하고 있는지도 모르지. 수 자체의 본질을 알지 못하니, 아이들에게 추상적인 기호 1, 2, 3, 4, 5, 6, 7, 8, 9를 외우라고 강요하고, 기계적 연산과 암산을 강요하면서 손가락셈이나 구체적 대상을 통한 수의 세어보기, 묶어보기를 하지 못하도록 한다고 생각해. 연령별 인지발달과정에 따른 수의 이해를 도와주고, 수의 본질을 느낄 수 있게 하기 위해서는, 추상적 기호를 바탕으로 한 기계적 연산 강요는 즉시 멈추어야 한다고 생각해. 구체적 대상을 통해서만 수를 알 수 있는 아이들에게 기호를 사용한 기계적 연산으로 수학의 첫걸음을 시작하게 하면 영원히 수의 본질을 파악하지 못하고, 기계적 연산, 암기만을 하게 되는 피동적, 노예적 수학을 할 수밖에 없어. 구체적 대상을 통하여 추상적인 수를 파악할 수 있도록 초등수학 교과서에서 수많은 삽화와 사진, 이미지 등으로 수를 설명하는 것이야[09]. 컴퓨터는 1과 0으로 모든 세상을 표현한다는 말 들어 본 적 있어?

컴퓨터는 있다와 없다만으로 세상을 표현한다고 들었어요.

컴퓨터는 짝이 있다, 없다, 두 가지로만 모든 것을 계산하고, 만들 수 있

---

[09] 수를 안다고 착각하는 아이들은 더 이상 교과서를 보지 않지만…

지. 수가 만물의 근원이라고 주장한 피타고라스의 혜안이, 탁견이 현실[10]이 된 거야. 우리는 수 자체를 알아야 해. 1, 2, 3, 4, 5, 6, 7, 8, 9라는 기호가 아니라. 우리는 컴퓨터와 대화를 하는 시대에 살고 있어. 컴퓨터는 8 더하기 7이 무엇인지 몰라. 컴퓨터는 1000 더하기 111로 이해하고 그 연산의 결과도 1111로 나타내지. 그렇다고 수 자체의 본질이 달라지지 않지. 우리 아이들은 수학의 처음인 수부터 이해가 아닌 암기로 시작하지. 그리고는 곧바로 덧셈, 뺄셈, 곱셈, 나눗셈 등등 추상적 기호와 공식을 통한 암기로만 뒤덮인 수학지옥을 헤매고 있어. 아이들은 수의 근본을, 수의 작동원리를 이해하고 그 이해를 기반으로 앞으로 나아가야 하는데, 단순한 공식을 적용하는 알고리즘만을 강요하는 세상에 살게 되지. 알고리즘은 생각 없는 기계나 노예에게 처음부터 끝까지 시키는 대로만 하도록 하는 것이어서, 노예훈련은 될지언정, 스스로 이해하고 새로운 것을 찾을 수 있는 힘을 만드는 교육은 아니야. 교육은 이성의 힘으로 진리를 찾아가는 방법을 알 수 있게 도와주는 것이지, 생각 없이 정답만을 찾기 위한 것은 아니지.

(세상은 수가 아니라 돈으로 이루어졌고, 컴퓨터가 0과 1로만 작동하는지 몰라도 컴퓨터 사용하고, 자동차 작동원리를 몰라도 자동차 타고 다니는 데 아무 지장이 없으니, 쓸데없는 생각 말고 공식 외우고 문제나 풀라는 강한나 씨를 피해 다른 곳으로…)

- 수의 본질은 뭐예요?
- 나도 잘은 몰라. 다만, 둘로 묶는지, 셋으로 묶는지, 넷으로 묶는지, 열로 묶는지에 따라 그 본질은 변함이 없이 모양만 바꾸는 것 정도로 이해하고 있어. 결국 수는 어떤 묶음 틀로 묶는지에 따라 표현되는 모습은 바뀌

---

10 3D 컴퓨터를 생각해 보라. 만물은 수로 이루어진다는 생각은 시뮬레이션 우주론, 다중우주론의 근거가 된다.

지만, 그 속성은 동일한 것 같아. 진법과 무관하게 짝수, 홀수, 약수, 배수는 모두 다 동일하고 기본수 역시 같지. 그래서 우리는 수를 묶어보고 비교해 보면서 탐구를 해야 하는 거야. 우리는 이미 10진법과 2진법이 함께 통용되는 세상을 살고 있는데도, 그 사실을 모른 채, 10진법의 미망에 사로잡혀 7 더하기 8은 15라는 것을 아무 생각 없이 외우게 하고 있는 것 같아. 10진법을 사용하는 우리 수체계에서는 5와 2가 제일 중요해. 5가 2개 있으면 10 한 묶음이 되니까. 다시 손가락셈으로 돌아가 볼까?

1111은 10진법, 5진법, 2진법에서 같은 수가 아니다

04
손가락셈

🧑 저는 손가락셈 안 하고도 덧셈, 뺄셈 잘 할 수 있어요. 손가락셈에 대해서는 별로 안 궁금한데요.

🧑 서현이는 이미 기호를 통한 암산을 잘 할 수 있게 되어서 그렇고, 처음 수를 배우는 아이들을 생각해 보자. 처음 수를 배울 때, 우리는 토끼 하나, 토끼 둘 이렇게 수를 배우게 되지. 그리고는 1, 2라는 추상적인 기호를 곧바로 배우게 되고. 1, 2를 알자마자 다시 1＋2, 2＋3이라는 기호를 사용한 덧셈을 하게 되지. 우리 인류는 손가락이 10개라서 10진법을 택하였다고 했었지. 10진법은 손가락셈을 할 수 있는 유일한 진법이기 때문이야. 손가락셈은 우리 인류가 수천년 동안 이어 내려온 연산 방법이지. 아이들도 처음에는 덧셈할 때 누구나 손가락셈으로 시작하지. 그런데 말이야. 엄마가, 선생님이, 연산 강사가 손가락셈을 하는 아이에게 암산을 못하게 된다고 손가락셈을 못 하게 말리지. 아이는 손가락셈을 하면 편하게 한 자릿수 덧셈, 뺄셈을 잘 할 수 있는데, 못 하게 하니 숨어서 손가락셈을 하다 들켜 혼나게 되지. 또다시 죄책감 속에서 손가락셈을 하는 자신을 바라보면서 '나는 수학을 못 하는 아이구나'라고 스스로 자기비하를 하게 되어 자존감에 큰 상처를 주게 되지. 어느 정도 기호를 통한 연산에 숙달되면 손가락셈 없이도 8 더하기 7을 할 수 있게 되지만, 처음의

부정적인 생각은 아이의 내면에 가라앉아 수학에 대한 자신감을 계속 무너트리려 하지. 그런데, 손가락셈이 과연 암기를 방해하는 것일까?

🧑 글쎄요. 다들 그렇다고 하니 그렇지 않을까요?

👨 서현이는 주산을 배워 본 적 있지? 주판은 1의 자리 주판알 4개, 5의 자리 주판알 1개, 10의 자리 주판알 4개, 50의 자리 주판알 1개로 이루어졌지. 백, 천, 만 단위도 동일하고.

👨 4에서 1을 더하려면 먼저 1의 자리 4개를 위로 올려 4를 표시하고, 다시 1을 더하면 4를 내리고 위의 5의 자리 주판알을 내리는 방식으로 주산을 해요. 다시 5에서 3을 더하려면 1의 자리 주판알 3개를 위로 올리면 돼요.

👨 그게 바로 손가락셈과 동일한 것이야. 손가락셈도 4 더하기 1을 하려면 먼저 손가락 4개를 접고, 다시 1을 더하려면 마지막 손가락을 접어서 한 주먹(5)를 만들지. 그리고 다시 3을 더하려면 다른 손의 손가락 3개를 접어 한 주먹 더하기 3으로 8이라는 수를 알아내게 되지. 주판은 암산에 도움이 된다고 하면서 손가락셈은 암산에 도움이 안 된다는 이상한 논리는 어디서 비롯된 것인지 알 수가 없어. 우리나라에서는 연산을 하는 데 전자계산기를 절대로 사용하지 못하게 하는데, 손가락셈을 하지 못하게 하는 이유도 같다고 생각해. 손가락은 휴대용 자동계산기인데, 계산기를 사용하면 연산을 하는 데 방해가 된다고 생각하는 것 아닐까?

🧑 자동계산기를 사용하는 버릇이 들면 연산하는 방법을 잘 알지 못하는 것 아니에요?

👨 전자계산기를 사용하면 연산하는 방법이 늘지 않겠지. 하지만 손가락은 전자계산기가 아니라서 수 자체를 이해시키면서 연산도 도움을 주는 효과가 있어. 2 더하기 3은 바로 한 주먹(5)으로 쉽게 알 수 있지. 다시 7은 한 주먹과 2로 나누어 진다는 것을 그냥 보기만 해도 알 수 있지. 다시 7

더하기 3을 해 보면 이번에는 두 주먹(10)이 된다는 것도 바로 알 수 있고. 여기에 익숙해지면 7 더하기 8은 한 주먹 더하기 2와 한 주먹 더하기 3으로 생각해서 바로 세 주먹(15)으로 답이 나오게 되지. 추상화된 기호를 사용하여 억지로 암기를 시키는 것보다 훨씬 빠르고 효과적이면서도 재미있게 덧셈을 연습할 수 있게 돼. 손가락셈을 죄악시하는 우리 교육 체제 속에서 아이들이 재미있고 즐겁게 손가락셈을 할 기회를 주지 않았기 때문에 손가락셈의 중요성을 알 방법이 없지.

● 손가락셈으로 한 주먹, 두 주먹, 세 주먹 이런 식으로 하다 보면 5, 10, 15, 20 등이 중요하다는 것을 쉽게 이해할 수 있고, 손가락셈이 익숙해지면 더 이상 손가락셈으로 하지 않아도, 연산이 가능할 수도 있겠어요.

● 맞아. 중세 유럽에서 아라비아숫자가 소개되었는데도, 400년 이상 로마숫자를 사용하는 사람들이 많았다고 했었지. 로마숫자는 손가락셈 바로 그 자체여서 사람들이 추상적인 기호로 된 아라비아숫자를 사용하기 꺼려했다는 이유도 있는 것 같아.

● 로마숫자가 손가락셈과 같다고요?

● 로마숫자는 I, V, X, L, C, D, M 7개의 숫자로 이루어졌다고 했지. 로마숫자로 수를 계산해 보면, 손가락셈이나 주산과 동일하게 하나씩 더해주기만 하면 계산이 끝나게 되어 있어. 7 더하기 8을 로마숫자로 해 보면, VII과 VIII을 같은 자리끼리 더해주면 계산이 끝나게 되어 있어. VII에서 V를 꺼내고 VIII에서 다시 V를 꺼내면 2개의 V가 되어 X으로 바꾸어 주고, 나머지 II와 III를 보이는 대로 더하면 V가 되어 그대로 XV라고 표시하면 끝이야. 별로 어렵지 않게 계산이 되지? 그런데, 아라비아숫자는 보이는 대로 계산이 불가능하고, 따로 연습이 필요해. 그래서 중세 유럽 사람들은 아라비아숫자를 사용하지 않은 것으로 생각해. 그런데 로마숫자는 큰 수를 표시하는 데 상당히 불편한 점이 있었고, 0.02 같은 소수와 1,234,567 같은 큰 수를 가지고 놀 필요가 커진 1600년 이후 지식인 사

회에서는 아라비아숫자로 통일되게 되지. 하지만, 여전히 일반 민중들은 로마숫자를 사용하여 한동안 별 불편 없이 생활하게 되지. (이야기를 듣고 있던 서후가)

- 아빠, 28은 특별한 수예요?

- 수는 다 특별하단다. 그런데 왜?

- 아빠가 손가락셈이 중요하다고 해서 손가락을 보고 있는데, 손가락 마디가 14개씩 28개여서 물어보았어요.

- 28은 두 번째 완전수[11]로 특별한 수야. 완전수는 자신을 제외한 약수의 합이 자신이 되는 수를 말해. 첫 번째 완전수는 6이고. 옛날 어른들은 12간지[12]를 계산하는데, 손가락마디 12개[13]를 사용하였단다. 옛날부터 손가락셈을 하였다는 증거가 되겠지. 손가락셈과 수들을 적절히 사용하면서 계속 놀다 보면 수에 대한 이해와 수를 체화시키는 데 도움이 될 거야.

손가락은 휴대용 자동계산기이고, 손가락셈은 주판의 원형이다.

---

11 완전수는 삼각수와 밀접한 관련이 있고, 수열에서 굉장히 중요한 역할을 한다.
12 자, 축, 인, 묘, 진, 사, 오, 미, 신, 유, 술, 해의 12간지와 갑, 을, 병, 정, 무, 기, 경, 신, 임, 계의 10개의 천간을 60년을 반복하여 육십갑자를 만든다.
13 엄지손가락 제외한 나머지 손가락의 마디는 12개이다.

05
1은 무엇일까?

- 1은 무엇일까?
- 1은 그냥 하나 아니에요? 키위[14] 한 마리, 텐텐[15] 하나와 같이요.
- 그런데, 같은 텐텐은 많이 있는데, 같은 키위는 있을까?
- 텐텐은 다 똑같은데, 키위는 다 다른 것 같아요.
- 텐텐 하나와 텐텐 하나를 더하면 텐텐 둘이라고 하면 되는데, 엄마 키위 한 마리와 아기 키위 한 마리를 더하면 어떻게 되지?
- 그냥 키위 두 마리라고 할래요.
- 그럼, 키위 한 마리와 키위를 잡아먹으려는 족제비 한 마리를 더하면 어떻게 될까?
- 키위 한 마리와 족제비 한 마리라고 할래요. 족제비가 키위를 잡아먹으면 족제비 한 마리라고 해야 하나요?
- 그럼, 동물이 몇 마리냐고 물으면 어떻게 대답하지?
- 동물 2마리라고 하지요.

---

14 서후는 뉴질랜드 여행 중에 사 온 키위 인형을 아직도 안고 잔다.
15 서후가 좋아하는 제품이어서 상품명 그대로 쓴다.

🧑 서후 반 친구들은 몇 명이야?

👦 전부 29명이요.

🧑 여자 친구는 몇 명이고, 남자 친구는 몇 명이야?

👦 여자 친구는 14명이고, 남자 친구는 15명이에요.

🧑 서후 수업시간에는 그럼 30명의 사람이 있네. 선생님까지 포함하면. 여자 선생님이시니까 여자 15명, 남자 15명. 서후네 반을 아이와 어른으로 구분하면, 아이 29명, 어른 한 명 이런 식으로 이야기할 수도 있겠네.

👦 사람은 30명인데, 어떻게 보느냐에 따라 다 달리 말할 수 있네요.

🧑 다 다르지만, 수학에서는 다르지만 비슷한 것을 같다고 생각하고 1 더하기 1은 2라고 약속한 것이지. 세상에 같은 것은 하나도 없지만 말이야. 텐텐도 분자 단위, 원자 단위까지 쪼개어 보면 다 같은 것은 아니겠지.

👦 단위가 뭐예요?

🧑 우리가 같다고 생각한 묶음이라고 해야 할까? 사람은 다 다르지만 사람 1명과 사람 1명을 더하면 2명의 사람이 된다고 이야기하는 것, 또는 소나무, 전나무가 다르지만 '우리 아파트에는 상록수 몇 그루가 있어'라고 말할 때의 '사람', '상록수' 같은 것이 단위라고 할 수 있어. 집에서 학교까지 거리가 1km라고 할 때 km도 단위이고, 우리 집에서 친구 집까지 거리가 100m라고 할 때 m도 단위이지. 미국 돈 1달러라고 말하면, 달러가 단위이고, 미국 돈 1센트라고 하면 센트가 단위이지. 서후가 크면 군대 갈 텐데, 육군은 분대, 소대, 중대, 대대, 연대, 사단[16]으로 편제되어 있어. 이러한 분대 등도 모두 단위라고 할 수 있지.

👦 분대는 몇 명이에요?

🧑 분대는 보통 10명 내외이고, 4개 분대가 1개 소대를, 4개 소대가 1개 중

---

16 논의의 편의상 각 하위 부대 4개가 모여 1개의 상위 부대를 구성한다고 하자.

대를 이루는 구조로 되어 있어.

음, 그럼 사단은 4×4×4×4×4×10명이네요.

그럼 모두 몇 명이지?

4의 5제곱은 2의 10제곱이니까 1,024. 1개 사단은 10,240명이네요.

사람, 나무 등 자연 상태의 것을 단위로 할 때는 더 쪼개거나 더 큰 단위로 더할 수 없지만, 사람이 만든 단위(km, 달러, 사단)는 더 쪼개어 작은 단위로 하거나 더하여 더 큰 단위로 할 수 있는데, 이를 단위선택이라 하지.

단위선택이요?

우리가 1달러를 단위로 선택하면 1다임은 $\frac{1}{10}$달러가 되고, 1m를 단위로 선택하면 1km는 1,000m가 되지. 결국 단위를 어떻게 선택하느냐에 따라 1이 $\frac{1}{10}$과 같기도 하고, 1이 1,000과 같기도 하지.

알 것 같기도 하고 모를 것 같기도 해요.

1은 단위에 따라 달라지고, 1, 10, 100, $\frac{1}{10}$은 모두 같다.

06
수 없는 수직선 1의 크기

🧑 그럼 1의 크기가 얼마인지 알아보기 위해 수 없는 수직선 놀이를 한번 해 볼까? 칠판에 평행하게 두 직선을 그어 보자.

1강 - 수없는 수직선 1의 크기

아무 곳에나 하나의 점을 찍고 0이라고 써 볼래?

👦 저는 이곳을 0이라고 할래요.

🧑 그럼 1은 어디 있어?

👦 1은 0 오른쪽 여기에 있어요(아무렇게나 점을 찍고 1이라 쓴다).

🧑 2는?

👦 2는 1 오른쪽에. 음…(0과 1의 거리와 같은 간격이 되게 조심해서) 점을 찍으며 여기가 2예요.

🧑 서후의 수직선에서 1의 크기는 0과 1 사이의 거리구나. 아빠는 서후와 다르게 점을 찍어 봐야지(서후보다 훨씬 큰 간격으로 0에서 거리를 두고 1을 찍는다). 어때. 서후의 1과 아빠의 1은 크기가 같아?

- 달라요. 아빠 1은 서후 2보다 커요. 그런데, 서후 1이 아빠 1처럼 커지면 서후 2, 3은 어떻게 변할까요?
- 서후 1이 아빠 1처럼 커지는 비율대로 커지지 않을까? 그런데, 이처럼 1이 서로 다르다면 어떤 문제가 있을까?
- 서후 1과 아빠 1은 서로 더하거나 뺄 수 없고, 서후 3이 큰지 아빠 5가 큰지 비교하기가 어려워요.
- 그래서 진시황이 중국을 통일하였을 때, 나폴레옹이 전 유럽을 점령하였을 때 도량형을 가장 먼저 통일시킨 것이지.
- 도량형이 뭐예요?
- 도(度)는 길이를 재는 단위, 량(量)은 부피를 재는 단위이고, 형(衡)은 무게를 재는 단위를 말하는데, 중국을 통일한 진시황은 각 나라별 단위가 달라 발생한 혼란을 같은 단위로 사용하도록 해 잠재웠지.
- 맞아요. 시간은 12진법인데, 분이나 초는 60진법을 사용하여, 1분을 60분의 1시간으로 계산해야 해서 속도 문제는 어려워요. 시, 분, 초도 10진법을 사용하면 편할 텐데요.
- 그렇지, 시속 60km라고 하면 1분에 가는 거리는 1km로 금방 계산되는데, 시속 100km라고 하면 1분에 얼마나 가는지 계산하기 어렵지? 지금도 미국과 영국에서는 국제표준인 미터법이 아닌 야드 파운드법을 사용해서, 야드, 파운드, 갤런 등을 사용하는데, 야드 파운드법은 미국 사람들도 헷갈려 할 지경이니 처음 미국 가는 사람은 적응하는 데 애를 먹기도 하지. 그런데 단위가 다르면 덧셈, 뺄셈을 바로 할 수 있을까? 1야드 더하기 1m(미터)는 얼마일까? 야드를 m(미터)로 바꾸든지, m를 야드로 바꾸지 않으면 그냥 '1야드+1m'라고 표현하는 방법밖에 없어. 중학교 가면 배우게 되는 $\sqrt{}$ (루트) 역시 단위가 다 달라서 $\sqrt{2}$과 $\sqrt{3}$은 서로 더할 수 없어서 그냥 '$\sqrt{2}+\sqrt{3}$'으로 표시하는 거야. 수학에서는 1은 크

기가 같다고 약속하고 사칙연산을 하게 되는 것이지. 1은 우리가 볼 수 있는 것이 아니라 우리의 머릿속에서만 상상되는 수이지.

1은 추상의 수다

07
자연수

- 1이 머릿속에서만 상상되는 수라면 왜 1, 2, 3을 자연수라고 하나요? 어느 책에서 자연수는 자연에 있는 수라고 하던데요.

- 자연에 있는 사물의 개수를 셀 때 쓰이는 수이기 때문에 자연에 있다고 생각할 수 있지만, 수 중에서는 가장 자연스러운 것이라는 의미일 거야. 모든 수 체계[17] 중에서 유일하게 다음이 무엇인지, 그 이전이 무엇인지 알 수 있는 자연스러운 수라는 뜻이지. 소수(小數)만 해도 그 이전의 수가 무엇인지, 그다음의 수가 무엇인지 알 수 없단다. 데데킨트라는 수학자가 엄밀한 증명으로 자연수 등의 성질을 증명하였고 데데킨트의 절단 이론이라고 하는데, 아빠도 어려워서 완벽하게 이해는 못 했어.

- 0.1 다음은 0.2 그다음은 0.3으로 나가는 것 아닌가요?

- 소수체계에서는 0.1 다음은 0.2가 아니라 0.1과 0.2 사이의 무한히 많은 소수가 있지. 0.11도 있고, 0.111도 있고. 무비수 역시 어느 무비수와 어느 무비수 사이에는 무한히 많은 수가 들어 있어, 그 다음 수를 도저히 알 수가 없단다. 이처럼 자연수는 신기하고 특별한 성질이 있어서 그 성질을 잘 살펴보고 파악해야 수학을 잘할 수 있단다. 1이 정해져야 2가

---

[17] 자연수, 정수, 유비수(유리수), 무비수(무리수) 등 실수 체계와 제곱음수(허수)를 합한 복소수 체계가 있다.

정해지는 것이지. 그리고, 모든 자연수는 흥미로운 수라고 할 수 있지. 1은 첫 번째 자연수, 2는 유일한 짝수 기본수. 3은 첫 번째 홀수 기본수, 4는 첫 번째 제곱수, 5는 첫 번째 서로 다른 기본수의 합, 6은 첫 번째 서로 다른 기본수의 곱 또는 완전수 등등으로 각 수에 흥미로운 이름을 붙여줄 수 있지. 지금부터 자연수를 더해 보면 어떤 재미있는 일이 생기는지 알아볼까?

자연수는 그다음과 이전을 알 수 있는 유일한 수이다.

08
덧셈

🧑 덧셈은 너무 쉬워요. 아빠가 이야기한 손가락셈을 사용해도 되고, 학교에서 배운 받아 올리는 덧셈도 크게 어렵지 않아요.

👨 덧셈은 모든 연산의 기본이어서 크게 어렵지는 않지. 5의 보수 또는 10의 보수를 이용하여 계산하면 더 쉽게 이해할 수 있어. 덧셈은 물건의 개수를 셀 때 가장 많이 사용하는데, 사과 2개와 사과 3개 합하여 사과 5개 이런 식으로, 그런데, 사과 3개와 사과 2개를 합하면 역시 사과 5개로 덧셈은 어느 수를 먼저 더하더라도 같은 결과가 나오게 되지. 또, 사과 2개 더하기 사과 3개 더하기 사과 5개를 할 때, 앞의 두 수를 더하고 뒤의 한 수를 더하거나 뒤의 두 수를 더하고 앞의 한 수를 더해도 같은 결과가 나오지. 그리고 어떤 수에 0[18]를 더하거나 빼도 같은 수가 되지. 자연수를 좀 더 확대하면 정수[19]가 되는데 정수체계에서는 어떤 수에 또 다른 어떤 수를 더하면 0이 되는 수[20]도 있지. 우리가 자연수를 셀 때 어디서부터 세지?

🧑 1이요.

---

18 덧셈의 항등원
19 자연수(양의 정수)와 0, 음의 정수
20 덧셈의 역수

- 1은 0에서 1만큼 큰 수이지. 그래서 항상 덧셈은 0에서 더하는 것이고, 정수에는 (+0)이 포함되어 있다고 생각할 수 있지.

- 정수에는 (+0)이 포함되어 있다고요?

- (+0)은 무슨 뜻일까? 같은 수를 더했다가 빼는 것을 말하겠지. 어떤 수(A)에 2를 더했다가 다시 2를 빼면 같은 어떤 수(A)가 나오겠지. 이런 당연한 일들을 하는 것이 수학이야.

- 같은 수를 더했다가 같은 수를 빼면 원래로 돌아가는 것은 당연한 것 아닌가요?

- 그래, 그렇게 당연한 것이 수학이야. 덧셈과 반대라고 생각되는 뺄셈은 어떨까?

덧셈은 0에서 시작한다.

09
뺄셈

- 뺄셈도 크게 어렵지 않은데요. 받아 내림으로 하면 쉬운데요. 17 빼기 9를 하면 7에서 9를 못 빼니 10을 빌려와서 10 빼기 9를 하고 남는 1을 7에 더해 8이 답이에요.
- 17에서 10을 안 빌려준다면?
- 왜 안 빌려줘요? 그냥 빌려오면 돼요.
- 싫어. 안 빌려줄 거야.
- 그럼 빼기를 어떻게 해요. 7에서 9를 못 빼는데.
- 일단 7에서 9를 빼는데 7까지는 뺄 수 있지. 그런데, 아직 2를 덜 뺐으니 10에서 2를 더 빼면 되지 않을까? 답은 8로 똑같은데.
- 그렇네요.
- 그런데, 덧셈에서는 더하는 순서를 바꾸어도 같은 결과가 나왔지. 뺄셈은 어떨까? 4에서 2를 빼는 것과 2에서 4를 빼는 것은 같을까?
- 학교에서 뺄셈은 순서를 바꾸면 안 된다고 했어요. 보세요. 4 빼기 2는 2인데, 2 빼기 4는 -2잖아요.

- 2 빼기 4는 −2이구나. 서후 벌써 음수[21]도 배웠어?

- 수직선에서 0보다 왼쪽으로 가면 음수잖아요. 0보다 오른쪽은 양수이고요.

- 그럼 아까 17 빼기 9에서도 7 빼기 9는 −2이니까 17 빼기 9는 10 빼기 2와 똑같네.

- 그렇네요. 받아내림 뺄셈보다 십 자리끼리 빼고 일 자리끼리 빼는 게 더 쉬운 것 같아요.

- 학교에서는 뺄셈의 교환법칙이 성립하지 않는다고만 가르치기 때문에 뺄셈의 교환법칙이 진짜 성립하는지 연습해 볼 기회가 많지 않은 것 같아[22]. 같이 해볼까?

  9−7=2, 7−9=−2.

  16−7=9, 7−16=−9.

  6−2=4, 2−6=−4

  뭐가 보이니?

- 뺄셈의 교환법칙은 성립하지 않지만, 앞뒤를 바꾸니까 숫자는 같고 작은

---

21 데카르트의 좌표계에서 음수를 기하학적으로 설명하기 이전까지 음수의 개념은 쉽게 받아들여지지 않았다. 데카르트보다 한 세대 위인 파스칼도 '0보다 작은 수(음수)는 존재하지 않고, 있을 필요도 없다'라고 주장하였을 만큼 음수라는 개념은 쉽지 않은 개념이다. 독일 물리학자 다니엘 가브리엘 파렌하이트(Daniel Gabriel Fahrenheit)가 만든 온도 척도인 화씨(°F)도 가능하면 음수를 사용하지 않기 위하여 물의 어는 점(32°F)보다 훨씬 낮은 온도인 영하 17.78°C를 0°F로 하였다. 그러나, 우리 아이들은 이미 영하 10°C(−10°C)를 알고 있어서, 초등수학에서 음수를 굳이 이야기하지 않을 이유가 없다고 생각한다.

22 우리 교과서는 뺄셈은 교환법칙이 성립되지 않는다고 설명하고 만다. 그래서 아이들은 진짜 성립되지 않는지 직접 확인해 보지 않는다. 초등수학에서는 못하게 해 놓고 중등수학에 가서는 갑자기 $|a−b|=|b−a|$와 같다고 외우라고 한다.
초등 1학년 아이에게 2−1=1을 가르친 후 1−2는? 이라고 물으면 고민하다가 1이라고 대답하는 경우가 있는데, 아이들은 이미 빼기가 차를 의미한다는 것을 선험적으로 알고 있는지 모른다.
초등수학에서 하지 말라고 해 놓은 것을 중, 고등수학에서는 외우라고 하는 아이러니가 한둘이 아니다. 초등수학에서 가장 중요한 수 묶기도 못하게 해 놓고, 수보다 추상적인 문자 묶기(인수분해)하라고 하니 모두 외울 수밖에.

수에서 큰 수를 뺀 쪽에 '−'가 붙어 있어요[23].

뺄셈은 앞뒤 순서를 바꾸면 '−'가 붙어 나오는구나.

그럼 36−19를 하더라도 쉽게 계산이 되겠는데요? 6에서 9를 빼면 9에서 6을 뺀 3에 '−'만 붙여주면 되니, 20−3으로 17이라는 답이 쉽게 계산이 돼요. 어렵게 빌려와서 빼고 더하고 안 해도 되겠는데요.

조금만 연습해 보면 더 쉽게 잘 할 수 있을 거야.

수학에는 한 가지 방법만 있는 게 아니야. 그런데, 17−9=□라는 뺄셈을 다시 한번 생각해 보자. 양변에 9를 더해 보면 17(−9+9)=□+9하고 같지? 결국 −9+9는 0이니까 17=□+9와 같게 되지. 17−9는 어떤 수에 9를 더해 17이 되는지를 찾는 것과 동일한 것이고, 결국 뺄셈은 덧셈의 거꾸로 셈이라 할 수 있어. 뺄셈은 원래 얼마가 있었는데, 어떤 이유로 그 수가 줄어들었을 때 남아 있는 수를 가지고 얼마나 줄어든 것인지를 찾는 일이지[24]. 뺄셈이 진짜 필요할 때는 어떤 수에서 얼마를 빼는지 알기 위해서가 아니라 어떤 수(17)가 있었는데 9가 남아 있으므로, 없어진 수는 □(8)이라는 것을 찾고 싶을 때이지. 결국 뺄셈은 덧셈과 똑같은 것이지. 이번에는 곱셈에 대해 이야기해 볼까?

뺄셈은 덧셈이다.

---

23 덧셈의 역연산인 뺄셈은 역연산의 흔적을 남긴다. 더하면 항등원 0이 되는 수로. 나눗셈도 마찬가지로 곱하면 항등원 1이 되는 수로 역연산의 흔적을 남긴다. 역연산은 그래서 어렵고, 수학은 거꾸로가 더 어렵다. 덧셈보다 뺄셈이, 곱셈보다 나눗셈이, 기본수의 곱셈보다 소인수분해가, 분수의 뺄셈보다 부분 분수로 분할하는 것이….

24 내 것을 도둑이 훔쳐 갔는데, 도둑이 훔쳐간 것이 얼마나 되느냐 하는 것을 알고 싶은 것이다. 우리는 뺄셈을 거꾸로 생각하고 있는 것 같다.

10
곱셈

- 곱셈은 곱셈구구만 잘하면 되는 거 아니에요? 저는 벌써 다 외워서 곱셈도 잘 하는데요.

- 그렇구나. 그런데 곱셈구구를 알고 두 자릿수 곱셈을 할 수 안다고 곱셈을 아는 것일까?

- 답이 맞으면 다 아는 것 아닌가요?

- 2 × 3과 3 × 2는 같을까?

- 6으로 같아요.

- 2 × 3은 2가 3개 있는 것이고, 3 × 2는 3이 2개 있는 것인데, 결과가 같다고 두 곱셈이 같은 것일까?

- 사과 2개가 들어 있는 봉지 3개의 사과 수와 사과 3개가 들어 있는 봉지 2개의 사과 수는 6으로 같으니 같은 것 아니에요?

- 하나는 봉지가 3개이고, 하나는 봉지가 2개인데?

- 그럼 봉지 없이 사과 2개씩, 3개씩으로 해요. 그럼 같지요?

- 결과적으로 같아도 묶음의 수는 다르다는 것은 알고 넘어가자. 그런데, 2 × 3 + 4와 2 + 3 × 4는 그 값이 얼마일까?

- 곱하기부터 하는 것이라고 배웠어요. 앞의 것은 10이고, 뒤의 것은 14

예요.

🧑‍🏫 그런데, 곱하기부터 하는 이유는 뭐라고 생각해?

🧑 그냥 그게 약속이래요.

🧑‍🏫 2×3은 사과 2개 들어 있는 봉지가 3개 있다는 뜻이라고 했지. 곱셈에서는 × 앞의 수는 개수를 뜻하기 때문에 뒤의 수하고만 연산을 하게 되지. 원칙적으로 × 앞의 수는 뒤의 수하고만 관계가 있어서, 그 앞에 다른 연산이 있더라도 곱셈의 연산을 방해하지 못하는 것이지. 뒤에 다른 연산이 있어도 마찬가지이고. 그래서 곱셈부터 하는 것이라고 하는 거야. 수틀에서 확인해 볼까? 수틀을 이용하여 2×3+4, 2×(3+4), (3+4)×2의 차이를 보여줌(QR)

2강 - 곱셈

🧑‍🏫 사각형 면적 어떻게 구하는지 알지?

🧑 그럼요. 가로×세로로 계산하면 되지요. 가로가 2이고, 세로가 3인 사각형 면적은 2×3=6이에요.

🧑‍🏫 2×3=6이라는 것은 알겠는데, 왜 2는 가로(또는 세로)이고 3은 세로(또는 가로)일까? 선분 2가 세 개 있으면 선분 6이 되어야 하는데, 왜 면적 6으로 바뀌는 것일까?

🧑 그게 무슨 말이에요? 모르겠어요.

🧑‍🏫 1×1은 무슨 뜻이야?

🧑 1이 한 개 있다는 뜻이에요?

🧑‍🏫 한 변의 길이가 1인 정사각형의 넓이는 얼마야?

🧑 1×1=1, 면적 1이에요.

👨 면적 1과 선분 1은 같을까?

🧑 아니요.

👨 면적을 생각할 때에는 항상 1×1로 생각해야 하고, 고등수학까지는 대부분의 경우에 곱셈은 가로 세로의 곱으로 이해하면 되겠구나. 1이라 하면 거기에는 이미 1이 곱해져 있는 1×1이고, 2라고 하면 역시 미리 1이 곱해져 있는 1×2로 이해하면 되겠다. 아까 덧셈에서 모든 수에는 0이 더해져 있다고 했던 것과 똑같지? 중학교 가서 문자로 된 식을 공부할 때에도 a, x 앞에는 1이 곱해져 있다고 생각하면 이해가 쉬워질 거야.

🧑 아까 5와 2가 중요하다고 했는데, 왜 중요한 거예요?

👨 5가 2개면 10이 되고, 10이 10개면 100이 되는 것은 알겠지. 10이 10개라는 것은 무엇일까? 두 주먹이 또 두 주먹만큼 있다는 것이니까, 5가 5개, 2가 2개 있는 것과 같겠지. 기호로 나타내 보면, 5×5×2×2로 표시할 수 있겠지. 5는 2와 곱해지면 10이 되니까 10이 두 번 곱해지는 것을 알 수 있어. 4×5를 같은 식으로 생각해 볼까? 4는 2가 2개 있는 것이니 2×2로 표시할 수 있고, 4×5=2×2×5로 나타낼 수 있는데, 2는 5와 만나 10이 되니 결국 4×5는 2×10과 같게 되겠지.

🧑 그냥 곱셈구구로 하면 그냥 20이라는 것을 알 수 있는데, 이렇게 복잡하게 나누어 보아야 해요?

👨 그럼 6×25, 8×125, 4×26, 12×25를 계산해 볼까?

🧑 잠깐만요(세로 셈으로 열심히 계산한 후) 150, 1,000, 104, 300이에요.

👨 생각만으로 계산할 수 있겠니?

🧑 어려워요.

3강 - 곱셈 2와 5가 중요하다

- 5와 2가 중요한 건 알겠지. 5와 2는 곱셈에서 가장 중요하고, 그 성질을 잘 알게 되면 생각만으로 곱셈도 척척 해낼 수 있단다. 그럼 곱셈에서 0을 곱한다는 생각이 있을 수 있을까?

- 어떤 수를 한 번도 안 더하면 0이 되는 것 아닌가요?

- 그렇지 어떤 수라도 0을 곱하게 되면 모두 0이 되는데[25], 이러한 0의 성질은 매우 중요해서, 고등수학에서 조건등식이나 함수를 공부할 때 가장 중요한 부분이 되지[26]. 0에 대해서는 다시 이야기하기로 하자.

모든 수에는 1이 곱해져 있다.

---

25 전 세계인이 가진 자산을 모두 곱하면?
26 조건등식이나 함수는 0이 되게 하는 것(근)이 무엇인지를 찾는 일이 가장 중요하다. 근은 조건등식을 성립하게 하는 미지수의 값이다.

11
곱셈구구

- 서후는 곱셈구구 언제 외웠지?
- 그건 잘 모르겠고, 학교에서 친구들이 외워서 같이 외웠던 것 같아요.
- 2의 배수부터 3의 배수 … 9의 배수 이런 순으로 이런 식으로 외웠지?
- 예.
- 1의 배수는 외웠니?
- 1의 배수는 그냥 자연수와 같아서 따로 외울 필요 없잖아요?
- 10×10 수틀을 사용하여 곱셈 구구를 이해하면 훨씬 많은 것을 알 수 있는데, 그냥 곱셈구구표를 보고 의미 없이 외워서 많은 것을 알 기회를 놓치는 것 같아.

  (다시 강한나 씨가 나타나, 서후도 유치원에서 수틀 가지고 곱셈구구를 배웠다고 하면서 언제까지 수틀 가지고 놀 것이냐며 쓸데없는 이야기한다고 타박을 주고 가버림[27])

- 엄마 말대로 저도 수틀 가지고 잠깐 놀아 보았어요.

---

[27] 수틀 가지고 노는 시간을 아까워 마라. 스케이팅을 시작하면서 지상훈련하는 시간을 아까워하는 것과 같다. 수틀에 수 알을 하나씩 놓아보며 수에 대한 감각을 키워나가는 것이 의미 없는 연산 훈련, 구구단 외우는 것보다 훨씬 의미 있는 놀이가, 공부가 된다. 수 감각을 올려준다고 선전하는 유튜브나 수학 교재를 한번 살펴보라. 전부 연산 훈련이지, 진짜 수 감각을 높여주는 훈련은 하나도 없다.

- 그랬구나. 그런데, 수를 가지고 놀면서 어떤 생각했어?
- 그냥 재미있다, 뭐 그런 생각. 공부라는 생각은 전혀 안 들었어요.
- 얼마나 많이 했을까?
- 한두 번 정도 해 본 것 같아요.
- 한두 번 정도 해서는 진짜 재미를 알기 어렵지. 그리고 엄마 말대로 기분 냄새라는 것이 있는데, 선생님도 수를 가지고 잠깐 논다는 생각을 했을 테고, 연산과 곱셈구구를 외우는 것이 진짜 공부라는 생각을 하였을 테니까, 서후도 그렇게 생각했을 거야. 늦었지만, 지금부터 아빠와 수를 가지고 곱셈구구를 알아가는 놀이를 해볼까?

4강 - 곱셈구구

- 가로, 세로 10칸씩 총 100칸의 수틀이 있지. 먼저, 1의 배수 놀이해보자. 제일 왼쪽에서 아래로 수알 하나씩 놓아볼까. 한 개, 두 개, …, 열 개를 차례로 놓아 보자. 뭐가 보이니?
- 제일 왼쪽에 수 알이 차례로 하나씩 열 개가 채워졌어요.
- 처음에는 아무것도 없다가 왼쪽에 수 알이 열 개 채워졌구나. 자세히 한 번 볼까? 또 무엇이 보이는지.
- 잘 모르겠어요.
- 오른쪽 빈 곳을 잘 쳐다보자.
- 전체 10개 중에서 9개가 비어 있어요.
- 그렇구나, 한 개가 채워지고 나니 9개가 비어 있다는 것이 보이는구나. 비어 있던 것이 채워진 것처럼 보이는데, 있는 것이 없는 것이고, 없는

것이 있는 것이라는 부처님 말씀[28]이 생각나네. 그렇다면 이번에는 수 알을 대각선으로 놓아 볼까?

- 오른쪽 위의 빈 곳과 왼쪽 아래의 빈 곳이 둘이 똑같아요.
- 수학은 대칭을 찾는 거란다. 대칭의 아름다움을 찾는 것이지.
- 대각선 수 알을 중심으로 접으면 딱 접히는 것 같아요. 1부터 9까지 더하면 45가 되는 것이 보여요.
- 탈레스도 포갬의 원리라고 접혀서 포개지면 합동이라는 생각에서부터 수학을 시작하지.
- 10×10 수틀에서 놀아보면 1의 배수는 9의 배수와 2의 배수는 8의 배수와 색즉시공의 관계가 있음을 알 수 있고, 3과 7, 4와 6 등 보수는 배수끼리도 보수의 관계가 있다는 것을 알게 되지. 이런 생각을 하며 놀이를 하게 되면 자연스럽게 곱셈구구가 몸에 스며들게 되어 굳이 외우지 않아도 되는 상태에 이르게 돼. 그런데, 이런 활동을 해 보지 않고 처음 수를 배우는 아이들에게 그냥 무작정 외우게 하면 2의 배수와 8의 배수의 관계를 알 수 없게 되고, 수학을 외우는 과목이라고 생각하게 되지. 그 이후 모든 것들을 외우게 되는 악순환에 빠지게 되는 길이라고 생각해. 마치 스케이팅을 하면서 30단계의 기초과정을 빼먹고 무작정 젓가락 행진곡으로 시작해 영원히 젓가락 행진곡으로 스케이팅을 할 수밖에 없는 무한지옥으로 빠지게 되는 것과 유사하다고 할까? 이제 나눗셈에 대해서도 생각해 볼까?

---

28 色不異空 空不異色 色卽是空 空卽是色

구구단을 무작정 외우는 것은 수학지옥으로 빠지는 지름길이다.

12
나눗셈

🧒 나눗셈은 곱셈의 거꾸로라고 배웠어요.

👨 학원 교재에서 곱셈은 덧셈을 여러 번 하는 것을 간단히 한 것이라고 본다면, 나눗셈은 뺄셈을 여러 번 하는 것을 간단히 한 것이라고 설명하고 있는데, 아빠는 빼기보다는 묶기라고 생각해. 몇 번 묶을 수 있고, 묶고 나서 나머지가 얼마라는 것을 알기 위해서 나눗셈을 하는 것이라고 생각해. 수학은 거꾸로가 중요하고 어렵다고 했었는데, 곱셈보다 나눗셈이 좀 더 어렵고 곱셈보다 더 중요해.

🧒 곱셈이 기본이니 곱셈이 더 중요하지 않고요?

👨 나눗셈은 묶음 단위로 수를 분류하는 것이고, 그 묶음 단위를 하나의 틀로 생각하면 나머지가 생기는데, 그 나머지가 수의 근본이 되고, 분수가 되며, 비가 되는 것이야.

🧒 나눗셈의 나머지가 다른 것으로 되는 게 왜 그렇게 많아요? 무슨 말인지 모르겠어요.

👨 4 나누기 2를 생각해 보자. 4는 2로 2번 묶을 수 있겠지. 그래서 $4 \div 2 = 2$가 되지. 5 나누기 2는 어떨까? 5는 2로 2번 묶고도 하나가 남고, 2로 세 번 묶으면 하나가 모자라지. 그래서 $5 \div 2 = 2$와 나머지 1 또는 $5 \div 2 = 3$과 모자라는 1 이렇게 이야기할 수 있고, 기호로 표시하면

$5 \div 2 = 2 + \frac{1}{2}$ 또는 $3 - \frac{1}{2}$로 표시할 수 있겠지.

🧑 나눗셈을 하는데 왜 갑자기 분수가 나타나요?

👩 $\frac{1}{2}$은 2개로 묶었더니 1가 남았다는 뜻이어서 이렇게 표시하기로 약속한 것이야. $\frac{1}{3}$은 3으로 묶었더니 1이 남았다는 뜻이고, $\frac{1}{10}$은 10으로 묶었더니 1이 남았다는 뜻이야.

🧑 $\frac{2}{3}$는 3으로 묶었더니 2가 남았다는 뜻이에요?

👩 그렇지.

🧑 그런데, 제가 알고 있기로는 $\frac{1}{2}$이 $\frac{1}{3}$보다 크다고 알고 있는데, 2개로 묶건 3개로 묶건 원래 1은 똑같은 것이어야 하는데, 뭔가 이상한데요.

👩 그러네. 하나는 같은데, 묶고 나서 나머지로 생각한 후 분수로 표시하니 달라지는 이유가 무엇일까?

🧑 묶는 단위가 달라서 그런 것 같아요. 2개짜리 틀로 묶는 것과 3개짜리 틀로 묶는 것이 달라서요.

👩 그렇구나. 묶는 단위가 다르니 같은 것이 다르게 보이는구나. 그럼 묶는 틀을 같게 해 볼까?

🧑 틀을 어떻게 같게 하지요?

👩 2개짜리 틀을 하나로 축소시킨다고 생각하면, 2개짜리 틀 속에 있던 1개는 어떻게 될까?

🧑 2개짜리 틀을 하나로 줄이면 1개는 반이 되겠지요?

👩 분수는 몇 개짜리 틀이든 틀 전체를 하나로 보기로 한 약속이야. 그래서 분수는 한 개의 틀을 몇 개로 나누었더니 나누어진 틀 속에 몇 개가 들어 있는지를 표시하기로 한 것이지. 분수는 틀이 몇 개이든지 틀 전체를

1로 보기로 한 것이어서 분수도 수라고 하는데, 유비수라고 배우게 되는 것이지.

🔵 잘 이해가 안돼요.

🟡 2개짜리 틀에 하나가 남아 있다고 해 보자. 2개짜리 틀을 하나로 보면 남아 있던 1은 반으로 되겠지. 3개짜리 틀에 하나가 있다고 하면, 3개짜리 틀을 하나로 보면 남아 있던 하나는 얼마로 되었다고 해야 할까?

🔵 $\frac{1}{3}$이요.

🟡 원래 하나는 똑같지만, 분수에서는 틀을 1로 바꾸기로 한 약속 때문에 크기가 서로 달라지게 보이는 것이야.

🔵 3개짜리 틀에서 1개 남은 것을 $\frac{1}{3}$로 표시한 후 다시, 분모의 3을 1로 바꾸니 분자의 1이 $\frac{1}{3}$로 변하게 되는군요.

🟡 기호로 표시해 보면 $\frac{1 \to \frac{1}{3}}{3 \to 1}$ 이렇게 되는 것이라고 생각하면 되지 않을까?

🔵 모든 수에 1을 곱하거나 나누어도 변함이 없으니, $\frac{\frac{1}{3}}{1}$은 다시 $\frac{1}{3}$이 되요.

🟡 이렇게 나눗셈이 분수로 바뀌게 되는 거야. 4÷2는 $\frac{4}{2}$와 같고, 2÷4는 $\frac{2}{4}$와 같아. 비도 똑같은 구조를 가지고 있는데, 분수와 비에 대해서는 다시 이야기하기로 하고, $\frac{1}{10}$은 1과 같다고 했지. 10으로 묶으면 나머지는 1부터 9까지 아홉 개, 5로 묶으면 나머지는 1부터 4까지 네 개, 2로 묶으면 나머지는 1로 한 개. 묶는 수보다 하나 적은 나머지가 생기게 되지. 나눗셈에서 가장 중요한 것은 나누는 수가 하나의 틀로 고정되어 있다는 것을 생각하는 것이야. 10진법에서 수가 아홉 개밖에 없는 것은 10으로 묶으면 나머지가 아홉 개만 남기 때문이지. 영어에서 Eleven,

Twelve의 어원은 열로 묶었더니 하나, 두 개가 남았다는 것이라고 해. Thirteen도 10개로 묶었더니 3개가 남았다는 것이고[29]. 이처럼, 나눗셈에서는 몫보다 나머지가 중요해.

🧑 나머지가 중요해요? 몫이 중요한 게 아니고요?

👨 몫보다 나머지가 훨씬 중요해.

🧑 왜요?

👨 예를 들어 23을 5로 몇 번 묶을 수 있냐고 했을 때 4번 묶고, 나머지 3이 남게 되지. 몫은 이미 완전하게 차 있어서 어떤 변화의 여지가 없지. 그런데, 나머지 3은 또다시 5로 계속 나누어 보아야 그 끝을 알 수 있지. 이렇게 해서 나눗셈에서 분수[30], 비(比)라는 개념이 발생하게 되고 고등수학에서 나머지 정리라는 별도의 파트가 있고, 미분에서 접선의 조건등식까지 나머지의 성질을 이용해서 이해할 수 있게 되지. 또, 나머지의 성질을 이용해서 큰 수를 어떤 수로 나누었을 때의 나머지를 쉽게 알 수도 있지[31]. 그런데 나눗셈은 곱셈과 달리 나누는 수와 나누어지는 수를 맞바꾸면 값이 달라지는데, 달라지는 값 사이에 어떤 특별한 성질이 있지 않을까?

$$4 \div 2 = 2 \quad 2 \div 4 = \frac{2}{4} = \frac{1}{2}$$

$$6 \div 2 = 3 \quad 2 \div 6 = \frac{2}{6} = \frac{1}{3}$$

$$3 \div 1 = 3 \quad 1 \div 3 = \frac{1}{3}$$

---

[29] Twenty는 열이 2묶음, Thirty는 열이 3묶음이라는 뜻이다.

[30] $\frac{3}{5}$ 이라는 분수가 생기게 된다.

[31] $90 \times 90 \times 90 \div 89$의 나머지를 계산하라고 하면, $90 \div 89$의 나머지 1이 3번 곱해지는 형태이니까, 나머지는 1이고, $89 \times 89 \times 89 \div 90$의 나머지를 계산하라고 하면 $89 \div 90$의 나머지(-1)이 3번 곱해지니, 90으로 나눌 때 나머지가 (-1) 즉 90에서 한 개 모자라는 89가 나머지가 된다. 만약 $89 \times 89 \times 89 \times 89 \div 90$의 경우에는 나머지 ($-1$)이 4번 곱해지므로 나머지는 다시 1이 된다.

🙋 서로 앞뒤를 바꾸어 나누고, 나온 값을 서로 곱하니 1이 돼요.

👨 뺄셈에서도 앞뒤를 바꾸어 계산해서 나온 값을 더했더니 0으로 나오는 것과 비슷하구나. 덧셈과 뺄셈에서 0을 아무리 더하거나 빼도 같은 값이 되는 것과 마찬가지로, 곱셈과 나눗셈에서는 1을 아무리 곱하거나 나누어도 같은 값이 되는데, 수의 순서를 바꾸어 나눗셈을 하여 나온 값을 서로 곱하니 도로 1이 나오는 신기한 일이 벌어지네. 이렇게 앞뒤 순서를 바꾸어 나누어서 나온 수를 역수라고 말한단다. 1의 역수는 1이고, 2의 역수는 $\frac{1}{2}$이 되지. 그런데, 0으로 나눈다는 것은 가능할까?

🙋 0으로는 어떠한 틀도 만들 수 없어서 0으로는 나눌 수 없을 것 같아요.

👨 맞아. 그래서 수학에서는 0으로 나누는 것을 생각하지 않기로 약속했고, 0으로는 나눌 수 없다고 선언하게 되지. 고등수학에서 분모가 0이 되는 경우와 0이 아닌 경우를 구분해서 생각을 해야 하는 이유이지. 그런데, $8 \div 4 + 2$는 그 값이 얼마이고, $8 + 4 \div 2$은 얼마일까?

🙋 곱하기와 같이 나누기부터 하는 것이라고 배웠어요. 앞의 것은 4이고, 뒤의 것은 10이에요.

👨 $8 \div 4$는 4의 틀로 8을 몇 번 묶을 수 있는지를 알기 위한 것이어서, ÷ 뒤의 수는 앞의 수하고만 연산을 하게 되지. 원칙적으로 ÷ 뒤의 수는 앞 수하고만 관계가 있어서, 그 앞이나 뒤에 다른 연산이 있더라도 나눗셈의 연산을 방해하지 못하는 것이지. 곱셈에서는 틀이 앞에 있고, 나눗셈에서는 틀이 뒤에 있어서 그래.

나눗셈은 묶는 셈이고, 묶고 나서의 나머지가 중요하다.

13
배수

- 어느 책에 배수 판정법이라고 되어 있는 것을 보았어요.
- 2의 배수는 어떻게 될까?
- 2의 배수는 항상 짝수예요.
- 3의 배수는?
- 각 자릿수의 합이 3의 배수가 되면 3의 배수라고 되어 있는데요.
- 왜 그럴까?
- 음… 10은 3으로 나누면 나머지가 1, 20은 2, 30은 0, 40은 1, 50은 2, 60은 0, 100은 1, 200은 2, 300은 0, 1,000은 1, 2,000은 2, 3,000은 0 이렇게 되네요. 그래서 각 자릿수를 더하여 3의 배수가 되면 3의 배수가 되는 것 같아요.
- 그렇지, 3으로 나눈 나머지의 성질을 잘 살펴보면 쉽게 알 수 있겠다. 그럼, 4의 배수는?
- 마지막 두 자릿수가 4의 배수이면 4의 배수라고 하는데, 아! 알겠다. 100, 200, 300, 400 모두 4의 배수이니까, 백 자릿수는 볼 필요 없이 마지막 두 자릿수가 4의 배수이면 4의 배수가 되겠네요.
- 5의 배수는 마지막 수가 5나 10으로 끝나면 5의 배수가 되는데, 한 주먹

과 두 주먹으로 끝나면 5로 묶어지는 것이니까 5의 배수이지. 그럼 6의 배수는?

- 짝수 중 3의 배수인 수는 6의 배수예요.

- 왜 그럴까?

- 6은 2×3으로 이루어져 있으니, 3의 배수 중에서 짝수는 6의 배수이지요.

- 그렇구나. 그럼 7의 배수는?

- 7의 배수를 판정하는 건 좀 어려운데요.

- 7의 배수의 원리는 스스로 알아보기로 하자.

- 설명 못 하시는 거예요?

- 그건 아닌데, 굳이 그렇게 7의 배수를 찾을 필요 없이 7의 배수는 7로 나누어 찾기로 하자. 쉽게 하자면 문제된 수에서 가장 가까운 7의 배수를 찾아서 계산해 보면 되겠지. 말하자면 693이 7의 배수인지 확인하려면 가장 가까운 7의 배수인 700에서 7을 빼면 693이니 693은 7의 배수가 되는 거야. 이러한 방식은 모든 배수 판정법에서도 똑같아.

- 8의 배수는 마지막 세 자릿수가 8의 배수이면 된다는데요.

- 4는 25와 짝을 이루어 100을 만들고, 8은 125[32]와 짝을 이루어 1,000을 만드니까, 8은 마지막 세 자릿수를 확인해 보면 8의 배수인지 알 수 있겠지.

- 9의 배수는 3과 비슷하게 각 자릿수의 합이 9의 배수이면 된다고 하는데요. 3과 똑같은 논리로 생각하면 되는군요. 10은 1, 20은 2, 30은 3, 40은 4, 50은 5, 60은 6, 70은 7, 80은 8, 90은 0, 100은 1.

- 무작정 외울 것이 아니라 천천히 생각해 보면 쉽게 알 수 있는 배수 판정법이군.

32 5×5×5

배수는 나머지다.

14
약수

- 배수랑 약수는 항상 같이 붙어 다녀요. 약수는 뭐예요?
- 약수는 어떤 수를 나머지 없이 묶을 수 있는 수를 말하지.
- 책에는 나누어 떨어지는 수라고 되어 있는데요. 같은 말이에요?
- 어떤 수를 나누어 떨어지는 수라고 하면 곱셈구구를 외워서 나눗셈으로 해결할 수밖에 없는데, 묶을 수 있는 수라고 하면 곱셈구구 없이도 묶어 보면 알 수 있겠지. 수틀에서 여러 수들을 이리저리 묶어 보는 연습이 약수를 알아보는 데 도움이 될 거야. 그리고 약수는 한자로 約數라고 쓰는데, 여기서의 約은 묶는다는 뜻을 가지고 있어서 약수는 묶을 수 있는 수라고 하는 것이 정확한 설명인 것 같아.
- 24의 약수가 많다고 했는데, 확인해 볼까요? 우선 1로 묶을 수 있고, 2로도 묶을 수 있어요. 3으로도 묶을 수 있고, 4로도 묶을 수 있고, 6으로도 묶을 수 있고, 8로도 묶을 수 있고, 12로도 묶을 수 있고, 24로도 묶을 수 있어요.
- 그렇구나. 그런데, 큰 수는 일일이 묶어 보려다가 빠트리는 약수도 있겠는데….
- 그럴 땐 어떻게 해요?

🧑 그래서 우리가 기본수라는 것을 배우게 되지. 기본수는 묶을 수 있는 기본이 되는 수를 말하는 것으로, 2, 3, 5, 7, 11, 13, 17, 19 이렇게 1 이외에 자신으로만 묶을 수 있는 수를 말하지. 큰 수를 일단 기본수로 묶어보고[33] 다시 생각을 해보면 모든 약수를 다 알 수 있게 되지.

👦 기본수 묶음이요?

🧑 1의 약수의 개수는?

👦 하나요.

🧑 2는?

👦 1과 2 두 개요. 3, 5, 7 등 기본수는 모두 1과 자신 2개이네요.

🧑 4는?

👦 1, 2, 4 세 개요.

🧑 4는 2×2로 기본수 묶음을 할 수 있는데, 1, 2, 2×2 이렇게 3개의 약수가 나오지. 6은?

👦 1, 2, 3, 6 네 개요.

🧑 6은 2×3으로 기본수 묶음이 되는데, 1, 2, 3, 2×3 이렇게 4개가 나오지. 그런데, 아까 2×2는 약수가 3개인데, 2×3은 약수가 4개인 이유는 무엇일까?

👦 2×2에서는 같은 2가 두 개 있어서 2×3보다 약수의 개수가 하나 적어요.

🧑 12는?

👦 1, 2, 3, 4, 6, 12 여섯 개요.

🧑 12는 2×2×3으로 기본수 묶음이 되는데, 1, 2, 3, 2×2, 2×3,

---

[33] 교과서에서는 소인수분해라고 하는데, 이 책에서는 기본수 묶음이라 한다.

2×2×3 이렇게 6개이지.

어떤 규칙이 있는데요.

어떤 규칙?

모든 수에는 1이 곱해져 있으므로, 1과 기본수의 2가지 경우가 있고, 같은 기본수가 곱해져 있으면 곱해져 있는 기본수의 수만큼 약수의 개수가 늘어나요. 그래서 2×2×3의 경우 3에서 2개, 2×2에서 3개의 약수가 나와서 12의 약수의 개수는 2×3 여섯 개가 돼요.

대단한데. 그런 규칙도 찾아내고. 그럼 24의 약수의 개수는 몇 개일까?

24는 2×2×2×3으로 기본수 묶음이 되니, 2×2×2에서 4개, 3에서 2개의 약수가 나와서 4×2로 8개의 약수가 있어요.

기본수 묶음을 하는 이유를 알 수 있겠지?

약수는 기본수 묶음으로 알 수 있다.

15
공배수, 공약수

- 공배수는 무엇일까?
- 어떤 두 수의 공통된 배수를 말해요. 2와 3의 공배수는 6, 12, 18, …이고 4와 6의 공배수는 12, 24, 36, …인데, 무수히 많아요.
- 공약수는 무엇일까?
- 어떤 두수의 공통된 약수를 말해요. 2와 3의 공약수는 1이고, 4와 6의 공약수는 1과 2예요.
- 공약수는 공배수와 달리 많지 않구나. 그래서 수학에서는 공약수는 가장 큰 것을, 공배수는 가장 적은 것을 찾고, 그것을 최대공약수, 최소공배수라고 부른단다.
- 최대공약수와 최소공배수 사이에는 어떤 관계가 있을까요?
- 4와 6의 최대공약수는 2이고, 최소공배수는 12인데, 어떤 관계가 있는지 한번 생각해 봐.
- 4와 6의 최대공약수 곱하기 최소공배수는 4 곱하기 6과 같아요.
- 다른 것도 그런지 한번 생각해 볼까? 12와 14의 최대공약수와 최소공배수를 생각해 볼까?
- 최대공약수는 2이고 최소공배수는 6×14예요. 이번에도 최대공약수와

최소공배수를 곱하니 원래의 수의 곱이 되었어요.

수틀을 사용해 최대공약수를 찾는 방법을 한번 생각해 볼까?

수틀을 사용해서 최대공약수를 찾아요?

간단하게 4와 6을 볼까? 그냥 2라는 것이 보이기는 하지만, 수틀에서 한 번 찾아보도록 하자. 수틀에 수 알 4와 수 알 6을 놓고 큰 수 6에서 4를 묶어내고 나면 2만 남지. 남은 2로 4를 2번 묶으면 되니까, 최대공약수는 2인 것이지. 남은 2로 4를 묶을 수 있으니, 6도 묶을 수 있는 것이지. 다시 좀 더 큰 수인 136과 85의 최대공약수를 찾아보자. 우선 85로 136을 한번 묶으면 51이 남고, 51로 85를 묶으면 34가 남는데, 34로 51을 묶으면 17이 남고, 17로는 34를 두 번 묶을 수 있으니, 결국 17이 136과 85의 최대공약수가 되는 것이지. 이것이 유클리드의 최대공약수 찾는 법이라고 하지.

5강 - 최대공약수

공배수와 공약수는 빼기로 알 수 있다.

16
분수, 통분, 약분

🧑‍🏫 분수는 틀 하나를 몇 개로 나누었는지에 따라 나누어진 수가 분모가 되고, 나누어진 틀에 몇 개가 들어 있는지가 분자로 되는 것이라고 했어. 틀 하나를 3개로 나누고 그 나누어진 틀 속에 1개가 들어 있으면 $\frac{1}{3}$, 2개가 들어 있으면 $\frac{2}{3}$라고 해. $\frac{1}{3}$과 $\frac{2}{3}$는 틀(단위)이 같으니 더하거나 빼는데 아무런 문제가 없지. 그런데, $\frac{1}{3}$에서 $\frac{1}{4}$을 더하거나 뺄 수 있을까? 단위가 달라져 바로 할 수 없지. 두 분수의 단위를 같게 만들어 주어야 하는데, 여기서 분수의 단위를 같이 만들어 주는 과정이 최소공배수를 찾는 것과 동일해. $\frac{1}{3}$과 $\frac{1}{4}$을 더하려면 3과 4의 최소공배수인 12로 틀을 나누어 주고, 3이 12로 4배 커졌으니 1을 4배로, 4가 12로 3배 커졌으니 1을 3배로 해서 더해주면 $\frac{4+3=7}{12}$이 되는 거야.

🧑‍🎓 아직 조금 어려워요. 왜 1이 4가 되고 3이 되는지.

🧑‍🏫 3개로 나누어진 틀에 하나가 들어 있다고 생각해 보자($\frac{1}{3}$). 이제 나누어진 부분($\frac{1}{3}$)을 4조각으로 다시 나누어 보면, 전체는 12조각(3 × 4)이니 결국 분모는 12가 되고, 분모 3이 4배로 커졌으니, 분자도 4배 커져서 4

가 되는 거지. 통분을 하는 건 분모, 분자를 같이 커지게 해서 다른 분수와 더하거나 뺄 수 있게 만들기 위해서이지. 분수는 분모와 분자가 같은 비율로 커지면 그 크기는 변함이 없는 것이지. 2분의 2, 3분의 3, 서후분의 서후는 모두 1이라는 것 알고 있지. 모든 수에 1을 곱하거나 나누어도 결과는 동일하기 때문에 분수에 1을 마음대로 곱할 수 있는데, 1을 그 모습만 필요에 따라 2분의 2, 3분의 3, 서후분의 서후로 바꾸어 곱해 주는 것에 불과해.

🧑 곱셈과 나눗셈에서 1은 참 신기해요.

👨 다시 나눗셈으로 돌아가 보자. $2 \div 4$를 $\frac{2}{4}$라는 분수로 표시할 수 있지. 4는 2로 2번 묶을 수 있으니, 2는 2개짜리 한 묶음, 4는 2개짜리 두 묶음 이렇게 말할 수 있겠지. 이제 2개짜리 한 묶음을 단위 1로 보면 $\frac{2}{4}$가 $\frac{1}{2}$로 바뀌는 것을 볼 수 있니? 이것을 약분이라고 하고, 약분은 분수를 묶어서 간단히 하는 것을 말하지. $\frac{6}{10}$을 약분하면 분모는 2로 5번, 분자는 2로 3번 묶을 수 있으니 $\frac{3}{5}$으로 되겠지. 기약분수는 이미 약분된 분수라는 뜻으로, 더 이상 약분할 수 없는 분수를 말하는 것이지.

🧑 그럼 분모와 분자에 같은 수를 더하거나 **빼면** 결과가 달라지나요?

👨 한번 해보자. $\frac{1}{5}$가 있을 때 분모에 2를 더하고 분자에 2를 더하면 어떤 결과가 될까?

🧑 $\frac{3}{7}$이 돼요. $\frac{3}{7}$이 $\frac{1}{5}$보다 커요.

👨 그럼 분모에 2를 더할 때 분자에는 얼마를 더하면 같은 수가 될까?

🧑 분모가 2 커질 때 분자는 $\frac{2}{5}$가 커지면 될 것 같아요.

👨 계산해 볼까?

$\dfrac{1+\dfrac{2}{5}}{5+2}=\dfrac{\dfrac{7}{5}}{7}=\dfrac{1}{5}$ 이 돼요[34].

똑같구나. 분모와 분자는 5:1의 관계가 있으니, 분모가 2 커지면 분자는 $\dfrac{2}{5}$가 커지면 되고, 반대로 분자가 2 커지면 분모는 10이 커지면 두 분수는 똑같은 것이 되는구나. 나눗셈이 분수가 되고, 다시 분수와 비는 비슷하다는 것을 알 수 있지.

단위를 맞추는 것이 통분, 약분이다.

---

34 번 분수 계산은 분수의 나눗셈에서 설명한다.

17
1과 0의 특수성

- 0은 덧셈, 뺄셈의 항등원이고, 1은 곱셈, 나눗셈의 항등원이라고 했지. 0과 1에는 아주 재미있고, 어쩌면 무시무시한 특성이 있는데, 한번 알아볼까?

- 무시무시하다고요? 수학에서 무시무시한 것이 어디 있어요? 골치 아픈 것은 있어도.

- 우리가 0을 생각할 때는 어떤 때일까?

- 목이 마른데, 돈이 한 푼도 없어서 편의점에서 시원한 음료수 못 사 먹을 때요.

- 그렇구나. 또 어떤 때에 0을 생각할까?

- 2 빼기 2 할 때?

- 그렇지. 있다가 없을 때에 우리는 0을 생각하게 되는 것 같아. 없다가 있을 때는 0을 굳이 생각할 필요는 없을 것 같아. 그런데, 있다가 없어지는데, 있는 것보다 더 많이 없어지면 어떻게 될까?

- 그러면 음수가 돼요.

- 서양에서는 이러한 0과 음수의 개념을 1600년대까지 생각하지 못하였지. 있는 것보다 많이 뺄 수 없다고 생각한 거야. 그러다가, 데카르트가

좌표계를 생각하게 되었고, 양수만으로 좌표계를 만들려니 뭔가 허전했겠지. 그래서, 좌표계는 음수와 양수 및 대칭점 0으로 구성되게 되고, 이렇게 0과 음수를 기하학적인 좌표계로 보니 비로소 0도 음수도 받아들여지게 되었고, 이러한 생각으로 서양의 수학과 과학은 급속한 발전을 이루게 되지. 뉴턴은 『프린피키아』에서 "내가 남들보다 멀리 볼 수 있었던 것은 거인의 어깨 위에 올라탔기 때문이다"라고 하였는데, 실제로 갈릴레이, 데카르트, 페르마가 뉴턴에게 가장 직접적인 영향을 준 것으로 알려져 있어. 0이라는 개념이 생김으로써, 10진법의 위치기수법도 제대로 작동하게 되었고, 같은 것에서 같은 것을 빼면 0이라는 개념도 비로소 성립하게 되어, 두 수의 비교가 수학적으로 가능하게 되었지. 두 수는 ① 크거나 ② 같거나 ③ 작다라는 생각은 수학에서 중요한 비교의 기준이 되지. 무엇에서 무엇을 빼면 같은지, 큰지, 작은지를 생각해 보는 것이 수학에서는 중요해.

- 0이 그렇게 중요한 것이군요. 0은 곱하면 곱해지는 것이 모두 사라지게 하는 마법이 있잖아요.

- 그런데, 0으로 나눈다는 개념은 어떨까?

- 0은 묶을 틀이 없어 0으로는 나눌 수 없다고 했잖아요.

- 그래도 굳이 0으로 나누어 보면 어떻게 될까?

- 모르겠어요.

- 아빠도 모르는데, '0으로 곱하면 곱해지는 것만 사라지는데, 0으로 나누면 모든 것이 사라지지 않을까?' 하는 생각이 들어. 무언가를 0으로 나눈다는 것은 영원한 시간으로도 불가능한데, 그러면 시간도 멈추고 모든 것이 사라지지 않을까?

- 아빠, 조금 무서워지는데, 무슨 말인지 모르겠어요.

- 0보다 조금 크거나 작은 것으로 나누어 보면 어떻게 될까?

- 음, 0보다 조금 큰 수로 나누면 무한대가 되고, 조금 작은 수로 나누면 (−)무한대가 돼요.

- 그렇지. 0보다 조금이라도 큰 것으로 나누면 양의 무한대로 가버리고, 조금이라도 작은 것으로 나누면 음의 무한대로 가버리는데, 0이 양의 무한대와 음의 무한대의 경계를 만들고 있어.

- 무한대는 우리가 상상할 수 없이 큰 수인데, 0이 그렇게 큰 양의 무한대와 음의 무한대 사이에 있다고요? 양의 무한대와 음의 무한대는 거리가 엄청날 건데, 그냥 0에서 만나요? 그럼 양의 무한대와 음의 무한대는 거리가 없다는 거잖아요. 뭔가 이상해요.

- 0은 그렇고 1은 무슨 재미있는 특성이 있을까?

- 1의 크기가 정해져야 다른 수들이 정해지는 특성 외에 또 다른 것도 있을까요?

- 0과 1은 어떤 진법을 사용하더라도 항상 살아남는 숫자라고 생각해. 2도 2진법에서는 사라지는 숫자고, 다른 숫자도 다 마찬가지지. 또 어떤 수를 무한히 제곱을 한다고 할 때, 1과 −1을 경계로 0과 무한대로 나누어지게 하는 성질이 있지.

- 무슨 말이에요?

- 0.9, 0.99, 0.999 등[35]을 수없이 제곱하게 되면 모두 0이 되지.

- 그렇네요(그래픽 계산기를 사용해 확인해 보는 서후). x^{100}의 그래프와 x^{10000}의 그래프가 비슷하고, x^{101}의 그래프와 x^{1001}그래프도 비슷해요. 근데 웃겨요. 그래프 모습이. x^{10000}의 그래프는 만세를 하고 있고, x^{1001} 그래프는 한 손은 들고 한 손은 내리고 있어요. 그런데 −1과 1 사이는 모두 0이에요. 1과 −1을 지나면서는 바로 무한대[36]로 가버리는데요.

---

[35] −1 이상 0 이하, 0 이상 1 이하의 수들은 모두 같다.
[36] 음수 부분은 홀수 제곱의 경우 음의 무한대로, 짝수 제곱의 경우 양의 무한대로

−1과 1 사이에서는 제곱하면 점점 작아지고, 그 밖에서는 점점 커지기 때문이지[37]. 그래서, 수능수학이나 고등학교 수학시험에서 −1과 0, 1 사이의 관계를 묻는 문제들이 많이 출제되고, 생각해 볼 것이 많은 구간이지[38].

0과 1은 무섭고도 신기한 수이다.

---

37 절대치가 커진다.

38 거의 대부분의 함수 문제에서 위 구간 사이를 집중적으로 묻는다. 그 외의 구간은 신기한 것이 별로 없기 때문이다. 수능수학이나 고등수학에서 10 이상의 수는 거의 다루지 않는데, 우리는 초등 4학년부터 큰 수의 연산을 시키면서 아이들을 학대하고 있다.

18
소수

- 분수를 소수로 바꾸는 이유가 무얼까?
- 소수로 바꾸면 분수의 크기를 비교하기가 쉬울 것 같아요.
- 그렇구나. 분수의 크기를 비교하기 위해서 소수로 바꾸는 것이구나. 소수는 분모가 2와 5일 때만 유한소수가 되고 다른 수가 분모에 들어 있을 때는 순환소수가 되지. 그런데, 분모가 2와 5일 때만 유한소수가 되는 이유는 무엇일까?
- 2와 5가 10의 약수여서 그런 것 아니에요?
- 그렇지. 소수는 분수를 10진법으로 표시한 것인데, 2와 5만이 10의 약수이니까 분모가 2와 5로만 이루어져 있어야 약분이 가능하겠구나. 역시 분수에서도 2와 5가 중요하다는 것을 알 수 있구나. 그런데, 소수는 모든 유비수를 나타낼 수 없어서, 중등수학 이상에서는 잘 사용하지 않고, 분수로 사용해. 초등수학에서 복잡한 소수의 곱셈과 나눗셈을 시키고 있는데, 연산 연습 외의 목적은 없는 것으로 생각돼.

소수에서도 2, 5가 중요하다.

19
제곱수

🧑 제곱수는 무얼까?

👷 자연수를 제곱하면 나오는 수요. 1, 4, 9, 16 같은 수요.

🧑 제곱수는 어떤 특성이 있을까?

👷 제곱수는 정사각형을 이루어요. 가로, 세로가 같으니까요.

🧑 또 어떤 특성이 있을지 수들에 제곱수를 한번 놓아 볼까?

👷 (1, 4, 9, 16을 놓아보더니) 신기하게 1에서 4로 갈 때는 1+1+1로 커지고, 4에서 9로 갈 때는 2+2+1로 커지고, 9에서 16으로 갈 때는 3+3+1로 커져요. 1, 3, 5, 7 이런 식으로 커지는데요.

🧑 그렇구나, 제곱수는 홀수를 쭉 더하면 나오는구나[39]! 그럼 짝수를 쭉 더하면 어떻게 될까?

👷 홀수보다 1씩 커지면 돼요[40].

---

[39] 4번째 홀수인 7까지 더하면 4의 제곱인 16이 되고, 5번째 홀수인 9까지 더하면 5의 제곱인 25가 된다.

[40] $2=1+1$
$4=1+3$
$6=1+5$
$8=1+7$ 4번째 짝수인 8까지 더하면 4+16이 되고, 5번째 짝수인 10까지 더하면 5+25가 된다.
$10=1+9$
$2n=1+(2n-1)$

6강 - 제곱수

제곱수는 미분의 시작이다.

2n까지의 짝수의 합은 $n+n^2$

20

비

- 분수와 비는 초등수학에서 가장 중요하고, 중등수학과 고등수학에서 가장 많이 쓰이는 개념이야.
- 저는 아빠랑 많이 연습했어요.

7강 - 비

- 2 갈 때 1 가면, 4 갈 때 2 가요. 2 갈 때 1 가면, 1 갈 때 $\frac{1}{2}$ 가요.
- 이 연습은 많이 하면 할수록 좋은 것 같아. 일차 함수의 기울기, 이차 이상 함수의 접선의 기울기, 삼각형의 닮음, 함수의 닮음 등등에서 너무나 중요한 개념이고, 초등, 중등수학의 전부라고 할 수 있지. 고등수학이 미분을 이해하기 위한 것이라면 초등수학은 비를 이해하기 위한 것이라고 할 수 있어. 분수와 비에 대해서는 4장에서 좀 더 자세히 알아보도록 하자.

비는 초등 수학의 대부분이고, 중등수학의 목적이며, 고등수학의 기초다.

3장
현행 수학 용어 수정 제안

01
소쉬르의 기의, 기표

스위스 언어학자인 소쉬르는 언어의 구조를 기의와 기표로 구분하여 설명하고 있다. 기표는 소리, 이미지, 문자 등 **인지 가능한 형태**로 나타나는 언어의 물리적 요소인데, 예를 들어, "사과"라는 단어를 읽거나 들을 때 나타나는 소리나 문자로 된 형태를 말한다. 기의는 기표가 나타내는 **개념** 또는 의미를 말하는데, 예를 들어, "사과"라는 단어를 읽거나 들을 때 떠오르는 실제 사과의 이미지나 개념을 말한다. 소쉬르는 기의나 기표는 동전의 양면처럼 밀접한 관계가 있지만, 기의나 기표의 결합은 자의적이라고 보았다[01]. 하지만, 가능하면 기표는 기의와 부합되게 할 필요가 있다. 우리 수학 용어에서는 어떤 용어(기표)가 무엇을 뜻하는지(기의) 전혀 알 수 없는 것들이 제법 있다. 개념화의 매개체가 언어이고, 수학 개념의 매개체는 수학 용어이다. 전혀 뜻을 이해할 수 없는, 친절하지 못한 수학 용어들은 뼈아픈 역사의 산물이다. 19세기 중국과 일본 학자들이 허겁지겁 잘못 번역한 수학 용어들을 아무런 비판 없이 그대로 사용하는 있는 것이다. 우리 수학계의 무사안일한 태도가 100여 년 가까이 이어져 내려와 고질적인 관행이 되고 말았다. 법조계에서도 그와 같은 외계어 같은 용어들을 순화하자는 운동을 벌이고 있는데, 우리 아이들이 12년 동안 매일 공부하는 수학에서는 이러한 반성적 노력이 잘 보이지 않는다.

---

01 한국어를 모르는 사람은 "사과"라는 소리를 들어도 사과가 떠오르지 않는다.

소쉬르는 대상이 먼저 있고 그 후 언어가 있다는 기존의 생각을 전면 부정하면서 언어가 있고서야 대상이 존재한다는 학설을 주장하였다. 에스키모(이누이트)족에게는 눈에 대한 단어가 다른 지방 사람들보다 훨씬 많다고 한다. 많이 오는 눈, 바람과 함께 오는 눈, 지금 내리는 눈, 방금 내린 눈, 녹아가는 눈 등등 우리에게는 그냥 눈이지만, 그들에게는 다른 의미가 있는 다른 눈이 내리는 것이다. 우리는 무지개는 일곱 가지 색으로 이루어져 있다고 믿고 있다. 무지개는 빨간색, 주황색, 노란색, 초록색, 파란색, 남색, 보라색으로 이루어져 있다고 믿고 그렇게 외우고 있다. 하지만, 무지개는 불연속적인 스펙트럼이 아니라 연속적인 스펙트럼이며, 7가지 색으로 언어적으로 구분해서 불러 우리 뇌는 무지개는 7가지 색이라고 인식하는 것이다. 무지개는 수천, 수만의 색이 연속적으로 나열되어 있는 것이다. 그중 우리가 빨간색이라 부르는 것은 일정 스펙트럼 범위의 것이며 나머지 색도 모두 같다. 이처럼 대상이 있은 후 언어가 있는 것이 아니라 언어가 있어서 대상을 그것으로 인식하는 것이다. 언어는 개념을 매개화하는 것으로 반드시 기의와 기표가 연결될 필요는 없다. 우리는 하늘이라고 하고 미국 사람은 sky라고 하지 않는가. 그 둘 사이에 어떠한 연관도 없다. 우리는 대상을 사회적, 역사적, 문화적 배경을 바탕으로 이해하고, 그 이해의 바탕이 모국어이다. 우리는 하늘, 바다라고 하면 자연스럽게 푸르고 시원한 느낌이 드는 하늘과 바다가 떠오른다. 이는 오랜 사회적, 역사적 문화적 배경을 바탕으로 떠올리는 개념인 것이다. 바다가 없는 몽골 사람들에게 바다는 어떤 느낌일까, 우리와 같은 느낌일까? 사막의 모래폭풍 속에서 사는 또는 늘 우중충한 기후에서 사는 사람들이 느끼는 하늘과 우리가 느끼는 하늘, 산업혁명 이전의 사람들이 느끼는 하늘과 지금 우리가 느끼는 하늘이 같은 느낌일까? 언어는 기표와 기의가 일치하지 않아도, 조금 불편하지만 익숙해지면 어찌어찌 사용할 수는 있다. 하지만, 계속 그 불일치가 머리에 남아 있어 헷갈린다. 호가호위[02]라는 사자성어를 보자. 여우가 호랑이의 위

---

02 狐假虎威

세를 빌려 다른 동물을 위협한다는 말인데, 여기서 호라는 음이 2번 나온다. 사자성어의 뜻을 아는 사람도 앞의 호가 여우인지 호랑이인지 헷갈린다. 매매[03]라는 단어도 마찬가지이다. 앞의 매가 파는 것인지 사는 것인지, 헷갈린다. 뜻이 다르므로 음도 달랐으면 헷갈림은 줄었을 것이다. 이처럼 기표(호, 매)가 기의(여우, 파는 것)를 제대로 반영하지 못하게 되면 헷갈리는 것이다.

"선의[04]의 제3자", "악의[05]의 수익자", "그 정[06]을 알고", "음용에 공하는[07] 정수를 오예하는 자", "해태[08]하다", "공소외[09]", "소외[10]".

우리 법률과 법원, 검찰에서 사용하는 용어들이다. 무슨 말인지 바로 알 수 있는가? 이런 용어들은 수없이 많다. 이런 외계어 같은 용어에 익숙하지 않은 일반 국민들은 무슨 뜻인지 법률전문가에게 물어보아야 한다[11]. 법조 카르텔이 형성된다. 훈민정음 창제에 반대한 최만리의 상소문에서도 이런 카르텔적인 의도가 읽힌다. 억울한 일을 당해도 문자로 호소할 수 없는 일반 백성을 위해 훈민정음을 만들었다는 세종[12]에게 최만리는 상소문에서 "옥에 갇혀 있는 죄수로서 글을 해

---

03 賣買
04 모른다는 의미이다.
05 안다는 의미이다.
06 사정의 준말인 듯하다.
07 사용하는
08 게을리하다
09 형사재판에 기소되지 않은
10 소송 당사자가 아닌
11 실제로 일반 국민이 변호사 없이 직접 원고나 피고로 민사소송을 하는 경우, 재판부로부터 그와 비슷한 타박을 수시로 당하는 경우가 예전에는 많이 있었다.
12 인류 역사상 현세대에도 통용되는 글자를 만든 유일한 분이다. 우리 민족의 스승으로 세종 탄신일인 5월 15일을 스승의 날로 기념하고 있다. 세종이 태어난 때가 1차 왕자의 난이 있기 1년 6개월 전이었다. 세종을 우리 민족 역사상 가장 중요한 인물로 생각하고 있는 나는, 드라마에서 1, 2차 왕자의 난을 다루면 무조건 이방원을 응원한다. 반드시 이겨서 세종을 지켜 달라고 기원하며. 이방원이 거사에 실패하면 1살 반에 불과한 막동(세종의 아명)은 죽거나 노비로 평생을 살았을 것이므로, 우리 민족에게 한글이라는 유산을 남겨 줄 수 없었을 것이다. 원래의 한글이 삼각형, 사각형, 원, 점, 선분, 수선, 평행선 등 기하의 요소들로 이루어졌다는 점도 나는 좋다.

독할 수 있는 자라도 허위인 줄 알면서 매를 견디지 못하여 그릇 시인하는 자가 많사오니, 이는 글의 뜻을 알지 못하여 원통함을 당하는 것이 아님은 명백합니다. 이것은 형옥의 공평하고 공평하지 못함이 옥리의 어떠하냐에 있고, 말과 문자의 같고 같지 않음에 있지 않은 것을 알 수 있으니, 언문으로써 옥사를 공평하게 한다는 것은 틀린 소리입니다"라고 엉뚱한 이야기를 한다. 쉬운 한글을 온 국민이 알게 되면 선진문명인 중국문화를 배우기 위한 한자 공부를 하지 않게 되어 오랑캐의 나라가 된다느니, 오랫동안 써 왔던 이두를 이용하면 된다느니, 형옥의 공평을 문자가 보장하지 못한다느니 하는 것은 모두 훈민정음에 반대하기 위한 명분에 불과하고, 그 밑바탕에는 일반 국민들이 글을 읽고 쓰게 되면 양반들의 한자 카르텔이 무너지게 된다는 위기의식에서 상소문을 작성한 것으로 나는 이해한다.

그런데, 그런데 말이다. 수학은 수학 전문가만의 카르텔이 존재해서도 안 되고, 할 수도 없는 분야이다. 아니 오히려 수학 전문가들은 온 국민이 쉽게 수학을 이해하도록 노력해야 하는 직역 아닌가. 법조 카르텔은 지켜져야만 법조인들의 재산과 명예가 보장되는 것이지만, 수학은 오히려 온 국민에게 널리 개방되어야 수학 전문가들의 재산과 명예가 보장될 수 있는 것 아닌가 말이다. 그럼에도 불구하고 수학 용어에서 외계어 같은 용어를 그대로 두고 보는 것은 수학 전문가들의 게으름, 개념 매개화의 수단인 수학 용어의 중요성에 대한 무지와 수학 용어 변경 노력에 대한 귀찮음, 자신들은 익숙하게 사용하고 있어 불편을 느끼지 못하는 무감각 등에서 비롯된 것으로 생각한다.

02
방정식 - 조건등식

수학 교과서는 방정식을 "미지수가 1개 이상 존재하는 등식에서 미지수의 값을 정하면 참이 되기도 하고 거짓이 되기도 하는 식이다"라고 설명하고 있다. 잘 모르겠다. 왜 저런 뜻을 방정식이라는 용어로 사용하는지. 다시 찾아보았다. "방정식에 '方程'이라는 이름이 붙은 것은 중국 고대 수학서인 『구장산술 8장 방정』에서 1차 연립방정식을 네모난 모양으로 상수들을 써 놓고 풀었기 때문이다. 현대에도 컴퓨터에서는 1차 연립방정식을 같은 방법으로 행렬을 이용해서 푼다"로 설명이 되어 있다. 구장산술의 해당 부분을 다시 찾아본다. 현대식으로 보자면, 행렬이다. 행렬이 방정이었다. 여전히 모르겠다. 차라리 행렬이라고 하지, 왜 방정이라는 이름을 붙인 것인지.

"방정식"이라는 용어를 들으면 "미지수가 1개 이상 존재하는 등식에서 미지수의 값을 정하면 참이 되기도 하고 거짓이 되기도 하는 식이다"라는 이미지가 생겨나는가? 나는 그런 뜻이 전혀 떠오르지 않는다. 왠지 방정맞은 춤이 생각난다[13]. 방정식, 역시 외워야 할 운명이다. 물론, 수학은 표의문자[14]라서 그 뜻을 이해하고, 경우에 따라서는 외워야 한다. 그런데, 이렇게 기표와 기의가 전혀 상통

---

13 우리가 사용하는 '방정'은 딱 이 두 가지가 전부이고, '방정'이라는 말을 들으면 경망, 요망, 호들갑이 먼저 떠오른다.

14 루트, 로그, 사인, 시그마 등등 수학에서의 기호는 모두 약속이고, 그 약속은 이해를 바탕으로 체화하여야 한다. 우리가 표의문자인 한자를 공부할 때 모두 외워서 체화하듯이.

하지 않는 용어로 외우려니 힘들다. 가능하면 외우기 쉽게, 우리가 평소에 사용하는 말을 이용한 수학 용어는 불가능한 것인가. 나는 방정식이라는 말 대신 조건등식[15]으로 부를 것을 제안한다. 조건에 따라 성립하는 등식. 기표는 조건등식이고, 기의는 조건에 따라 성립하는 등식. 다른 용어라도 좋다. 더 적절한 용어가 있다면 당연히 그 용어를 사용하면 된다.

---

15 영어로는 등식이나 항등식 모두 'Equation'이다.

03
무리수, 유리수 - 무비수, 유비수

수학 교과서는 무리수를 "유리수로 나타낼 수 없는 수"라고 설명하고 있다. 무리수는 유리수를 알아야 알 수 있는 개념이다. 다시 수학 교과서는 유리수를 "정수의 비로 나타낼 수 있는 수"라고 설명하고 있다. 나는 무리수 하면, 지금의 내가 떠오른다. 수학과는 별로 친하게 지내 오지도 않고 수학도 잘 알지도 못한 주제에, 수학에 관한 책을 쓰고 있는 내가 바로 "무리수"이다. 도대체 정수의 비로 나타낼 수 있는 것과 없는 것의 차이가 무엇이길래 유리수와 무리수를 나누었을까?[16] 나름 수학을 잘 알고 있을 것 같은 몇몇 분들께 무리수가 무엇인지, 유리수가 무엇인지 물어보았다. 무리수는 끝도 없이 계속되는 수, 유리수는 끝이 있는 수라는 대답이 가장 많았다. 다시 3분의 1을 이야기하면서, "3분의 1도 끝도 없이 계속되는데요?" 하고 물으면 3분의 1이 유리수인지, 무리수인지 잘 모르겠다고 한다. 무리수는 일정한 패턴이 없이 무한히 계속되는 $\sqrt{2}, \sqrt[3]{2}, \pi, e$ 같은 수이고, 유리수는 정수와 정수비로 나타낼 수 있는 분수[17]를 포함하는 개념이다.

영어에서는 유리수를 Rational Number라고 하고, 무리수를 Irrational Number[18]라고 한다. 영어로 무리수는 미친 수라는 뜻이 있는데, 우리가 왜 미친

---

16   유리수는 사칙연산에서 통분하면 하나의 수로 나타낼 수 있다.
17   소수로 표현하였을 때 일정한 패턴이 반복되는 분수
18   피타고라스의 제자 히파소스는 Irrational Number를 발견한 죄로 우물에 빠진 채 발견되었다는 이야기

수를 알아야 하는가? 그리고 미친 수를 어떻게 알 수 있는가. 이치에 어긋난 수라는 의미의 무리수 역시 마찬가지.

유리수는 원래의 뜻대로 유비수, 무리수는 무비수로 하면 그 기표와 기의가 선명하게 연결되지 않는가?

가 있다. 여기서 Rational은 '합리적'이라는 뜻 대신 '비율(Ratio)'을 나타낸다.

04
소수 - 기본수

素數, 小數 앞의 소수든 뒤의 소수든 둘 다 수학에서 중요하다. 일부러 이렇게 똑같은 표기와 발음이 되는 용어로 정했을까? 하는 생각에 일본어와 중국어를 찾아보았다. 그들은 두 가지 용어의 표기와 발음이 달랐다. 우리만 똑같다. 정수론에서 가장 중요한 素數. 소수라는 말을 들으면 원래의 뜻인 "1보다 큰 자연수 중 1과 자기 자신만을 약수로 가지는 수"라는 이미지가 떠오르는가? 나는 다수민족의 반대인 소수민족 또는 小數가 떠오른다. 참으로 불친절하고 고약하다. 똑같은 발음을 가진 단어를 스스로 알아서 구분하라고 한다[19].

素數는 영어로 Prime Number라고 한다. 가장 기본이 되는 수라는 뜻이다. 왜 기본이 되는 수라는 것인가? 수를 묶기 위한 새로운 틀이 되는 수이다. 어떤 기본수는 그 기본수 이전의 다른 수로는 묶이지 않는다. 그래서 수의 기본이 되는 수이고, 기본수를 찾기 위해 그렇게 노력하는 것이다. 기본수는 자신만으로 묶을 수 있기 때문에 기본수와 다른 기본수를 곱했을 때 원래의 기본수를 찾기가 굉장히 어렵다. 딱 그 수로만 묶을 수 있기 때문에 암호 생성에도 가장 중요한 역할을 하게 된다. 아무리 큰 기본수의 곱을 하라고 해도 컴퓨터는 금방 계산 결과를 내어놓는다. 그런데, 큰 기본수의 곱을 다시 기본수로 묶으라고 하면 컴퓨터로도

---

[19] 이 책을 쓰는 동안에도 소수와 소수 때문에 얼마나 헷갈리는지.

하나하나 묶어보아야 해서 오랜 시간이 걸린다. 그래서 기본수의 제곱[20] 몇 개는 외워 놓는 것이 좋다. 289라는 수가 17 × 17이라는 것을 모른 채 기본수 묶음을 하려면 많은 시간과 노력이 든다.

---

[20] 11 × 11＝121, 13 × 13＝169, 17 × 17＝289, 19 × 19＝361

05
허수 – 제곱음수

허수[21]는 상상의 수이고 실재하는 수가 아니라는 의미를 가지고 있다. 실수 체계에서는 제곱하여 음수가 나오는 수는 없기 때문에 허수라는 이름을 붙였다. 그러나, 음수가 엄연히 실제로 존재하는 수이듯, 허수 역시 실제로 존재하는 수이다. 따라서, 허수는 제곱음수라는 이름으로 바꾸어야 한다고 생각한다.

제곱음수가 없으면 실재 세계를 기술할 방법이 없으며, 특히 양자물리학의 세계는 제곱음수가 없으면 출발이 불가능할 정도이다. 제곱음수를 포함하는 복소수 체계는 완전한 수 체계로 다른 수 체계가 불필요하다. 제곱음수가 없으면 당장 이차함수의 근을 구할 수 없게 되는 경우가 발생한다. 고등수학에서는 배제되어 있지만 복소평면은 정말 재미있는 성질을 가지고 있다. 제곱하면 길이는 제곱이 되면서 원래의 각만큼 회전한다. 이런 성질을 이용하여 $x^3=1$이라는 조건등식을 복소평면에서 풀어보면 $1, \frac{2\pi}{3}, \frac{4\pi}{3}$의 각을 3번 회전하면 모두 1이 된다는 것을 알 수 있고, $x=1, -\frac{1}{2}+\frac{\sqrt{3}}{2}i, -\frac{1}{2}-\frac{\sqrt{3}}{2}i$가 세 근이라는 사실을 쉽게 알 수 있다[22]. x^2, x^4 모두 복소평면에서의 회전으로 근을 구할 수 있다. 복소평면에

---

21 데카르트가 Imaginary Number라는 말을 처음으로 하였는데, 데카르트는 파동방정식 등에서 제곱음수가 실재한다는 사실을 알지 못하여 단순히 대수적인 필요에 의하여 상상으로 만들어 낸 수라고 여겼다.

22 삼각함수와도 연결된다.

서 피타고라스의 수를 찾는 방법도 있는데, 직접 확인해 보길 바란다. 진짜 시간 가는 줄 모르고 놀게 된다[23].

---

23 우리 아이들의 수학 성적도 올릴 수 있는 놀이라고 생각한다.

06
인수분해, 소인수분해 - 인수묶음, 기본수묶음

　인수분해라고 하면 인수로 분해한다는 뜻이다. 우리가 자동차를 분해한다, 라디오를 분해한다고 할 때 부품별로 따로 떼어 놓는 행위를 연상하게 되는데, 다시 자동차나 라디오가 작동하려면 다시 조립하는 절차를 필요로 한다. 그런데, 인수 묶음은 오히려 부품별로 모아 놓은 상태를 바로 작동할 수 있는 상대로 조립하는 경우와 비슷한 효과를 나타내므로, 인수분해라는 용어보다 인수묶음이라는 용어가 더 적절해 보이고, 소인수분해 역시 소수를 기본수로 용어를 바꾸는 것이 적절하다고 생각하므로, 기본수묶음으로 용어를 바꾸는 것이 적절해 보인다.

07
기타

　기하라는 용어는 Geometry이라는 원어에서 Geo만을 따서 중국어로 지허(幾何)라고 이름을 붙인 데서 유래한다고 한다. 기하라는 용어는 이미 우리에게 기표(기하)와 기의(도형)가 밀접하게 관련되어 있어 굳이 바꾸자는 제안을 하지는 않지만, 약간 우스꽝스러운 면은 있다[24]. <u>임의의 수</u>라는 용어도 아무 수나 어떤 수로 바꾸는 것이 어떨까 한다. 우리 사회에서 임의라는 말을 거의 사용하지 않는데, 우리 아이들이 헷갈려하는 용어 중 하나로 생각된다. <u>미지수</u>라는 말도 "알고 싶은 수"로 바꾸는 것이 좋을 듯한데, 모르는 수보다 알고 싶은 수라고 하는 것이 더 그 수를 알고 싶어 하지 않을까 하는데, 5음절로 긴 듯한 느낌이어서 적극적으로 수정 제안을 하지는 않는다. 알 수 없는 수(미지수)를 우리는 왜 알아야 하는가라는 생각이 든다.

---

[24]　미국이라는 명칭도 초기 중국인들이 America를 들었을 때 A가 묵음처리되어 Merica로 들려서 미국이라고 명명하게 되었다고 한다.

수포자 방지법

우리 아이들이 진짜수학을 깨쳐서 수학을
미워하거나 두려워하여 포기하지 않기를 바라며

01
수포자

　수포자라는 용어는 수학을 포기한 사람의 준말이다. 최근 어떤 국회의원 후보자는 "수포자 방지법"을 공약으로 내세우기까지 할 정도로 학생들이 수포자가 되지 않도록 하는 방법이 무엇일까 하고 모든 국민들이 걱정하는 상황이다. 수포자는 수학을 왜 하는지, 그 공식이 무엇을 의미하는지 이유는 모른 채, 모든 공식을 외워 문제풀이만 하다가 점점 복잡해지고 많아지는 수학 문제들이 어려워져 수학 문제에 항복하면서 발생한다. 그렇다면 수포자가 되지 않도록 하는 방법은 무엇일까. 간단하다. 수학을 왜 하는지 이해하고, 한 단계 한 단계 몸으로 체화하면서 나아가면 수포자가 될 수가 없는 것이다. 한 단계 한 단계를 체화하지 않고 그냥 공식만 외워 그 단계에서 어찌어찌 문제풀이를 할 수 있으면 다 아는 것으로 착각하고 넘어간 후 나중에 전 단계의 개념을 적용하여야 그 단계 후의 문제를 풀 수 있는 상황에서는 이해할 수 없는 문제가 되어 수포자의 길로 들어서게 되는 것이다. 우리 아이들이 기본 단계부터 이해하고 설명할 수 있게 하고, 하나씩 완벽하게 이해한 후 몸에 배게 연습해서 언제든지 그것을 떠올릴 수 있는 단계까지 공부하고 다음 단계로 넘어가는 것이 필요하다. 그다음 단계를 충분히 공부하면 또 한 단계 위의 공부를 하는 식으로. 데카르트도 "처음에는 직관적인 지식을 이용하여 다음 단계를 연역적으로 충분히 익히면 다음 단계가 다시 직관이 되는 방식이 수학과 철학 하는 방법이다"라고 이야기하였다. 이렇게 공부하려면 처음에는 시간이 너무 많이 들지 않는가 하는 의문이 들 수도 있지만, 쓸데없는 연산 연습 말고 수학의 단계적 공부를 원리대로 이해하고 체화시키는 과정을 충실히 밟아야 한다. 우리나라 수학교육은 각 단계별로 과정은 전혀 살펴보지 않고 곧바로 결과가 나오는 방법을 우선시하고 있어 사고력, 논리력을 키운다는 수학 공부 원래의 목적에 전혀 도움이 되지 않는 것이다. 수학은 왜?가 중요한데, 우리나라 수학교육은 왜?가 아니라 그래서!를 너무 강조하는 문제가 있고, 변별력을 지나치게 강조해서 초등학생부터 공식을 외우지 않으면 문제풀이가 쉽지 않게 되어 초등학교 때부터 수포자가 나오는 것이라고 생각한다. 어찌어찌 초등학생 때는 수포자가 아니라도 중학교, 고등학교에서도 각 단계별로 수포자가 계속 발생하는데, 중학교, 고등학교에서의 수포자는 초등학교 때부터 이해하지 않고 공식을 외우는 단계에서 이미 예정되어 있는 것이다. 중학 과정까지는 공식을 외우게 한 후, 그 공식을 그대로 적용하면 해결되는 문제가 나오기 때문에 공식을 외워서 수학을 공부하는 것에 큰 어려움이 없을 수 있다. 그러나, 고등수학에서는 하나의 공식만 적용해서는 해결되지 않고 숨어 있는 기본원리를 찾아내어야 풀리는 문제가 나오니까, 초등, 중등 수학에서 기본원리를 차근차근 체화해 나가야 고등수학을 포기하지 않게 되는 것이다. 우리 아이들은 초등학교 때부터 수학을 두려워하는 기분냄새를 맡으며 수학을 시작하고, 그렇게도 열심히 공부하였음에도 수학을 알 수 없게 되어 미워하게 되는 상태에 이르게 됨으로써 수포자가 된다.

  추상적인 설명으로는 수포자 되지 않는 길을 이해하기 어려우니, 이하에서는 각 단계별 체화하여야 할 개념들과 공식과의 관계 및 그 단계를 체화하지 못한 채 넘어가면 발생하는 문제들에 대해서 알아보기로 한다.

02
고등수학을 공부하는 이유

우리가 고등수학을 공부하는 이유는 미분을 이해하기 위한 것이라고 할 수 있다. 초등학교부터 고등학교까지 모든 수학은 미분을 이해하기 위한 단계라고 볼 수 있다. 그렇다면 미분은 왜 배워야 하는가? 미분을 배우면 뭐가 달라지는가? 독학으로 미분을 창시한 뉴턴의 길을 따라가 보면 미분을 배우면 뭐가 달라지는지, 왜 미분을 배워야 하는지 저절로 알게 될 것으로 생각한다. 뉴턴이 유클리드 원론을 바탕으로, 대수와 기하를 하나로 연결한 데카르트를 혼자서 공부하면서 미분을 창시하게 되었음은 칼 세이건의 『코스모스』에서 본 바와 같다. 미분을 이해하기 위해서는 그 전 단계(평행선, 삼각형, 원 등)를 이해하여야 하고, 그 전 단계를 이해한다는 것은 말로서 설명할 수 있는 논리적 사고력이 바탕에 있어야 하는 것이다. 즉, 미분은 변화를 예측하기 위해서 공부한다고 할 수 있다. 우리는 살면서 수많은 변화를 예측하고 싶어 한다. 경제가 어떻게 성장할 것인지, 인구는 어떻게 변화할 것인지, 일식이 언제 생길 것인지, 적국이 발사한 미사일이 어떻게 날아올 것인지, 주식 시장이 어떻게 변할 것인지, 수요 공급은 어떤 관계로 변할 것인지, 내일 비가 올 것인지 등등 우리는 수많은 변화를 예측하고 싶어 하는데, 그러한 변화를 예측하는 도구가 미분이다. 물론 대부분의 사람들은 미분을 이해하지 않고도 살아가는 데 아무런 지장이 없다. 그러나, 미분을 이해하는 과정에서 배우게 되는 사고력과 논리력은 일생을 살아가는 데 많은 도움을 주게 될 것이고, 그래서 우리는 실제 미분을 직접 쓸 일이 없어도 미분을 배운다. 기계적이고, 노예적인 삶이 아니라 창의적이고 주인된 삶을 위해서 미분을, 수학을 배우는 것이다. 그렇게 살기 위해서는 수학을 원래의 수학 공부 방식대로 올바르게 공부하여야 하고, 단순히 공식 적용에 따른 결과만을 구하는 공부를 하여서는 안 되는 것이다. 단순히 공식을 적용하여 결과를 구하는 일은 AI가 사람보다 더 잘한다. 우리는 AI보다 잘하는 것을 해야 하고, 그러기 위해서는 원래대로의 진짜 수학 공부를 하여야 하는 것이다. 미분을 이해하기 위해서 필요한 것은 사칙연산, 평행선, 원과 삼각형의 관계 및 성질, 닮음비[01], 1차 함수, 2차 함수, 3차 함수, 삼각함수, 지수 로그함수 등이 있다. 하나하나 단계별로 나아간다면 충분히 이해할 수 있는 것들이다.

---

01 여기서 분수가 등장한다.

03
사칙연산

덧셈부터 손가락셈으로 이해하면서 하여야 한다는 것은 앞에서 설명하였다. 덧셈은 모든 연산의 시작이므로, 완벽하게 하여야 하는 것은 당연한 일인데 손가락셈으로 두 자릿수 정도만 충분히 연습하면 될 것이다. 절대로 세 자릿수 이상의 덧셈을 아이들에게 강요하여 수와 수학을 미워하게 만들면 안 된다. 6, 7, 8, 9, 10이 5+1, 5+2, 5+3, 5+4, 5+5라는 것을 충분히 이해하고 체득하면 덧셈이 어렵지 않게 될 것이다.

뺄셈 역시 (빌려오는 일 없이) 그대로 빼는 연습을 충분히 하면 될 것이다. 그대로 뺀다는 것은 8−3과 3−8이 부호만 바뀌고 똑같다는 것을 이해하면 될 것이다.

곱셈은 곱셈구구가 몸에 배어야 하는데, 단순히 기호만으로 곱셈구구를 할 것이 아니라 10×10 수틀에서 묶어보면서 곱셈구구가 체화되도록 하면 될 것이다. 10×10 수틀에서 곱셈구구를 공부하는 경우, 1의 배수를 공부하면서 9의 배수도 자연스럽게 함께 알 수 있고, 2의 배수를 공부하면서 8의 배수를 같이 알 수 있을 것이다. 또한, 1×7을 놓아 보면서, 나아가 10×7이 1×7+9×7 =(1+9)×7이라는 것을 몸으로 느끼게 되어, 향후 인수 묶음[02]을 할 수 있는 기

---

02   $(a \times b)+(a \times c)=a \times (b+c)$

반이 되기도 한다. 또한, $(1+9) \times 7 = (1 \times 7) + (9 \times 7)$이라는 것도 알 수 있어 분배법칙에 대한 이해도 할 수 있게 될 것이다.

  나눗셈은 분수와 바로 연결되기 때문에 좀 더 어려운 개념이고, 분수는 비와 함께 많은 연습이 필요한 부분이다. 분수의 사칙연산에서 많은 아이들이 좌절하고 수학을 포기하게 된다고 하니, 수포자를 방지하기 위해서는 반드시 이해하고 넘어가야 하는 고비이다. 미분도 분수이고 비라고 볼 수 있어, 충분히 체화하고 다음 단계로 가야 한다.

04
분수

 아이들은 피자를 2 등분 또는 4 등분하는 것으로 분수의 개념을 배우기 시작한다. 피자 1개를 2개로 나누었을 때 나누어진 한 개를 $\frac{1}{2}$이라고 배운다. 그런데, 피자 2개 중의 1개도 동일한 $\frac{1}{2}$이라고 배우게 된다. 여기서 어려워진다. 1개를 반으로 나눈 것과 2개 중의 하나가 같다고? 피자 1개 중의 반 개와 피자 2개 중의 한 개가 수학적으로 같은 이유를 이해하지 못하면 분수에 대해서는 그냥 외우는 수밖에 없다. 분수의 사칙연산 역시 외우는 수밖에 없다. 수학에서 피자 1개 중의 반 개와 피자 2개 중의 1개를 같다고 하는 이유를 초등학생이 이해하기는 쉽지 않다. 비를 이해하지 못하면 쉽게 이해할 수 없기 때문이다. 나눗셈에서 나누는 수를 하나의 틀로 본다는 개념에서 분수의 개념이 출발하여야 한다. 초등수학 5학년 교과서에 분수를 설명하는 다음과 같은 분수막대 그림이 있다. 1을 하나의 틀로 보아 하나, 둘, 셋, 넷, 다섯, ⋯, 열하나, 열둘의 틀로 나누어 $\frac{1}{1}$, $\frac{1}{2}$, $\frac{1}{3}$, $\frac{1}{4}$, $\frac{1}{5}$, ⋯, $\frac{1}{11}$, $\frac{1}{12}$의 크기를 알 수 있게 해 준다.

그래서, $\frac{1}{2}$이 $\frac{1}{3}$보다 크고, 분수에서는 분자가 같을 때 분모가 크면 전체 크기는 작아진다는 것을 알 수 있다. 나눗셈이 분수이므로, 4를 2로 나눈다는 것은 4를 2로 몇 번 묶을 수 있는지를 알기 위한 것인데, 4는 2로 2번 묶을 수 있기 때문에 4 나누기 2는 2인 것이다. 다시, 1을 2로 나누는 것은 1을 2로 몇 번 묶을 수 있는지를 알기 위한 것인데, 1은 2로 반$\left(\frac{1}{2}\right)$밖에 안 묶이므로 1 나누기 2는 $\frac{1}{2}$이 되는 것이고, 2를 4로 나누는 것은 2는 4로 반밖에 안 묶이기 때문에 $\frac{1}{2}$과 $\frac{2}{4}$와 같은 것이다. 이런 틀(분모)로 묶는다는 개념을 가지고 분수를 이해한 이후 분수의 사칙연산을 공부해야 무작정 외우는 비극을 피할 수 있다. 초등학교에서 분수의 덧셈, 뺄셈은 분모의 단위를 맞추어야 한다고 설명하면서 분모가 다를 경우에는 최소공배수를 찾도록 하고 있는데, 정작 최소공배수, 최대공약수는 중학수학에서 등장한다. 분수의 곱셈은 분자끼리, 분모끼리 곱하면 된다고 하면서 그 이유를 제대로 설명해 주지 않는다. $1 \div 2 = \frac{1}{2}$과 같고, $1 \div 3 = \frac{1}{3}$과 같다는 것을 충분히 이해한 이후 분수의 곱셈을 설명해야 이해할 수 있을 것이다. $\frac{1}{2} \times \frac{1}{3}$은 $\frac{1}{2}$을 다시 3으로 나누라는 것이므로 $\frac{1}{2}$을 3등분하면 결국 전체를 6등분한 것의 1, 즉 $\frac{1}{6}$이 된다는 것을 알 수 있고, 여기서 분자는 분자끼리 분모는 분모끼리 곱하면 분수의 곱셈이 완성된다는 것을 알 수 있다. 더 큰 문제는 분수의 나눗셈이다. 분수의 나눗셈은 성인들도 쉽지 않은 개념[03]이어서 아이들이 이해하도록 하기는 쉽지 않아서, 분수의 나눗셈은 곱하기로 바꾸고 나누는 분수의 분모 분자를 거꾸로 해서 분수곱셈을 하라는 식으로 외우도록 하고 있는데, 수학은 무작정 외우는 것이라는 강력한 암시를 주는 첫 번째 사례라고 생각한다. $\frac{1}{2} \div \frac{1}{2}$은 $\frac{1}{2}$을 $\frac{1}{2}$로 몇 번 묶을 수 있느냐는 것인데 누구나 한 번 묶을 수 있다고 답을 할 것이다. 다시 $1 \div \frac{1}{2}$은 1을 $\frac{1}{2}$로 몇 번 묶을 수 있는지 물으면 어렵지 않게 2번이라고 답을 할 것이다. 어떤 수를 $\frac{1}{2}$ 틀로 묶으면 원래의 2배가 되고, $\frac{1}{3}$ 틀로 묶으면 3배가 되고, $1 \div \frac{1}{2}$은 1×2와 같고, $1 \div \frac{1}{3}$은 1×3과 같다는 것을 알 수 있다. 곱셈과 나눗셈은 역연산 관계에 있으니까 분수의 나눗셈은 곱셈으로 바꾸고 뒤의 나누는 수의 역수를 곱하면 되는 것이다. 여기서, 1은 $\frac{3}{3}$으로도 볼 수 있어서 $1 \div \frac{1}{3} = \frac{3}{3} \div \frac{1}{3}$이고, 분자는 분자와, 분모는 분모와 나누면 된다는 것을 알 수 있다. 결국 분수의 곱셈은 분자는 분자끼리 분모는 분모끼리 곱하게 되는 것이고, 분수의 나눗셈 역시 분모는 분모끼리, 분자는 분자끼리 나누면 되는 것이다. 그런데, 초등수학 과정에서의 분수의 곱셈[04]에서는 분자끼리 곱하고 분모끼리 곱하면 분자나 분모가 모두 자연수로 나와서 결과를 쉽게 알 수 있는데, 분수

---

03 일상생활에서 분수의 나눗셈을 하는 일 따위는 전혀 없다.
04 자연수를 분자 분모로 한다.

의 나눗셈에서는 곱셈과는 달리 분수 분의 분수 꼴(번분수)이 되어 결과를 한눈에 알 수 없어 결국 위와 같은 과정에 대한 설명 없이 곱셈으로 바꾸고 역수를 곱하라는 임시방편의 공식을 아이들에게 제공해 주는 것으로 생각한다. 분수의 나눗셈도 곱셈과 동일하게 분자끼리, 분모끼리 나누어야 한다고 배운 아이들은 $\frac{5}{6} \div \frac{5}{3}$ 등을 계산할 때 곧바로 분자끼리 분모끼리 나누어 $\frac{1(=5 \div 5)}{2(=6 \div 3)}$이라는 답을 쉽게 알 수 있고, 추후 문자로 된 식에서도 나눗셈일 때에는 분자끼리 분모끼리 나눌 수 있다는 것을 어렵지 않게 알 수 있을 것이다. 큰 수를 가지고 연습할 것이 아니라 10 이하의 수를 가지고 기본원리를 충분히 연습하여 체화시키는 과정이 필요하고, 재미있게 스스로 문제를 내가면서 연습하는 것이 중요하다. 기본원리를 충분히 익히면 스스로 문제를 만들 수 있고, 이렇게 스스로 문제를 만들어 보면서 수학에 재미를 느끼게 되는 것이다[05]. 친구들과 배틀을 하면서 공부하도록 하면 더 좋은 효과가 있을 것이고, 이러한 과정을 통하여 수학 교과 과정의 원래의 목적인 "협력하여 문제를 해결하고 성찰하는 경험을 통해 다른 사람에 대한 포용성을 갖춘 민주 시민"으로 성장할 수 있을 것이다.

---

05 문제를 만들어 보면, 기본원리를 어떻게 숨길 것인지를 생각해 볼 수 있다. 모든 과정에서 스스로 문제를 만들어보는 연습을 해야 한다.

05
소수

소수는 분수보다 크기를 쉽게 비교할 수 있지만, $\frac{1}{3}, \frac{1}{6}, \frac{1}{7}, \frac{1}{9}$을 정확히 표현할 수 없다는 단점이 있어서, 중등수학부터는 거의 사용하지 않는데, 초등수학에서 너무 큰 수[06]를 어렵게 다루어야 하니 아이들은 정작 그 의미는 모른 채, 연산 지옥에서 헤매고 있다. 10진법 하에서 소수는 분수의 분모를 10, 100, 1000 등으로 바꿀 때의 분자를 구하는 것인데, 2와 5의 배수만 10, 100, 1000 등으로 바꿀 수 있으니 분모 중에 3, 6, 7, 9가 있으면 분모를 10, 100, 1000으로 바꿀 수 없어 정확한 계산을 할 수 없게 된다. 결국 소수의 곱셈이나 나눗셈은 10분의 몇, 100분의 몇, 1000분의 몇을 곱하거나 나눈 것에 불과하여 분수의 곱셈과 나눗셈이 더 중요하다. $0.1 \times 0.2 = \frac{1}{10} \times \frac{2}{10} = \frac{2}{100}$가 되어 결국 0.02로 계산되는 것인데, 이런 것에 대한 이해가 부족한 상황에서 소수의 곱셈은 수를 곱한 후 곱해진 소수의 자릿수만큼 오른쪽에서 세어서 소수점을 찍으라는 식으로 외우라고 하니 역시 수학에 대한 흥미가 없어지게 된다.

---

06 1.245 × 0.76 등 소위 더러운(연산만을 위한) 수

06
도형의 면적 공식

　우리 아이들은 초등학교 4학년부터 사각형, 평행사변형, 마름모, 사다리꼴, 삼각형의 면적 공식을 외우고, 공식을 기반으로 한 연산문제를 수도 없이 풀고 있다. 정작, 그 공식들이 어떤 의미를 가지는지는 관심을 가지지 않은 채로.

　우리 아이들은 1×1은 가로, 세로 1인 정사각형의 면적이라고 배우면서 도형의 면적에 대한 공부를 시작한다. 1×1이 정사각형의 면적이라는 부분은 더 이상 설명할 수 없는 공리 또는 공준으로 그냥 인정하고 가야 한다. 하지만, 나머지 도형의 면적은 그냥 외워서는 안 되고 왜 그렇게 면적이 나오는지 확실하게 이해하고 가야 한다. 정사각형이나 직사각형의 면적은 (가로)×(세로)이고, 이는 직사각형의 정의에서 바로 알 수 있다. 그런데, 평행사변형 면적부터는 직사각형의 면적을 기반으로 하나하나 이해하고 체화해 가야 한다.

　평행사변형의 면적은 밑변 곱하기 높이다. 평행사변형의 밑변은 무엇이고, 높이는 무엇인가. 평행사변형의 평행한 두 변을 밑변이라고 하고, 두 밑변 사이의 거리를 높이라고 하는데, 평행한 두 변이 2쌍이 있으니 밑변과 높이도 2개이다. 두 밑변 사이의 거리인 높이는 하나의 밑변에서 다른 밑변에 수직선을 그어 생기는 선분의 길이를 일컫는다. 교과서(수학 5-1, 132면)에서도 그림으로 밑변과 높이가 2개인 것을 설명하고 있다.

　그림 1과 같이 길쭉하게 생긴 평행사변형의 면적도 밑변 곱하기 높이일까? 그

렇다. 이렇게 길쭉하게 생긴 평행사변형의 면적도 밑변 곱하기 높이이다. 평행사변형의 양 밑변에서 수선을 내리면 직사각형이 되고, 평행사변형 이외 하나의 삼각형을 밀어서 직사각형으로 만들면 평행사변형의 면적이 밑변 곱하기 높이가 되는 것을 확인할 수 있다.

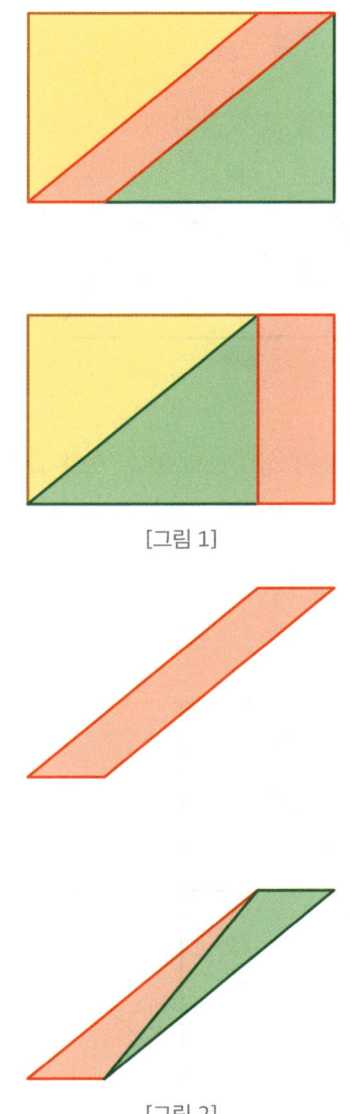

[그림 1]

[그림 2]

직사각형, 평행사변형의 절반은 삼각형이 되고, 당연히 삼각형의 면적은 직사각형, 평행사변형의 절반이 되어 삼각형의 면적은 $\frac{1}{2} \times$ (밑변) $\times$ (높이)가 된다.

삼각형의 밑변은 3개이므로, 높이도 3개가 되고, 어떤 밑변을 잡더라도 높이를 곱한 면적은 같아야 한다. 삼각형의 면적은 너무 중요하므로 루트와 평행선을 공부하면서 다시 보도록 한다.

사다리꼴의 면적은 $\frac{1}{2} \times$ (밑변+윗변) $\times$ (높이)인데, 이를 그냥 공식으로 외울 것이 아니라, 왜 그런지 그림을 통해 확실하게 이해하여야 한다.

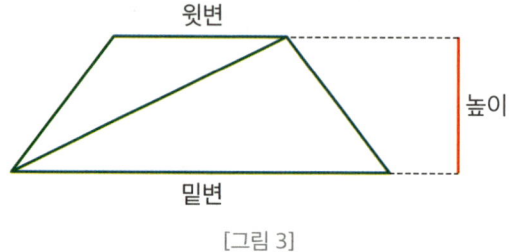

[그림 3]

사다리꼴은 높이가 같은 삼각형이 2개 있는 것과 같으므로, 삼각형의 면적 2개를 더한 것과 같다.

마름모의 면적 역시 두 대각선을 곱한 면적의 절반이므로 $\frac{1}{2} \times$ (두 대각선의 곱)이 된다.

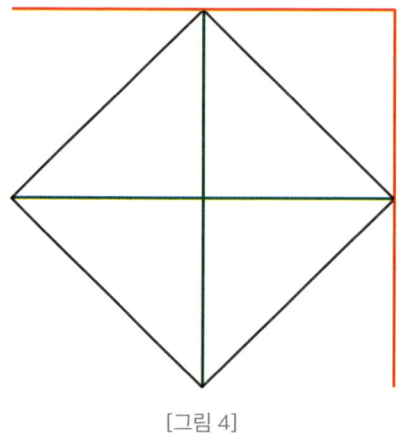

[그림 4]

원이 제일 어려운 부분인데, 초등수학에서 원의 면적을 왜 구하고 있는지 솔직히 이해가 되지 않는다. 초등학교 과정에서 원은 중심에서 같은 거리의 모든 점들을 그린 것이라는 원의 성질을 체화시키는 일은 하지 않는다[07]. 원의 면적이나 둘레를 구하기 위해서는 π를 알아야 하는데, π를 구하는 방법이 초등학생들에게는 이해되지 않는 어려운 일이다[08]. 대충 설명하는 척하고 아이들이 알아듣든 못 알아듣든 그냥 원주율 π는 3.14….라고 외우라고 한다. 그러고는 원의 면적, 원둘레, 부채꼴 면적, 둘레를 구하게 한다. 공식을 던져주고는. 우리 아이들은 초등학교에서 열심히 공식을 외워 원의 면적, 둘레, 부채꼴의 면적, 둘레를 구하는데, 논리적, 수리적 사고력을 키우는 데, 아무 도움도 되지 않는 일이다[09]. π를 구하기 위해서는 무한의 개념[10]을 이해하여야 하는데, 초등학생들이 이를 이해한다는 것은 무리이고, 초등학생들에게 가르칠 수 있는 개념도 아니다. 그런데도, 원의 면적을 구하게 하기 위해 그냥 원주율은 3.14라고 외우라고 하고, 원의 면적, 원둘레 구하는 문제를 수없이 풀게 한다. 우리 아이들은 원주율이 무엇인지, 왜 원주율이 중요한지, 원주율을 어떻게 구할 수 있는지에 대한 당연한 질문은 박탈당한 채, 그냥 원이 면적과 둘레를 구하는 공식에 나오는 괴물로 인지하고 문제를 풀어나간다. 이것이 우리 아이들의 인생에 무슨 도움이 될 것인지에 대한 고려는 전혀 없다. 원은 모두 닮았기 때문에 반지름만 알면 원의 면적 공식을 적용하여 면적을 구할 수 있다[11]. 그런데, 우리 아이들이 πr^2이 원의 면적공식이라고 외우면서, 반지름 r이 밑변과 높이의 역할을 동시에 하게 된다는 사실을 인지할 수 있을까? 원은 왜 밑변과 높이를 곱하지 않고 반지름을 제곱하는지 이유를 생

---

[07] 원은 중심에서 같은 거리에 있는 점들의 집합이라는 것이 바로 떠올라야 한다. 2024년 9월 모의고사 14번에서도 로그와 지수가 복잡하게 나오면서 원과 로그, 지수함수가 만나는 점이라는 개념이 나오는데, 원의 점은 중심에서 같은 거리에 있다는 것을 이용하여야 한다.

[08] 사실상의 미분과 적분이기 때문이다.

[09] 소수의 곱셈 능력은 향상될까?

[10] π를 구하기 위해서는 미분의 개념을 알아야 하고, 원의 면적을 구하기 위해서는 적분의 개념을 알아야 한다.

[11] 정삼각형, 정사각형, 정오각형 등 모든 정다각형은 닮았기 때문에 한 변만 알면 면적을 구할 수 있다.

각할 수 있을까? 그런 것을 생각하는 것이 수학의 진짜 공부 이유인데. 우리나라 수학 과정은 우리 아이들을 너무 과대평가[12]하거나 과소평가[13]하는 경향이 있고, 이러한 잘못된 판단이 누적되어 아이들은 수학을 이해할 수 없는 괴물로 인식하면서 서서히 수포자의 길로 들어서게 된다.

---

12 초등학생들에게 π를 어떻게 구하는지를 이해하기를 바란다? 그게 가능할 리 없다.
13 초등학생들이 음수, 동위각이나 닮음 등을 이해할 수 없다고 간주하고, 이에 대한 어떠한 설명도 하지 않는다. 우리 아이들은 이런 개념을 학원에서 소위 선행으로 허겁지겁 날림으로 배운다.

07

루트 ($\sqrt{}$)

삼각형 면적 계산에서 필연적으로 나오는 개념

삼각형의 밑변은 세 개고, 높이 역시 세 개다. 가장 쉬운 밑변과 높이가 1인 직각삼각형을 보자.

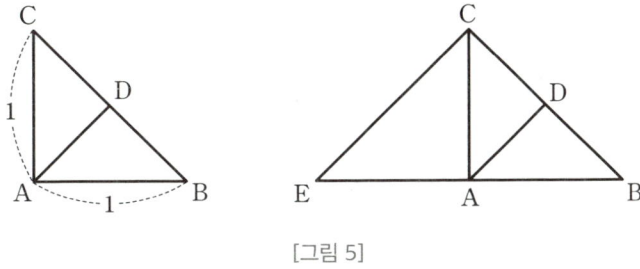

[그림 5]

선분 AB를 밑변으로 하면 선분 AC가 높이가 되어 △ABC의 면적은 $\frac{1}{2} \times 1 \times 1$로 $\frac{1}{2}$이 된다. 그런데, 선분 BC를 밑변으로 하면 점 A에서 선분 BC에 내린 수선의 길이가 높이가 되는데, 삼각형 면적은 어느 변을 밑변으로 하거나 같아야 하므로, 선분 BC와 선분 AD를 곱하면 $\frac{1}{2}$이 되어야 한다. 선분 BC와 선분 AD의 길이는 어떻게 구할 수 있을까[14]? △ABC는 길이가 1인 정사각형

---

[14] 삼각형의 닮음비를 이용하면 간단하지만, 아직 닮음비를 배우지 않았기 때문에 다른 방법으로 구해 보도록 하자.

의 절반이므로, △ABC 옆에 그림과 같이 △ACE를 붙여보자[15]. 합쳐진 △BCE의 면적은 밑변 EB가 2이고 높이 $\overline{AC}$가 1인 삼각형이므로 1로 정사각형의 면적과 같다. 다시 $\overline{BC}$를 밑변으로 보면 높이는 $\overline{CE}$가 된다.[16] $\overline{BC}$와 $\overline{CE}$는 정사각형의 대각선이므로 그 길이가 같고, $\overline{BC}$를 밑변으로 한 삼각형의 면적은 $\frac{1}{2} \times$ ($\overline{BC}$를 2번 곱한 것)이 되는데, 그 값이 △BCE의 면적인 1이므로, $\overline{BC}$를 2번 곱하면 2가 된다. 어떤 수를 2번 곱하면 2가 되는 것일까? 피타고라스 학파는 여기서 큰 문제에 봉착한다. 아무리 정수를, 유리수를 2번 곱해도 2가 되는 수를 찾을 수가 없다. 1.4 × 1.4는 1.96이고, 1.5 × 1.5는 2.25이므로, 1.4와 1.5의 사이인 수는 맞는데, 아무리 범위를 1.41 × 1.41, 1.414 × 1.414, 1.4142 × 1.4142 …로 좁혀도 2번 곱해서 2가 나오는 수를 찾을 수 없었다[17]. 그래서 2번 곱하면 2가 되는 수로 퉁치고 이를 정사각형 2의 근원이 되는 수라는 뜻으로 root 2라고 읽고 $\sqrt{2}$라고 표시하기로 하였다.

    다시 △ABC로 돌아가 보면 $\overline{BC}$의 길이는 $\sqrt{2}$라는 것을 알게 되었다. 그렇다면 △ABC의 면적은 $\frac{1}{2} \times$ ($\overline{BC}$의 길이 $\sqrt{2}$) × ($\overline{AD}$의 길이)가 되는데, 그 값이 $\frac{1}{2}$이므로, ($\overline{BC}$의 길이) × ($\overline{AD}$의 길이)는 1이 되어야 하고, $\overline{AD}$의 길이는 $\frac{1}{\sqrt{2}}$가 되는 것을 알 수 있다. 삼각형의 면적을 구하는 과정에서 필연적으로 root라는 개념이 나오게 된다. 피타고라스의 수[18]라고 불리는 정수로 이루어진 직각삼각형에서는 root의 개념이 나오지 않고, 그 밖의 직각삼각형에서는 어느 한 변은

---

15 AC를 중심으로 AB를 180도 회전시켜도 된다.
16 정사각형을 반으로 잘랐기 때문에 각 ACB는 45°이고 각 BCE는 90°이다.
17 우주가 끝나는 시간까지 계산하더라도 결국 2번 곱해서 2를 만드는 수를 찾을 수 없다.
18 피타고라스학파는 정수로 이루어진 직각삼각형을 이루는 수들을 수없이 찾았는데, 3, 4, 5 직각삼각형이 대표적인 수이다. 오일러는 복소평면에서 피타고라스의 수를 찾는 방법을 발견하였다. 복소평면에서 피타고라스 수를 찾는 방법은 복소수 파트에서 다시 공부하기로 하자.

반드시 root의 개념이 나오게 된다. 피타고라스는 삼각형의 등적변형[19]을 이용하여 직각삼각형의 빗변의 제곱은 나머지 변의 제곱의 합과 같다는 수학에서 가장 중요한 $a^2+b^2=c^2$라는 피타고라스 정리를 발견해 내게 된다. 등적변형은 평행사변형의 밑변과 높이가 같으면 그 모양이 달라도 넓이는 같다는 점에서 출발하는데, 주로 삼각형의 넓이와 관련하여 사용된다. 절대로 어려운 개념이 아니지만, 충분히 연습하여 체화되지 않으면 문제 풀이 시에 숨어 있는 등적변형을 찾기 어렵고, 생각해 내기도 어렵다. 등적변형을 찾아내지 못하면 문제를 못 풀거나 복잡한 대수의 연산[20]을 통하여 어렵게 구해야 한다. 다음 항에서 좀 더 살펴보자.

---

19 모양은 다른데 넓이가 같도록 변형하는 방법이다.
20 수학 강사들이 '노가다'라는 일본 용어를 사용하는 것을 보았다. 대부분의 수학 문제지나 참고서는 대수의 연산을 통해 문제를 풀이하는 과정을 아이들에게 제공하고, 아이들은 초등수학에서와 마찬가지로 연산 공부와 동일한 방식으로 대수의 연산을 하게 되는데, 이 역시 사고력과 논리력을 증진시키고자 하는 진짜수학과는 무관한 시간 낭비일 뿐이다.

08
등적변형

 등적변형은 어려운 것이 아니다. 삼각형의 면적은 밑변과 높이가 같으면, 모양이 달라도 면적이 같다는 것이 등적변형이다. 삼각형의 등적변형을 위해서는 평행선이 있어야 하고, 평행선 찾는 연습을 하여야 한다. 평행한 직선의 한 선분과 평행한 다른 직선의 어떤 점과 이루는 삼각형의 면적이 같다.

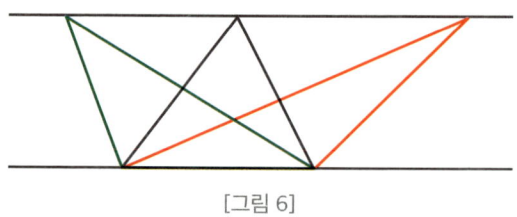

[그림 6]

 [그림 6]의 나란한 두 직선은 평행선이고, 한 선분에서 평행한 다른 직선의 어떤 점과 이루는 삼각형의 면적은 같다. 평행한 두 직선이 있다면, 삼각형의 등적변형이 생각나도록 많은 연습이 필요하다. 삼각형의 등적변형이 체화되었다면, 거꾸로 생각하는 방법도 연습할 필요가 있다. 같은 직선에서 두 선분이 같은 점을 꼭짓점으로 하고 있을 때, 두 삼각형의 면적의 비는 길이의 비와 같다. 높이가 같으니, 밑변의 길이 비가 면적의 비이다.

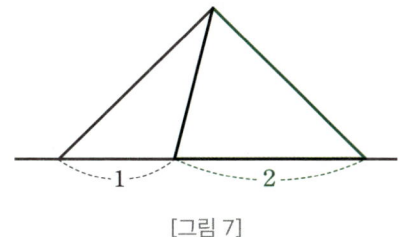

[그림 7]

[그림 7]은 밑변의 길이 비가 1 : 2이므로, 면적비도 1 : 2이다. 등적변형을 이해하도록 모양을 바꾸어 가며 많은 연습이 필요하다.

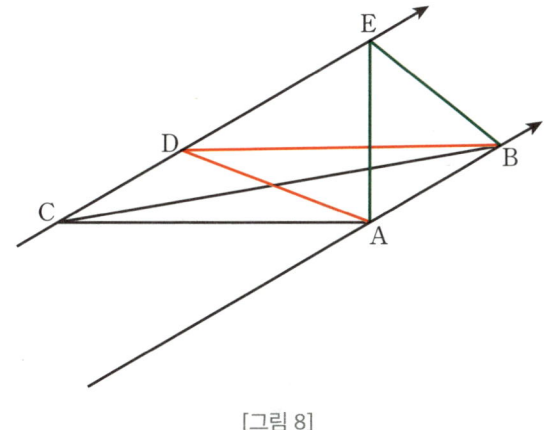

[그림 8]

[그림 8]에서 비스듬한 두 직선이 평행하다면 △ABC, △ABD, △ABE는 면적이 모두 같다. 여러 가지 평행선을 그려보고 등적변형을 직접 확인하도록 해야 한다.

초등학교 6학년 참고서 문제다.

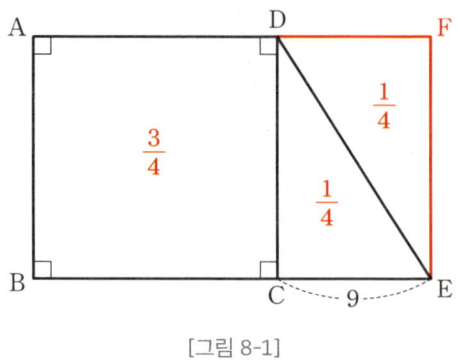

[그림 8-1]

(문제) △DCE의 넓이는 사다리꼴 ABED 넓이의 $\frac{1}{4}$이다. 사다리꼴 ABED의 넓이가 270일 때 선분 BC의 길이를 구하라.

이에 대한 해답지의 풀이는 복잡하기 그지없다. 삼각형의 넓이는 사다리꼴 넓이의 $\frac{1}{4}$이므로, 복잡한 계산을 하여 67.5라고 구한 후, 다시 높이인 선분 CD의 길이를 또 복잡한 계산을 하여 15로 구한 이후, 사다리꼴에서 삼각형의 넓이를 빼서 직사각형의 넓이를 구한 다음, 직사각형의 넓이에서 높이인 15로 나누어 $\overline{BC}$의 길이를 13.5로 구하고 있다. 대부분의 아이들도 이와 같은 복잡하고 어려운 방법으로 선분 BC의 길이를 구할 것이다. 그러나, 이와 같은 아무 생각 없는 문제 풀이로는 수학적 실력을 도저히 키울 수 없다. 문제에서 높이가 같으니 애초에 높이를 구할 필요는 전혀 없다. 단순히 밑변의 길이비만 가지고 문제를 풀면 암산으로도 소수의 계산 같은 복잡한 계산 없이도 금방 답이 나온다. △DCE의 넓이가 전체 사다리꼴의 $\frac{1}{4}$이므로 사각형 DCEF는 전체의 넓이의 $\frac{2}{4}$이고, 두 사각형은 높이는 같고 면적의 비가 3 : 2이므로, 길이의 비 역시 3 : 2이고, 선분 BC의 길이는 선분 CE 길이 9의 $\frac{3}{2}$이므로, 13.5가 정답이다. 비를 이용하면 복잡한 소수의 곱셈이나 나눗셈 없이 간단하게 풀 수 있다. 초등학교 수학문제뿐 아니라, 중학수학, 고등수학에서도 똑같이 비를 이용하면 문제를 쉽고 정확하게 풀 수 있다. 다음에서는 고등수학에서 비와 닮음을 이용하여 함수와 도형의 조건 등식을 쉽게 해결하는 것을 살펴볼 것이다.

09
비

　수학에서 가장 중요한 것은 두 수, 세 수 사이의 관계를 나타내는 비라고 할 것이다. 유클리드도 데카르트도 칸트도 모두 비에 관해서 열심히 설명하고 이를 기초로 수학이나 철학에 관해 논의를 시작한다. 우리 교육 과정상 비는 초등 6학년에서 설명한다. 그런데, 수학에서 제일 중요하고 기본이 되는 비에 대한 설명의 양도 부족하고, 그 설명방식도 너무 무성의하다. 교과서마다 조금씩 다르지만, 비에 대한 설명을 하면서 두 수의 크기 비교를 차와 나눗셈으로 하고 난 이후 곧 "3과 2를 비교할 때 3 : 2로 쓰고, 3대 2로 읽는다. 3 : 2는 3과 2의 비, 3의 2에 대한 비, 2에 대한 3의 비라고도 읽는다."라고 엉뚱한 이야기를 늘어놓는다. 그다음으로 "3 : 2에서 오른쪽의 2는 기준량이고 왼쪽은 비교하는 양이다. 기준량에 대한 비교하는 양의 크기를 비율이라고 한다. 비 3 : 2를 비율로 나타내면 $\frac{3}{2}$ 또는 1.5이다."라고 설명하고는, 곧바로 여러 가지 비에 대한 연산과 실생활 활용문제를 제시한다[21]. 이런 설명을 가지고 비와 비율을 이해할 수 있는가? 비는 수학에서 가장 중요한 부분이므로, 비를 설명할 때는 정말 성심껏 여러 가지로 비를 느

---

[21] 모든 교과서, 참고서가 동일하다. 물론, 사례를 들면서 비와 비례를 어느 정도 느낄 수 있게 하고 있기는 하다. 물의 양과 포도 원액의 양을 섞어 포도주스를 만드는 비를 구한다거나, 토끼의 귀와 다리의 개수를 비교하는 등으로 비를 간접적으로 느끼도록 하고 있다. 하지만, 비를 제대로 체화시키는 과정이 아니라 곧바로 연산 과정으로 들어가 버려, 아이들은 비를 제대로 체화할 시간이 없다.

낄 수 있도록 하여야 한다. 비는 두 수 이상의 관계를 알아내는 것인데, 특히 두 수의 비율을 알면 닮음의 관계에 있는 나머지 두 수의 비를 알 수 있다는 점에서 중요한 의미가 있다. 즉, 닮음의 비를 알면 하나만 알면 나머지는 자동으로 알 수 있다는 것이다. 그런데, 초등수학 과정에서는 삼각형의 닮음은 교육과정 밖이다. 비는 삼각형의 닮음에서 논해야 하는 과정인데, 초등학교 교과 과정 밖이다. 그러니, 비에 대해서 이해할 수 없는 설명만 하는 수밖에 도리가 없다. 비를 제대로 정확하게 설명하려면 삼각형의 닮음과 평행선의 개념을 이용하여야 한다. 비를 제대로 설명해 보자.

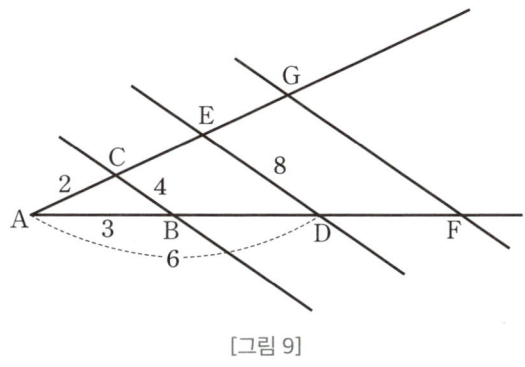

[그림 9]

한 점으로부터 두 반직선이 일정한 각도로 뻗어 있다. 그 반직선을 두 개 이상의 평행선[22]이 지나고 있는 것에서 시작한다. △ABC와 △ADE는 닮음이고, 이는 직관으로도 이해된다. 그림처럼 한 점 A에서 평행선과 반직선의 첫 번째 교점 B까지의 거리가 3이고 다른 교점 C까지의 거리가 2일 때, A에서 D까지의 거리가 6이면 A에서 E까지의 거리는 4가 된다. 정수비로 대응될 때는 직관적으로 알 수 있다. 수학적으로는 3 갈 때 2 가면, 1 갈 때 $\frac{2}{3}$ 가는 것이고[23], 다시 6을 가면 $6 \times \frac{2}{3} = 4$가 된다. 만약 점 A에서 점 F까지의 거리가 7이라면 점 A에서 점 G까지의 거리는 비율 $\frac{2}{3}$를 7에 곱하여 $7 \times \frac{2}{3} = \frac{14}{3}$가 된다. 수를 바꾸어 가

22 비는 항상 평행선에서 시작한다.
23 기준량이 1일 때의 비를 비율이라고 한다.

며 계속해서 연습해야 한다. **항상 비율을 곱해 주면 된다.**[24]

아래 위를 바꾸어 A에서 C까지의 거리가 2일 때, B까지의 거리가 3이므로, 이때의 비율은 $\frac{3}{2}$이 되고, A에서 E까지의 거리가 4일 때, A에서 D까지의 거리는 $6(=4 \times \frac{3}{2})$이 되는 것이다. 기준을 바꾸니 비율은 $\frac{2}{3}$에서 역수인 $\frac{3}{2}$이 된다. 이제 다양하게 좀 더 연습해 보자. 선분 AB의 길이가 3이고, 선분 BC의 길이가 4라고 할 때, 선분 AD의 길이가 6이라면 선분 DE의 길이는 비율 $\frac{4}{3} \times 6$으로 계산된 8이 된다. 수도 바꾸어 가며, 모양도 바꾸어 가며 많은 연습을 해야 한다.

비에서 가장 중요한 것은 분수로 나타나는 비율이라고 할 수 있고, 이 비율은 기준량을 1로 만드는 것이다. 수포자가 되지 않으려면 이 연습을 정말 많이 하여야 한다[25]. 좀 더 설명하자면, (기준량이) 3 갈 때 (변화량)이 1 간다는 말은, (기준량) 1일 때의 비율이 $\frac{1}{3}$이라는 것이 되어, 기준량이 5가 되면 변화량은 5에 비율 $\frac{1}{3}$을 곱한 $\frac{3}{5}$이 되는 것이다. (기준량이) $\frac{1}{3}$ 갈 때 2 가는 경우의 변화량은 $\frac{1}{3}$의 역수인 3($\frac{1}{3}$이 1 갈 때 3)에 그때의 변화량 2를 곱해 준 6이 된다. 기준량이 정수이든 분수이든 그 역수를 곱해주면 기준량을 1로 만들 수 있고, 여기에 변화량을 곱해주면 그것이 비율이 된다. [그림 10]에서 확인해 보자.

24 비율을 찾고, 이를 곱해주는 것이 비 공부의 전부다.
25 소위 일타강사들의 강의에서도 비율을 적용하면 금방 해결될 문제를 이런저런 공식을 사용하여 어렵게 구하는 모습을 자주 보게 된다. 몸에 체화가 되지 않으면 실제 문제를 풀이할 때 사용할 수 없다.

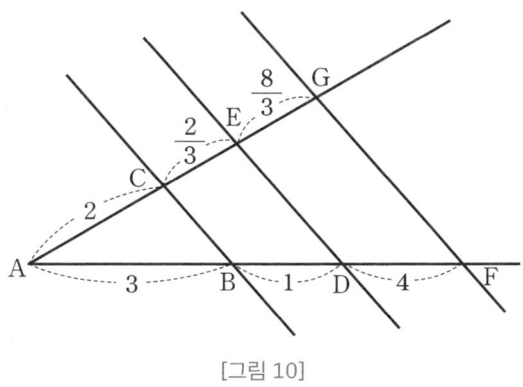

[그림 10]

기준량인 $\overline{AB}$의 길이 3의 역수인 $\frac{1}{3}$에 그때의 변화량 2를 곱하면 비율 $\frac{2}{3}$가 계산된다. $\overline{CE}$의 길이는 $\overline{BD}$의 길이 1에 비율 $\frac{2}{3}$를 곱한 $\frac{2}{3}$가 되고, $\overline{EG}$의 길이는 $\overline{DF}$의 길이 4에 비율 $\frac{2}{3}$를 곱한 $\frac{8}{3}$이 된다[26].

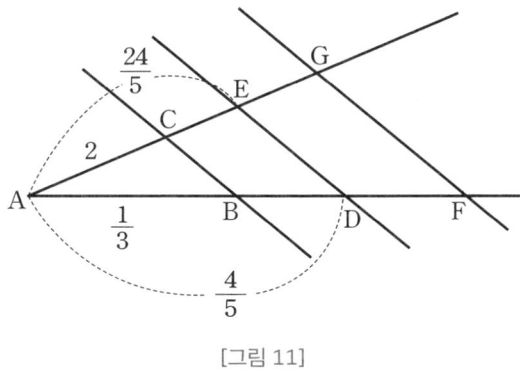

[그림 11]

[그림 11]에서와 같이 기준량이 분수인 경우에도 그 역수를 곱해주고 그때의 변화량을 곱해주면 비율이 계산된다. $\overline{AB}$ 길이 $\frac{1}{3}$의 역수인 3을 곱하고 그때의 변화량 2를 곱해주면 비율 6이 계산된다. $\overline{AD}$의 길이가 $\frac{4}{5}$라면 $\overline{AE}$의 길이는

---

26 선분 BD 길이 1은 $\overline{AB}$ 길이 3의 $\frac{1}{3}$이므로, $\overline{CE}$의 길이는 $\overline{AC}$ 길이 2의 $\frac{1}{3}$인 $\frac{2}{3}$가 된다. 기준량의 변화율을 가지고 비를 계산하는 방법도 같이 공부해야 한다. 즉, 같은 직선 위의 $\overline{AB}$의 길이 3이 선분 BD의 길이 1로 변하였다면 그 변화량은 $\frac{1}{3}$이므로, 선분 AC의 길이 2도 $\frac{1}{3}$로 줄어서 선분 CE 길이는 $\frac{2}{3}$가 된다.

$\frac{24}{5}$가 된다.

수를 가지고 비를 충분히 공부한 이후 다시 문자를 통하여 비를 일반화하는 공부가 필요하다.

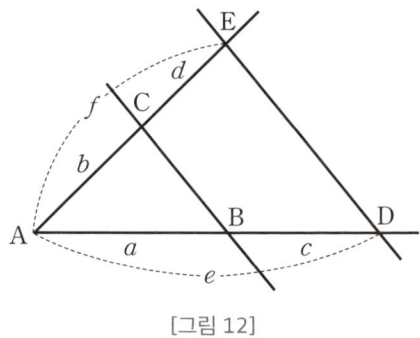

[그림 12]

[그림 12]에서 $a:b=c:d=e:f$이고, 이를 비율로 보면, $\frac{a}{b}=\frac{c}{d}=\frac{e}{f}$이다.

$\frac{a}{b}=\frac{c}{d}$에서 양변에 b를 곱하면, $a=\frac{c}{d}\times b$가 되고, 양변에 d를 곱하면 $c=\frac{a}{b}\times d$가 되는 것을 알 수 있다. $\frac{a}{b}=\frac{c}{d}$이므로, 등호 양쪽의 분모 분자를 같이 뒤집어 주면 $\frac{b}{a}=\frac{d}{c}$가 성립하고, 이 등호에 다시 양변에 a를 곱해주면 $b=\frac{d}{c}\times a$가 되고, c를 곱하면 $d=\frac{b}{a}\times c$가 되는 것을 알 수 있어, 비례 관계에서 어느 한 문자를 구해낼 수 있게 된다. 이것이 비의 핵심이며, 일차, 이차함수와 sin과 cos[27] 등 삼각함수를 배우는 기초가 되므로, 이 관계가 직관이 될 때까지 체화하여야 한다[28]. 삼각형의 닮음비에서 다시 한번 살펴보기로 한다.

---

27 sin은 빗변을 기준량으로 할 때 높이의 비율이고, cos은 빗변을 기준량으로 할 때 밑변의 비율이다. 그래서 삼각형의 면적은 끼인각의 sin의 값에 각을 끼고 있는 두 변을 곱해주면 밑변과 높이의 곱이 되어, 삼각형의 면적 공식인 $\frac{1}{2}\sin\theta ab$가 나오는 것이다.

28 그림만 보고도 a, b, c, d의 관계가 바로 떠올라야 직관이 되었다고 할 것이다. 연산공부 말고, 직관이 될 때까지 비와 길이의 관계에 대한 공부를 하여야 한다.

등호

모양이 다르지만 같은 것. 양팔저울

등호 "="는 왼쪽(좌변)과 오른쪽(우변)이 같다는 의미이고, 등식은 양팔저울이므로, 한쪽에 어떤 것을 더했다면 다른 쪽에도 똑같은 것을 더해 주어야 균형이 유지된다. 왼쪽 식과 오른쪽 식이 같을 때 등식 또는 등식이 성립한다고 한다. 유클리드 9개의 공리가 등호를 설명하고 있는 것이다[29].

(1) 유클리드 1 공리 : 어떤 둘이 다른 어떤 것과 같다면, 그 둘도 같다.

$1+4=5, 2+3=5, 7-2=5$

따라서, $1+4=2+3=7-2$[30]

(2) 유클리드 2 공리 : 서로 같은 것에 같은 것을 더하면, 그 결과도 서로 같다.

$X-2=3 \Rightarrow X-2+2=3+2 \Rightarrow X=5$

(3) 유클리드 3 공리 : 서로 같은 것에서 같은 것을 빼면, 그 결과도 서로 같다.

$X+2=3 \Rightarrow X+2-2=3-2 \Rightarrow X=1$

---

29 여기서는 자연수만 가지고 이야기하지만, 모든 실수(루트, 로그, 지수), 함수에 적용된다. 우리는 이러한 등호에 대한 전체적인 공부나 연습을 하지 않고 그때 그때 각 분야에서 툭툭 튀어나오는 것을 급히 공부하고 있었다. 무리수 항등, 복소수 항등, 양수에서 제곱(유리수, 무리수 포함)을 하거나 로그를 취하거나 모두 같다는 것은 등호의 성질에서 나온다.

30 데카르트의 『방법서설』에서 같은 예를 들고 있다.

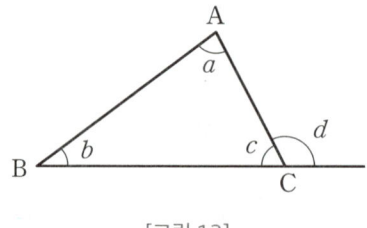

[그림 13]

[그림 13]에서 $a+b+c=180°$, $c+d=180°$ ⇨ $a+b+c=c+d$
⇨ $a+b+c-c=c+d-c$ ⇨ $a+b=d$[31]

(4) 유클리드 5 공리 : 동일한 것의 2배는 서로 같다.

유클리드 6 공리 : 동일한 것의 절반은 서로 같다.

위 유클리드 5, 6 공리를 좀 더 확장하면, **서로 같은 것에 (0이 아닌) 같은 것을 더하거나 빼거나 곱하거나 나누어도 서로 같다. 서로 같은 것의 제곱, 세제곱은 서로 같다.**[32] 이와 같은 등호의 성질은 당연한 개념이지만, 모양은 다르지만 같은 것들을 이해하는 데 기본이 되는 것이다.

$$ax=b ⇨ ax÷a=b÷a ⇨ x=\frac{b}{a}$$

$$\frac{x}{a}=b ⇨ \frac{x}{a}×a=b×a ⇨ x=ab[33]$$

$$\sqrt{x}=2 ⇨ (\sqrt{x})^2=2^2 ⇨ x=4$$

(5) 유클리드 7 공리 : 서로에 겹치는 것들은 서로 같다.

탈레스의 포갬의 정리. 원을 지름을 따라 반으로 접으면 서로 겹치게 된다. 또 이등변삼각형을 수직이등분선에 따라 접을 경우에도 서로 포개진다. 따

---

31 삼각형의 외각의 크기는 이웃하지 않는 두 내각의 합과 같다는 삼각형의 중요한 성질이 도출된다. 중등 수학에서 매우 중요한 개념이다.

32 더하기, 빼기, 곱하기, 나누기에 모두 성립하는 것이고, 수학의 기본이 되는 개념이다. 확장된 개념의 지수와 로그에서는 **서로 같은 것의 제곱, 세제곱은 서로 같고, 서로 같은 것에 밑이 같은 로그를 취해도 같다.** 추후 지수와 로그에서 자세히 살펴본다.

33 우리는 덧셈, 뺄셈, 곱셈, 나눗셈의 이항이라는 이상한 방식으로 당연한 등호의 성질을 왜곡하여 가르치고 있다.

라서 반원은 서로 같고, 이등변삼각형 안에서 둘로 나뉘는 두 직각삼각형 역시 서로 같다.[34]

(6) 유클리드 8 공리 : 전체는 부분보다 크다.

직관적으로 너무 당연하다.

$15 \div 7 = 2$(7 묶음 2)와 나머지 1.

15를 7로 묶으면 2 묶음과 나머지 1인데, 15가 부분인 14보다 1 크다.

$f(x)$를 $g(x)$로 묶으면 1이 남는다.

$f(x) = \square \times g(x) + 1 \Rightarrow f(x) - 1 = \square \times g(x)$[35]

(7) 유클리드 9 공리 : 두 직선은 구역을 둘러쌀 수 없다.

삼각형의 두 변의 합은 나머지 한 변보다 크다.

수학은 등호에 관한 유클리드 공리로부터 출발하여 연역적으로 증명해 나가는 것이다.

다음부터는 평행선과 동위각, 엇각을 살펴본다.

---

[34] 당연한 것 같지만, 많이 연습해야 몸에 체화될 수 있다. 이등변삼각형을 보면 바로 반으로 접으면 포개진다는 것이 떠 올라야 한다.

[35] 나머지 정리, 인수정리

11
평행선, 동위각, 엇각, 삼각형 내각의 합

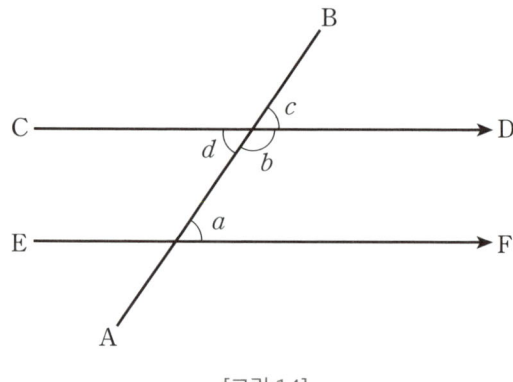

[그림 14]

[그림 14]와 같이 평행선이 있다. 유클리드는 정의 23.에서 "평행선이란 동일한 평면에 있는 직선으로 양쪽으로 아무리 길게 늘여도 양쪽 어디서도 만나지 않는 직선"이라고 정의하였다. 다시, 공준 5.에서 "한 직선(AB)이 두 개의 직선(CD, EF)과 교차할 때, 어느 한쪽의 두 내각의 합($a+b$)이 두 개의 직각(180°)보다 작다면, 두 직선을 끝없이 연장했을 때, 두 직선은 내각의 합이 180°보다 작은 쪽에서 교차한다"라고 정의함으로써, 두 번에 걸쳐 평행선을 규정하고 있다. 이는 평행선이 유클리드 원론을 시작하는 출발점이기 때문이다. 위 공준 5.를 다시 이해하면 "어느 한쪽의 두 내각의 합이 180°라면, 두 직선은 평행하여 어디서도 만나지 않는다"로 정의할 수 있다. 이는 따로 증명하지 않아도 직관으로 이해되는 것이다.

동위각

동위각은 두 직선이 다른 한 직선과 만날 때, 각 직선의 같은 쪽에서 이루는 각 (a, c)이고, 한 쌍의 동위각의 크기가 같다면 두 직선은 평행이다. 굳이 증명하자면, $b+c=180°$이고, $a+b=180°$[36]이므로, $a=c$이다. 반대로 보면, 평행한 두 직선이 한 직선과 만날 때 이루는 동위각은 서로 같다.

맞꼭지각

맞꼭지각은 두 직선이 만날 때 마주 보는 각으로 맞꼭지각은 항상 서로 같다. $c+b=b+d$이므로, $c=d$이다.

엇각

엇각은 두 직선이 다른 한 직선과 만날 때, 각 직선의 다른 쪽에서 이루는 각 (a, d)이고, 평행선에서는 엇각은 항상 같다. 한 쌍의 엇각의 크기가 같다면 두 직선은 평행이다. a와 c는 동위각으로 같고, c와 d는 맞꼭지각으로 같으므로, a와 d는 같다.

36 유클리드 공준 5

삼각형 내각의 합

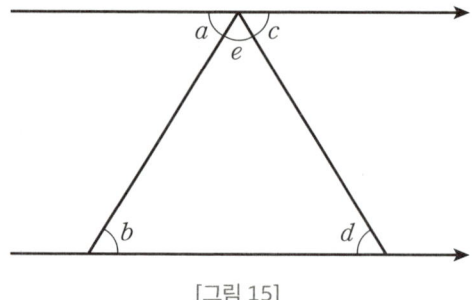

[그림 15]

[그림 15]에서 두 직선이 평행하다면, a와 b는 엇각으로 같고, c와 d 역시 엇각으로 서로 같다. $a+c+e$는 직선을 이루어 180°이므로, $b+d+e$ 역시 180°이고, 삼각형의 내각의 합은 180°이다.

$$\angle b = \angle a (\text{엇각}),$$
$$\angle d = \angle c (\text{엇각})$$
$$\Rightarrow \angle b + \angle e + \angle d = \angle a + e + c = 180° (\text{평각이 되므로 } 180°)$$

12
이등변삼각형

이등변삼각형 작도

선분의 수직이등분선과 선분의 끝점을 연결하면 무수히 많은 이등변삼각형을 작도할 수 있다. 선분의 양 끝점에서 같은 길이의 원을 2개 그려서 만나는 두 점을 연결하면 선분의 수직이등분선이 된다[그림 16].[37]

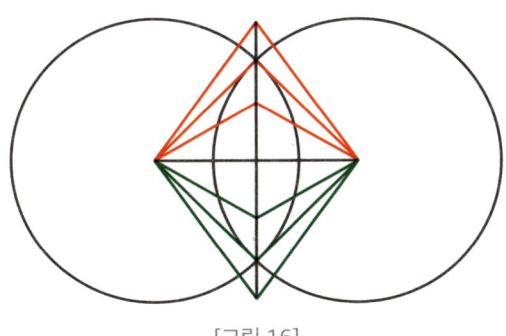

[그림 16]

이렇게 작도된 이등변삼각형은 수직이등분선을 중심으로 접으면 정확히 포개지므로, 양 밑각이 같고, 양변이 같은 특징을 갖는다. 이와 같은 이등변삼각형의 특징은 원을 공부하면서 매우 중요하게 작용한다. 급하지 않게 천천히 수직이등

---

[37] 유클리드는 선분의 길이를 반지름으로 하는 2개의 원을 그려 정삼각형을 작도하는 것으로 원론을 시작한다. 정삼각형은 이등변삼각형 일부이다.

분선과 이등변삼각형을 가지고 놀아야 한다. 수직이등분선을 정확히 이해하면 삼각형의 외심 부분은 공부할 것이 없다.

각의 이등분선의 한 점에서 두 직선에 같은 각도로 선을 내릴 때 이루어지는 2개의 삼각형은 모두 합동이다.

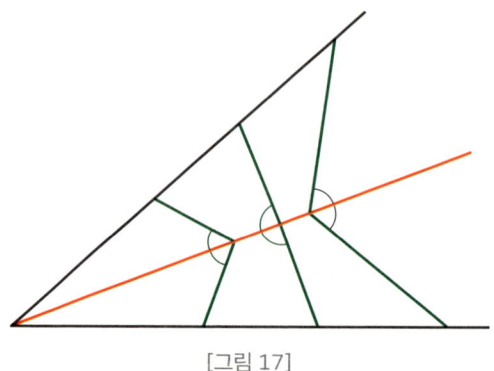

[그림 17]

각의 이등분선의 특징도 충분히 연습하여 체화시켜야 한다. 각의 이등분선은 원과 접선에서도 나오는 개념인데 각의 이등분선을 완벽히 이해하고 있으면 원과 접선의 문제는 저절로 이해된다. 각의 이등분선을 정확히 이해하고 있으면 삼각형의 내심 부분은 공부할 것이 없다.

13
삼각형의 닮음

삼각형에서 각의 크기가 커지면 변의 크기도 커진다. 삼각형은 세 변과 세 각이 있는데, 삼각형을 결정하는 조건이 무엇인지 실제로 여러 가지로 체험하고 놀아 보아야 삼각형의 합동조건과 닮음조건을 외우지 않고 몸에 새길 수 있다. 굳이 외우려면 삼각형의 결정조건을 외워야 하는데, 천천히 생각하고 충분히 많이 해보면 저절로 알게 된다.

삼각형의 결정조건은 3가지인데,
　① 세 변의 길이가 주어지면 삼각형은 유일하게 결정된다.
　② 두 변의 길이가 주어지고 그 끼인각이 주어지면 삼각형은 유일하게 결정된다.
　③ 한 변의 길이가 주어지고 그 양끝각이 주어지면 삼각형은 유일하게 결정된다.

삼각형의 합동조건은
　① 세 변의 길이가 같을 때,
　② 두 변의 길이가 같고 그 끼인각이 같을 때,
　③ 한 변의 길이가 같고 그 양 끝 각이 같을 때이고,

삼각형의 닮음조건은

    ① 세 변의 길이 비가 같을 때,

    ② 두 변의 길이 비가 같고, 그 끼인각이 같을 때,

    ③ 두 각이 같을 때이다.

두 각만 같으면 삼각형이 닮았다는 부분이 가장 중요하다[38]. 삼각형의 닮음에서 길이와 무관하게 각 2개만 같으면 삼각형은 닮았다. 각 2개가 같다는 것은 각 3개가 같다는 것과 동치이다. 삼각형의 결정조건을 충분히 공부하면 합동조건이나 닮음조건은 자연스럽게 이해하게 된다.

---

[38] 가장 적은 정보로 두 삼각형의 닮음을 확인할 수 있어, 대부분의 수학문제는 두 각의 닮음, 즉 AA 닮음을 주제로 출제된다.

14
삼각형의 닮음비

모든 도형 문제는 삼각형의 닮음비에서 시작해서 닮음비로 끝난다[39].

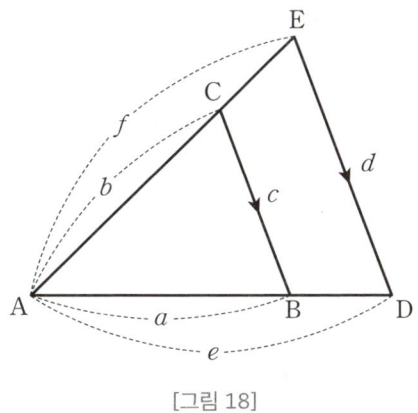

[그림 18]

[그림 18]에서 △ABC와 △ADE는 닮은 삼각형이다. 각 A는 공유하는 각으로 같고, 각 C와 각 E가 동위각으로 같으므로, AA 닮음이다. 이때 $a:b=e:f$ 이고, $a:c=e:d$이고, $a:e=b:f=c:d$이다.

---

39 직선의 기울기, 접선의 기울기 등에서도 삼각형의 닮음비로 해결할 수 있는 문제들이 많다. 닮음비는 각을 관찰하는 것에서 시작한다. 이러한 기하적 특징을 체화하지 못한 채, 대수적인 방법으로만 어렵게 문제를 푸는 경우가 너무 많다. 대수적인 방법으로 문제를 푸는 경우 계산 실수가 자주 발생하는 것은 물론이고 하지 않아도 될 계산을 하느라 시간이 많이 소요된다.

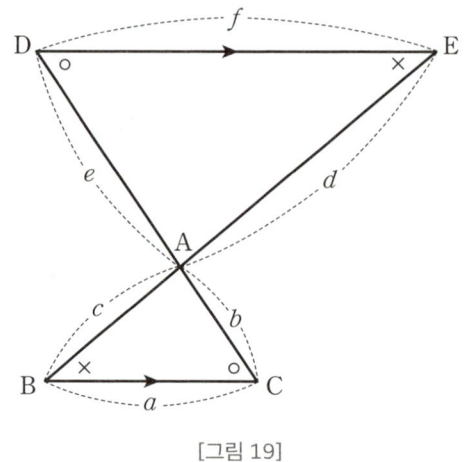

[그림 19]

[그림 19]에서 △ABC와 △AED는 닮은 삼각형이다. 맞꼭지각 A를 공유하고 있고, 각 C와 각 D, 각 B와 각 E가 엇각으로 같으므로, AA 닮음이다. [그림 18]과는 달리 삼각형이 뒤집힌 채 닮았으므로, 서로 같은 각을 바라보는 변을 기준으로 닮음비를 생각해야 한다. 이때 $a:b=f:e$ 이고, $a:c=f:d$ 이고, $a:f=b:e=c:d$ 이다. 평행선이 나오면 삼각형의 닮음을 생각할 수 있어야 하고, 그 닮음비도 곧바로 떠올라야 한다. 삼각형의 닮음비는 원에서도, 함수에서도 계속 숨어 있으므로 바로 찾을 수 있도록 노력하여야 한다.

15
원

 원은 중심에서 같은 거리에 있는 점들의 집합을 말한다. 유클리드 원론은 정의 15.에서 "원은 둘레라고 부르는 한 선으로 둘러싸인 평면도형으로, 그 도형의 내부에 놓인 점들 중 한 점(원의 중심)으로부터 원둘레(원주)까지 뻗은 모든 직선들은 서로 같다"라고 규정하고 있다. 원은 한 점에서 같은 거리에 있는 점들의 집합, 자취인데, 여러 가지 재미있는 특질을 가지고 있다. 원에서는 호[40]가 가장 중요한데, 호의 양 끝에서 원주의 한 점에 직선을 그으면 생기는 각(원주각)이 모두 같다는 중요한 성질이 있다. 호의 양끝에서 레이저를 쏘아 원주의 한 점에 모으면 그 한 점이 어디로 가든지 원주 위에 있는 한 그 원주각은 모두 같다. 원주각이 모두 같다는 성질은 중심각과의 관계에서 이등변삼각형[41]과 삼각형 외각의 크기에서 파생되어 증명하는데, 중심각이 원주각의 2배라는 증명은 교과서에도 있으므로 생략한다. 원을 공부하는 아이들은 그 증명을 자다가 깨서라도 곧바로 할 수 있게 해야 한다. 그 증명을 공부하면서 원과 이등변삼각형의 관계, 삼각형 외각의 성질을 몸에 새길 수 있기 때문이다.

 호의 양 끝에서 원주 위의 점 어디라도 두 개의 직선을 그어 원주각을 만들 수

---

[40] 원둘레 중 일정한 부분
[41] 원의 중심과 현이나, 호의 끝점을 연결하면 항상 이등변삼각형이 나오고, 원에 관한 대부분의 문제는 원주각과 이등변삼각형에 관한 것이다.

있고, 그 원주각은 중심각의 절반이 된다. 반원의 호에서 원주각을 만들면 그 원주각은 항상 직각이 된다.

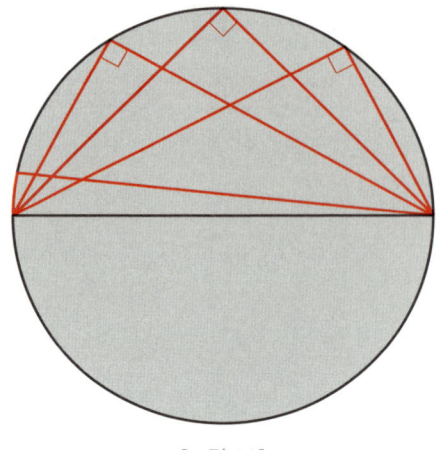

[그림 20]

중심각이 180°이기 때문이다. 직각삼각형과 원이 여기서 만난다. 직각삼각형의 빗변은 항상 원의 지름이 되고, 빗변의 중점은 원의 중심이 된다[42].

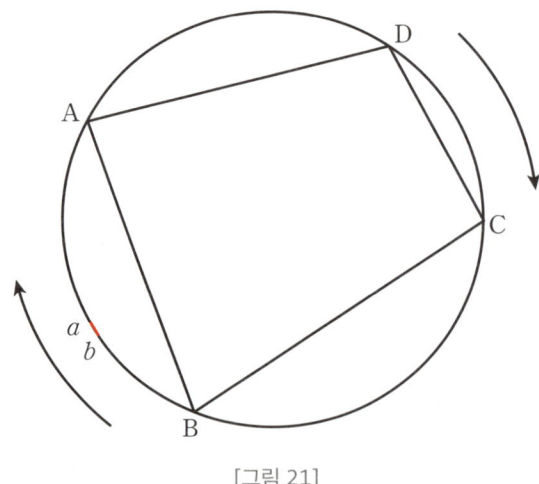

[그림 21]

원의 호를 점점 크게 하여 [그림 21]처럼 호의 끝점이 거의 근접하게 해보면, 전체 원의 중심각이 360°이고, 원주각은 그 절반인 180°(직선)가 된다는 것을 직

---

[42] 수능이나, 모의고사, 학교 시험에서 빠지지 않고 나오는 주제이다. 직각삼각형을 보면 언제나 원이, 원의 지름이 생각나야 한다.

관적으로 알 수 있다. 호의 끝점인 a, b에서 원주의 한점(빨간 부분)에 직선을 그으면 a, b가 근접해 있다면 거의 직선으로 그을 수밖에 없다. 결국 원주각은 중심각의 절반이라는 증명이 끝난다. 원 전체의 원주각이 180°이므로, 원에 내접하는 사각형의 대내각의 합은 당연히 180°이다. 원에 내접하는 사각형의 마주 보는 두 각 중 A는 호 BD(오른쪽으로)의 원주각이고, C는 호 DB(왼쪽으로)의 원주각이고, 호 BD와 호 DB를 합하면 원 전체의 원주이다. 따라서, 각 A와 각 C의 합은 180°이고, 각 B와 각 D의 합 역시 180°이다.

원의 현은 원주의 어느 점에서 다른 점까지 이은 직선이다. 현의 양 끝점과 원의 중심을 연결하면 반지름을 등변으로 하는 이등변삼각형이 만들어진다. 이등변삼각형을 반으로 쪼개면 합동이므로, 원의 중심에서 현에 수직을 그으면 항상 현을 수직이등분하게 된다.

원을 지나는 두 직선에 의하여 만들어지는 두 삼각형은 항상 닮음이다.

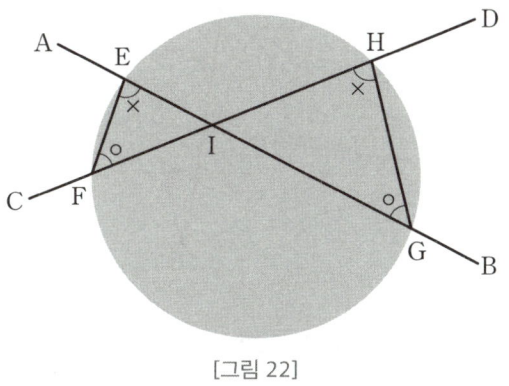

[그림 22]

[그림 22]에서 ×로 표시된 각은 호 FG의 원주각으로 서로 같고, ○로 표시된 각은 호 EH의 원주각으로 서로 같으므로, △EFI와 △HGI는 닮음이다. 14. 삼각형의 닮음비가 체화되어 있다면 각 선분의 길이비는 외울 일이 아니라 그대로 떠올라야 한다. 삼각형의 닮음비를 완벽하게 체화해야 하는 이유다. 여기서는 따로 각 선분의 길이비를 설명하지 않는다.

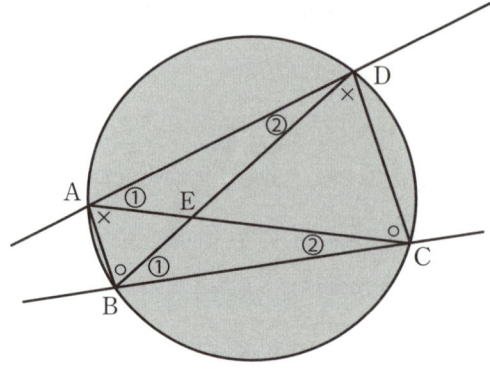

[그림 23]

[그림 23]과 같이 두 직선이 원 내부에서 교차하지 않아도 삼각형의 닮음이 성립한다. △ABE와 △CDE는 각 ×, ○가 같으므로, △ADE와 △BCE는 각 ①, ②가 같으므로 모두 닮았고, 닮음비를 이용하면 각 선분들의 길이를 알 수 있다.

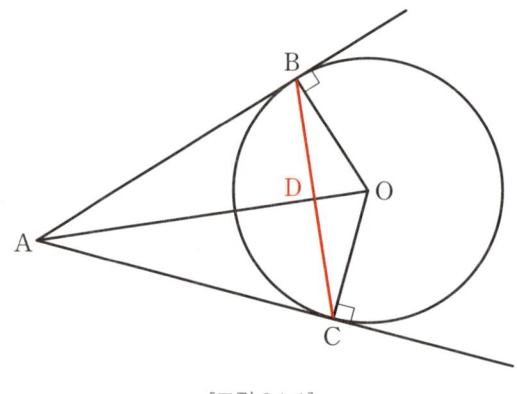

[그림 24-1]

① [그림 24-1]과 같이 한 점에서 원과 접하는 두 직선의 관계는 두 변의 길이가 같고 한 각이 직각으로 같으므로 두 △ABO, △ACO는 합동이다. ② 12. 이등변삼각형에서 각의 이등분선의 성질에서 본 바와 같이 두 직선의 내부에 있는 한 점에서 두 직선에 같은 각도로 선을 그었을 때 두 선분의 길이가 같으면 그 점은 각의 이등분선에 있는 점이므로, 선분 AO는 각 A의 이등분선이고, 두 △ABO, △ACO는 합동이다. ③ △OBD와 △OCD는 합동인 이등변삼각형이므로 두 △ABO, △ACO는 합동이다. ④ 피타고라스 정리를 이용해도 두

△ABO, △ACO가 합동이라는 점을 증명할 수 있다. 이와 같이 여러 가지 방법으로 원과 접선과의 관계를 파악해야 한다. 단순히 원 밖의 한 점에서 원에 그은 두 접선의 길이가 같다고만 외워서는 삼각형의 내심[43]과 이등변삼각형, 각의 이등분선의 성질을 섞어 놓은 어려운 문제들이 나왔을 때 해결하지 못한다.

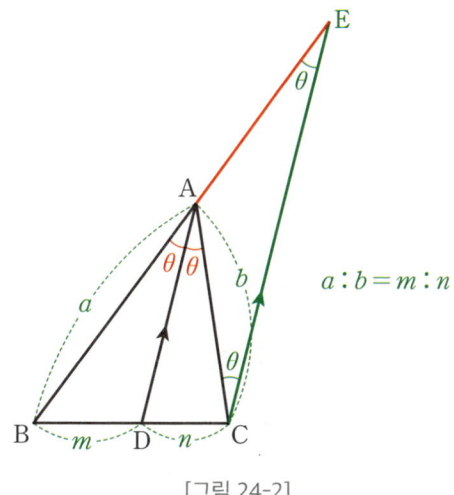

[그림 24-2]

[그림 24-2]와 같이 △ABC에서 각 A를 이등분하는 선이 $\overline{AD}$일 때 $\overline{BD}$와 $\overline{DC}$의 길이비는 어떻게 될까? 이등변삼각형과 평행선을 이용하여 관계를 알아보자. 우선 $\overline{AB}$를 계속 늘린 후, 점 C에서 $\overline{AD}$와 평행하게 그은 선과 $\overline{AB}$ 늘린 선과 만나는 점을 E라고 하자.

각 ACE는 각 DAC와 엇각으로 같고, 각 AEC는 각 DAC와 동위각으로 같아서, △ACE는 이등변삼각형이 된다. △ABD와 △EBC는 닮은 삼각형이고, $\overline{AB}:\overline{AE}=\overline{BD}:\overline{DC}$이고, $\overline{AE}$는 $\overline{AC}$이므로, $\overline{AB}:\overline{AC}=\overline{BD}:\overline{DC}$이다. 각의 이등분선의 성질과 관련하여 원의 접선과 함께 가장 많이 출제되는 부분이다.

---

[43] 삼각형의 내심은 원의 접선들이 이루는 삼각형에 관한 것으로 원과 접선과의 관계를 충분히 체화하면 저절로 이해된다.

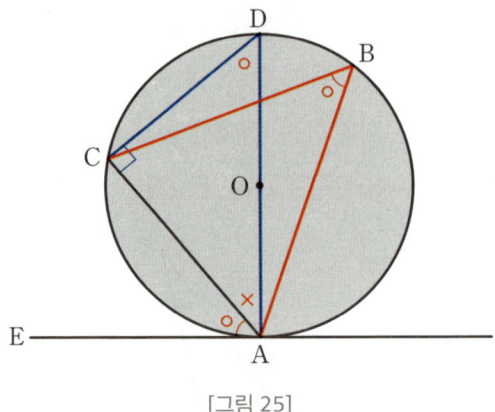

[그림 25]

[그림 25]에서 세 각 ○는 같다. 각 B와 각 D는 호 AC의 원주각이므로 같다. 그런데, 각 ACD는 지름의 원주각[44]이므로 90°이고, 각 EAD는 원의 접선과 중심을 이은 각이므로 90°이다. 결국 모든 각 ○는 같다. 각 ○+각 ×=90°이다.

---

[44] 지름의 원주각이 90°인 것은 앞에서 보았다.

16
직각삼각형, 피타고라스 정리

모든 "직각삼각형의 빗변의 제곱은 다른 두 변의 제곱의 합과 같다"는 피타고라스의 정리는 수학의 기본 출발점이다.

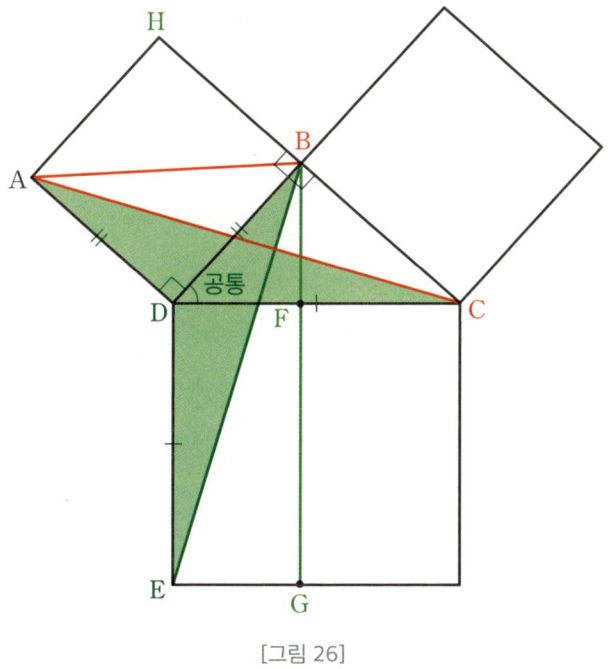

[그림 26]

[그림 26]은 유클리드의 피타고라스 정리 증명법인데, 이 외에도 수없이 많은 피타고라스 증명법이 있다. △ABD와 △ADC는 등적변형에 따라 면적이 같

다⁴⁵. 다시 △ADC와 △DEB는 합동으로 면적이 같다⁴⁶. 이제 B에서 수선을 내려 선분 DC와 만나는 점 F와 선분 DE가 이루는 △DEF의 면적이 △DEB의 면적과 같다는 점을 확인하면 정사각형 ADBH와 직사각형 DEGF의 면적이 같다는 것을 알 수 있고, 나머지 반쪽도 동일한 증명을 거쳐 빗변 $\overline{DC}$의 제곱은 두 변 $\overline{AD}$, $\overline{BC}$의 제곱의 합과 같다는 증명이 끝난다. 복잡한 듯하지만, 등적변형과 삼각형의 합동만 체화되어 있다면 어려운 증명은 아니고, 이러한 증명법을 숙달되게 익혀 놓아야 어떤 문제가 나오든 즉시 해결할 수 있다. 데카르트의 해석기하학에서는 기울기가 가장 중요하고, 그 기울기는 항상 피타고라스 정리를 필요로 한다.

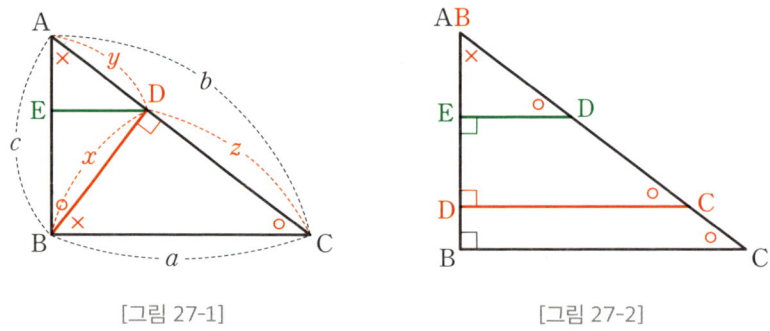

[그림 27-1]　　　　　　　　[그림 27-2]

직각삼각형은 직각인 점에서 대변에 수선을 내리면 모두 닮았다. 무한히 반복해도 계속 닮았다. [그림 27-1]에서 각 ○와 각 ×는 모두 같다⁴⁷. 따라서 [그림 27-1], [그림 27-2]의 모든 삼각형은 닮았다. [그림 27-1]에서 △ABC의 면적은 변 a를 밑변으로 하면 $\frac{1}{2}ac$이고, 변 b를 밑변으로 하면 $\frac{1}{2}bx$이므로, $ac=bx$이고, $x=\frac{ac}{b}$이다. 다시 선분 AD의 길이 y는 $a:x=c:y$이므로,

---

45　선분 AD와 선분 BC가 평행하므로 높이가 BD로 같고, 밑변은 AD로 같다.

46　각 BCD를 공통으로 하면서 직각이 더해져 있어 두 삼각형의 끼인각이 같고, 두 변의 길이가 정사각형의 각 변으로 같아서 합동이다. 이 두 삼각형이 합동이라는 것을 쉽게 떠올리지 못하면 삼각형의 합동에 대하여 좀 더 공부하여야 한다.

47　○와 ×를 더하면 모두 90°이다.

$y=\dfrac{cx}{a}=\dfrac{c^2}{b}$가 된다. 선분 DC의 길이 z는 같은 방법으로 구하면 $z=\dfrac{a^2}{b}$이 된다[48]. 같은 방법으로 선분 ED의 길이도 구할 수 있고, 계속하여 닮음비를 이용하여 작은 삼각형의 길이를 구할 수 있게 된다. $c^2=b\times y$이고, $a^2=b\times z$인데, 이것이 그 유명한 소자 공식이다.

우리는 비스듬한 거리는 직접 구할 수 없고, 항상 수직과 수평으로 된 거리와 피타고라스 정리를 이용하여 비스듬한 거리를 구할 수밖에 없다. 우주의 항성 간의 거리, GPS의 거리 등의 측정도 모두 수평과 수직을 이용하여 구한다. 수학에서도 마찬가지로 비스듬한 직선은 항상 수평과 수직으로 나누어 살펴보아야 한다.

---

48 $y+z=b$인데, $\dfrac{c^2}{b}+\dfrac{a^2}{b}=b$이므로, 피타고라스의 정리가 증명된다.

17
삼각형의 무게중심, 외심, 내심

무게중심

삼각형의 꼭짓점에서 대변의 중점을 연결한 선은 삼각형의 면적을 이등분하게 된다[49]. 삼각형의 무게중심은 세 꼭짓점에서 대변의 중점을 향해 선분을 그으면 만나는 지점이다.

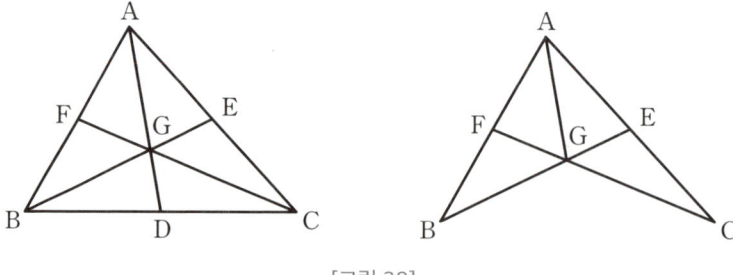

[그림 28]

[그림 28]에서 6개의 분할된 삼각형의 면적은 같다. 그리고 무게중심은 중선을 2 : 1로 내분한다. 이러한 정리를 하나하나 증명할 수 있어야 한다. 단순히 공식으로만 외워서는 중학교 문제는 풀 수 있지만, 고등수학 문제는 풀지 못한다. 그 원리를 알고 있어야 고등수학에서도 문제를 풀 수 있는 것이다. [그림 28]에서 A에서 선분 BC의 중점 D를 향해 그은 선분은 △ABC의 면적을 이등분한다.

---

49 높이가 같고 밑변의 길이가 같은 삼각형 2개가 생긴다.

다른 중선들도 삼각형의 면적을 이등분한다. 6등분 된 삼각형 중 △BDG와 △CDG는 면적이 같다. △ABG와 △ACG 역시 면적이 같다[50]. △AFG와 △BFG의 면적은 같고, △AEG와 △CEG의 면적은 같으므로, 네 개의 삼각형은 모두 면적이 같고, 결국 6개의 삼각형은 모두 면적이 같다. △ABG의 면적은 △BDG 면적의 2배이고, 두 삼각형의 밑변은 선분 AD이고 높이가 같으므로, 결국 선분 AG의 길이는 선분 DG 길이의 2배가 된다.

외심

원의 현을 수직이등분 하면 원의 중심을 지난다는 것은 15. 원에서 확인했다. 세 점이 일직선상에 있지 않을 경우 항상 삼각형을 이루고, 모든 삼각형의 세 변의 수직이등분선은 한곳에서 만나는데, 이 점이 삼각형의 외심이고, 각 변은 세 점을 지나는 원의 현이 된다. 그런데, 학교에서는 변의 수직이등분선에 대해서는 별다른 설명도 하지 않고, 삼각형의 외심을 가르치니 우리 아이들이 어려워한다. (각의 이등분선의 중요성을 가르치지 않고 공부하는 삼각형의 내심 역시 마찬가지이다.)

내심

내심은 원의 접선과의 관계에서 이루어진다는 점은 살펴보았고, 원의 접선은 필연적으로 합동관계인 삼각형을 만들어 각을 이등분한다는 것도 확인했다. 결국 내심은 삼각형의 각의 이등분선이 만나는 곳이자, 삼각형의 내접원은 원과 접선들과의 관계로 파악할 수 있다.

---

50 같은 면적의 △BDG와 △CDG를 뺐기 때문이다.

삼각형의 외심　　　　삼각형의 내심

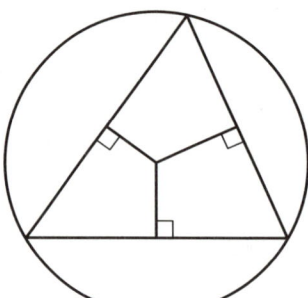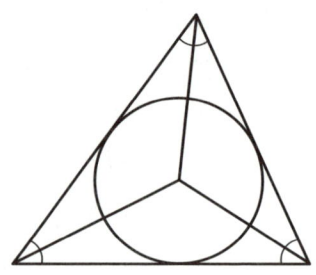

[참고용]

18
좌표평면

데카르트는 x, y축이 직각으로 교차하는 2차원 직교좌표계와 x, y, z축이 직각으로 교차하는 3차원 직교좌표계를 고안해 내었다. 고등수학에서는 2차원 직교좌표계를 좌표평면으로 부르고, 3차원 직교좌표계를 좌표공간으로 부른다. 좌표평면을 이해하면 좌표공간도 쉽게 이해되므로, 좌표평면에 대해서만 알아보자. 좌표평면은 집합이나 함수, 다항식, 행렬, 벡터의 정보들을 한 공간에서 표현할 수 있다는 점에서 중요한 의미가 있다. 좌표평면은 집합과 함수, 다항식이 사실은 하나라는 것을 눈으로 한 번에 이해하게 해주어 데카르트의 해석기하학의 세계로 나아가게 되는 공간이 된다.

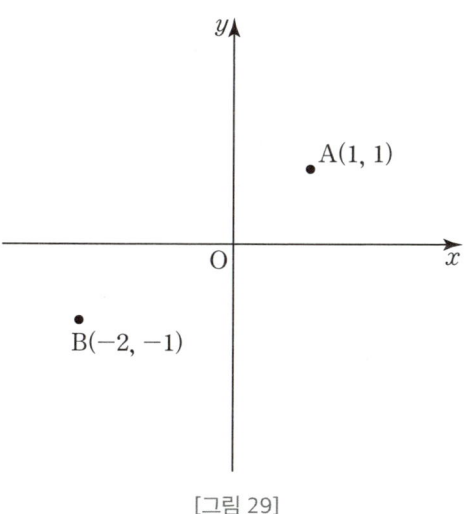

[그림 29]

[그림 29]는 좌표평면이다. 수없이 많이 보아 온 것이다. 원점 O로부터 수평하게 무한히 많은 x들이 있고, 수직으로 또 무한히 많은 y들이 있다. 좌표평면의 한 점은 그 이름을 부여한 후 (   )속에 x의 성분을 먼저 적고, y의 성분을 적어 주면 된다. A(1, 1), B(−2, −1) 이런 식으로 점들을 정의할 수 있고, x, y 공간 속에서의 위치도 알 수 있게 해 준다. 원점으로부터 A점까지의 거리, A점과 B점의 거리도 피타고라스 정리를 이용하여 쉽게 알 수 있다. 원점으로부터 A점까지의 거리는 밑변, 높이가 1인 직각삼각형의 빗변의 길이는 $\sqrt{2}$이고, A점과 B점의 거리는 밑변이 3이고, 높이가 2인 직각삼각형의 빗변의 길이인 $\sqrt{13}$이라는 것을 알 수 있다. 좌표평면과 피타고라스의 만남이 시작되었다.

좌표평면은 함수와 다항식이 함께 하는 공간이다. 함수는 x, y의 관계식이고, x, y 순서쌍의 집합이다. 함수는 어떤 원소 x에 대하여 그에 대응하는 원소 y가 유일하게 존재하면 성립한다. 좌표평면상의 x축은 함수의 정의역이 되고, y축은 함수의 공역이 되고, 공역 중에서 y값이 존재하는 범위가 치역이 된다. 점 A(1, 1)는 $y=x$의 관계가 있고, $y=2x-1$ 관계가 될 수도 있으며, $y=x^2$, $y=x^3$ 등등의 관계가 성립할 수도 있는 점이다. 함수는 조건등식과 동치이고, 조건등식은 다항식과 동치이다. 함수와 조건등식과 다항식을 함께 공부해야 하는 이유이다.

19

일차함수, 일차 조건등식

함수는 어떤 원소 x에 대응하는 y의 관계식인데, 가장 기본인 함수는 x와 y가 같은 $y=x$인 함수이다. $y=x$인 함수는 x에 1을 넣으면 y도 1이고, x에 2를 넣으면 y도 2가 되는 함수이다. 이를 좌표평면상에서 확인해 보자.

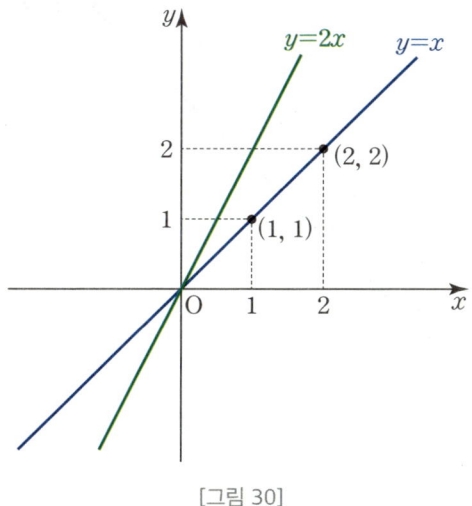

[그림 30]

[그림 30]에서 (1, 1)인 점과 (2, 2)인 점을 연결하면, 원점을 지나면서 45° 각도를 가진 직선이 그려진다. 이것이 바로 함수와 모든 다항식의 기본인 일차함수 $y=x$의 그래프다. 이번에는 $y=2x$의 함수를 살펴보면 x에 1을 넣으면 y는 2가 되고, x에 2를 넣으면 y는 4가 되어 두 점을 이으면 $y=x$ 직선보다 가파른

직선이 된다. $y=x$의 그래프에서 x의 변화량 분의 y의 변화량을 기울기라고 하는데, x가 1 변하면 y도 1 변하므로, $y=x$ 함수의 기울기는 1이 되고, $y=2x$의 그래프에서는 x가 1 변하면 y는 2 변하므로, $y=2x$ 함수의 기울기는 2가 된다. $y=-x$의 그래프는 $y=x$의 그래프를 y축을 중심으로 회전시키면 된다.

함수 중에는 x에 어떤 수를 넣어도 같은 수만 나오는 상수함수도 있다. x에 1을 넣건, 2를 넣건 1만 나오는 함수는 $y=1$이라는 상수함수가 되고, 이와 같은 상수함수는 x가 아무리 변해도 y는 변하지 않으므로, 기울기는 0이 된다.

$y=x$ 함수에서 1을 빼는 새로운 함수를 만들어 보면, $y=x-1$이라는 함수가 된다. $y=x-1$ 함수는 x에 1을 넣으면 y는 0이 되고, x에 2를 넣으면 y는 1이 되는데,

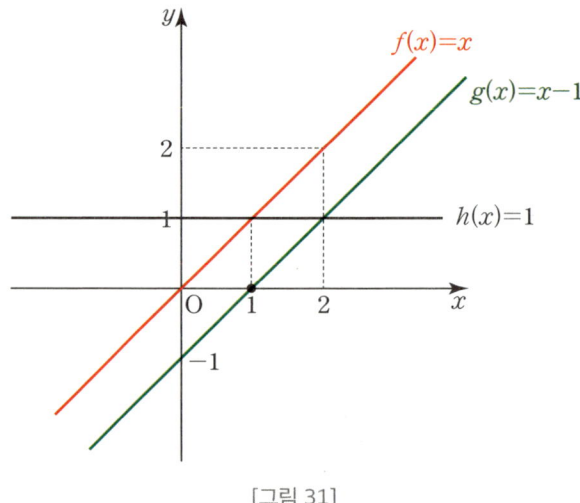

[그림 31]

[그림 31]에서와 같이 $y=x$의 그래프를 x축으로 1만큼 오른쪽으로 옮긴 모습, 또는 y축으로 1만큼 아래로 내린 모습이 된다. 이번에는 $y=x$의 그래프에서 x축을 1만큼 올려보자[51]($y=1$의 그래프를 $y=0$으로 보면 된다). 어떤가? x축을 1만큼 올렸더니, $y=x$의 그래프가 $y=x-1$의 그래프가 되고, $y=x-1$의 그

---

51   좌표축은 우리가 임의로 만든 것이므로 당연히 옮길 수 있다. 그래프를 옮길 수 있는 것처럼.

래프가 $y=x-2$의 그래프가 되었다. 새로운 함수도 원함수인 $y=x$와 같이 기울기는 1이 되어 서로 평행한 직선이 된다. 그런데, 함수를 $y=x$, $y=x-1$로 표기하니, 함수끼리 구분이 되지 않는다. 그래서, $f(x)$[52]$=x$, $g(x)=x-1$로 이름을 달리하여 표기하니 쉽게 구분이 되고, 함숫값도 $f(2)=2$, $g(2)=1$로 한눈에 알아볼 수 있는 표기법이 만들어진다. 물론 $a(x)=x$로 정해도 무방하다. 좌표평면은 나만의 가상 세계이므로, 내 맘대로 함수 이름도 짓고, 좌표축도 만들고 옮길 수 있다. 좌표평면을 a, b 직교좌표계로 설정하면 함수는 a와 b의 관계식이 된다. [그림 31]에서 $h(x)=1$이라고 하고, $f(x)$에서 $h(x)$를 빼면[53], $f(x)-h(x)=x-1$의 새로운 함수 $g(x)=f(x)-h(x)=x-1$이 만들어진다.

이제, $f(x)=x$에 -1을 곱해 보자. 새로운 함수 $i(x)=-x$가 되고, $i(x)$는 $f(x)$의 x축 대칭이 되고, y축 대칭도 된다. $i(x)=-x$로 보면, $f(x)$의 y 대칭이 되고, $-i(x)=x$로 보면 $f(x)$의 x축 대칭이 된다. 즉, $f(x)=i(-x)$이면 y축 대칭이, $f(x)=-i(x)$이면 x축 대칭이 된다.

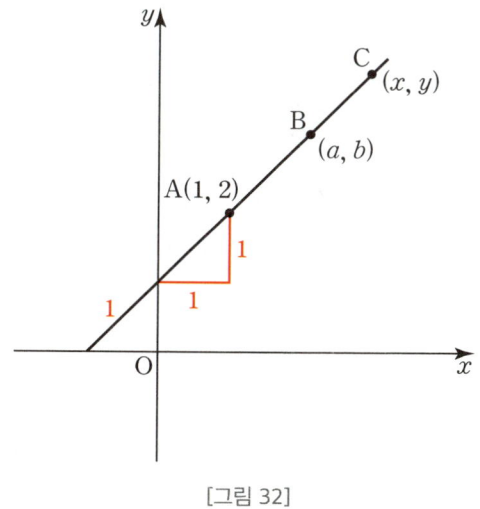

[그림 32]

---

52 그냥 에프엑스로 읽으면 개념이 살아나지 않으므로, x와 y의 함수 에프로 읽는 것이 좋겠다.
53 함수끼리는 빼거나 더할 수도 있고, 곱하거나 나눌 수도 있는 등 모든 사칙연산이 가능하다.

점 A(1, 2)를 지나고 기울기가 1인 함수는 어떻게 구할 수 있을까? [그림 32]에서 (1, 2)인 점 A에서 아래로 1, 왼쪽으로 1 가면 (0, 1)인 점이 나오고 기울기가 1이므로, $y=x+1$의 함수로 구해진다.[54] 다시 점 B(a, b)에서 기울기가 m인 직선은, 점 B를 지나고 기울기가 m인 직선 위에 있는 어떤 점 (x, y)를 잡은 다음, x의 변화량 (x-a)분의 y의 변화량 (y-b)가 m이라 놓으면 직선의 식이 정해진다. 즉, $m=\frac{\triangle y}{\triangle x}=\frac{(y-b)}{(x-a)}$이므로, 직선의 식은 $y-b=m(x-a)$로 구해진다.[55]

$x+1=2x-2$라는 일차 조건등식의 해를 구하라는 문제가 있을 때, 좌표평면 상에서 해석하기로는 $f(x)=x+1$이라는 함수의 그래프와 $g(x)=2x-2$라는 함수의 그래프가 만나는 점[56]을 찾으면 된다.[57]

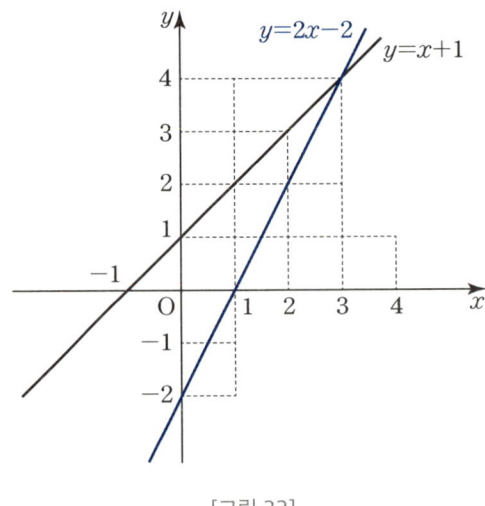

[그림 33]

---

54 기울기가 1인 직선의 기본은 $y=x$인데, x에 1을 넣었는데 y가 2가 되려면 $y=x$에서 1을 더해 준 $y=x+1$로 구할 수도 있다.

55 교과서는 그냥 공식으로 던져주고 외우라고 한다. 기울기의 기본 정의만 가지고 직선의 식을 구할 수 있는데도, 그런 생각도 하지 말라고 한다.

56 $f(x)=g(x)$인 점 또는 $f(x)-g(x)=0$인 점

57 일차함수와 이차함수, 삼차함수 등 모든 함수에서 해를 찾으라는 것은 그래프가 만나는 점, 두 함수를 빼서 0이 되는 점을 찾으라는 것과 동일하다.

[그림 33]에서와 같이 두 그래프의 교점의 x좌표인 3이 위 조건등식의 해이다.

두 직선이 어느 한 점에서 만나는데, 서로 수직인 관계에 있을 수 있다. 이때는 어떤 특징이 있을까? 두 직선의 기울기의 곱이 -1이라는 특징을 갖는데,

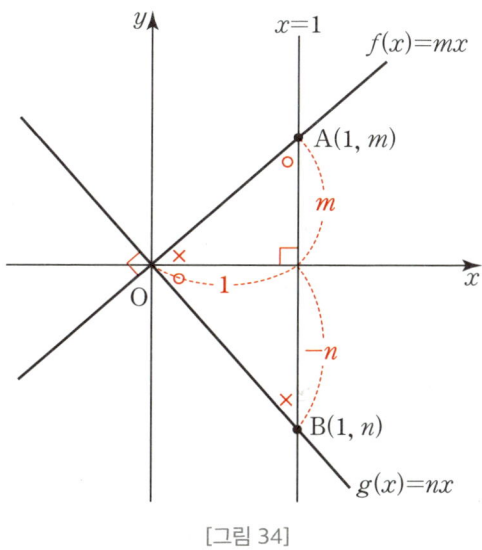

[그림 34]

[그림 34]에서 확인해 보자. 원점을 지나는 두 함수 $f(x)=mx$와 $g(x)=nx$가 있는데, 두 함수가 수직으로 만난다고 하자. 각 AOB는 90°이고, 직각삼각형의 꼭짓점에서 대변에 수선을 내려 생긴 모든 직각삼각형은 닮았기 때문에 두 각 ○는 같고, 두 각 ×도 같다. 따라서, 삼각형의 닮음비에 따라 $1:m=-n:1$[58]이고, 결국 $m \times n = -1$임을 알 수 있다.

두 직선이 $y=x$에 대칭관계에 있을 경우는 두 직선의 기울기의 곱이 1이라는 특징을 갖는데, $y=x$에 대칭이라는 것은 한 점 A가 (a, b)라면 대칭인 점 B는 (b, a)가 된다는 것이고, 원점에서 A까지 이은 직선의 기울기는 $\frac{b}{a}$이고, B까지 이은 직선의 기울기는 $\frac{a}{b}$이므로, 기울기를 곱하여 1이 되는 직선은 $y=x$에 대

---

[58] 같은 각이 바라보는 변의 비가 같다. $-n$으로 둔 것은 길이는 음수가 없고, n이 음수이기 때문이다. 삼각형의 닮음비는 공식을 만들어 내거나 문제를 해결할 때 계속해서 나올 것이다.

칭이다. 점 A에서 점 B를 연결하면 $y=x$에서 만나는 점이 두 점을 이은 선분의 중점이 된다[59].

---

[59] $y=x$ 대칭인 역함수 관계인 지수, 로그함수에서 이러한 성질을 알고 있어야 문제 풀이가 쉬워진다.

20
이차함수

 이차함수는 모든 함수의 기본이 되고, 미분과 적분을 공부할 때 가장 중요하게 사용되므로, 자세히 공부하여야 한다. 뉴턴이 미분을 발견하게 된 것도 이차함수의 접선을 찾기 위한 방법에서 출발하였으므로, 이차함수를 완벽하게 체화하지 못하면 미분도 체화하기 어렵다. 이차함수는 활을 쏘거나 포를 쏠 때 화살과 포탄의 궤적이 되는 것이므로, 실생활에서도 중요한 함수이다.

 함수의 기본인 $f(x)=x$에서 시작하자. $f(x)$에 x를 곱해 보자. $f(x) \times x = g(x) = x^2$가 된다.

 좌표평면에서 확인하면 $g(0)=0$, $g(1)=1$, $g(-1)=1$, $g(2)=4$, $g(-2)=4$, $g\left(\frac{1}{2}\right)=\frac{1}{4}$, $g\left(-\frac{1}{2}\right)=\frac{1}{4}$ 이라는 것을 알게 되는데, 이 점들을 연결하면

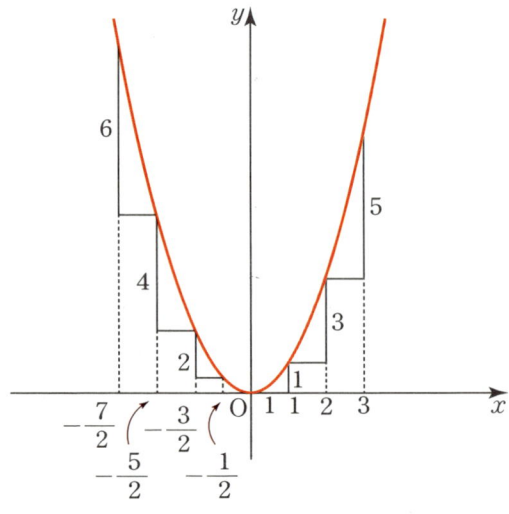

[그림 36]

[그림 36]과 같이 우리가 아는 아름다운 이차함수의 기본 그래프가 나오게 된다. 이차함수는 y축을 기준으로 좌우가 같은 y축 대칭의 특징을 가지는데, 음수 곱하기 음수는 양수이기 때문이고, 이와 같은 y축 대칭은 이차함수에서 가장 중요한 성질이다. $g(x)=x^2$인 이차함수는 $g(x)=g(-x)$이므로 y축 대칭이다. $h(x)=-x^2$인 이차함수는 $g(x)$에 -1을 곱하여 나온 $-g(x)$이므로, $g(x)$와 $h(x)$는 x축 대칭을 이룬다. 이차함수의 기본형인 $g(x)$에서, 원점으로부터 1씩 커지면 함숫값은 1, 3, 5, 7의 순으로 늘어나는데,[60] 연속된 홀수의 합이 제곱이 된다는 것을 눈으로 보여준다. 다시 $(\frac{1}{2}, 0)$의 점에서 1씩 커지면 2, 4, 6, 8의 순으로 늘어나는 것을 알 수 있다. 이러한 이차함수 기본 그래프의 축을 중심으로 한 정수의 증가에 따른 변화량을 익혀 두면 이차함수를 결정하는 데에 대수적인

60 1씩 작아져도 동일하다.

노력을 하지 않아도 될 경우가 많아서⁶¹ 문제 풀이에 도움이 될 수 있다⁶².

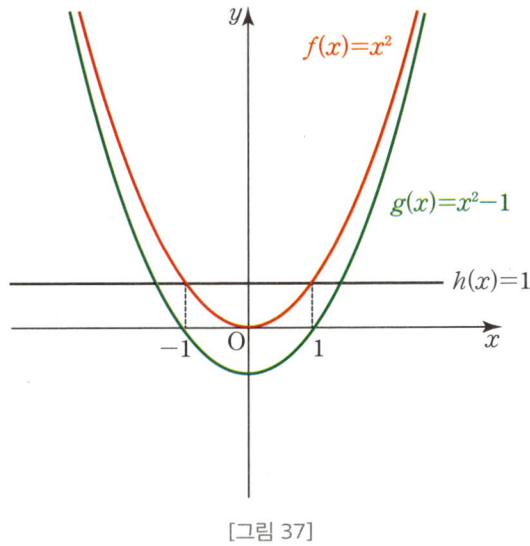

[그림 37]

[그림 37]과 같이 $f(x)=x^2$인 함수에서 1을 빼는 새로운 함수를 만들면 함수 $g(x)=x^2-1$가 만들어진다. $f(0)=0$인데, 여기서 1을 빼니 $g(0)=-1$이 되고, 다시 $f(1)=1$, $g(1)=0$이 된다. 그런데, $f(x)$에 $h(x)=1$이라는 상수함수를 그려보니, 1과 -1에서 만나고, $h(x)$를 새로운 x축으로 보면, 정확히 $g(x)$함수와 동일한 것을 알 수 있다. $f(x)=h(x)$라고 놓고, 양변에 $h(x)$를 빼면 $f(x)-h(x)$ $=g(x)=x^2-1$이라는 새로운 함수가 만들어지는 것을 알 수 있고, 함수 $g(x)$는 $h(x)$를 새로운 x축으로 하는 것임을 알 수 있다. 그렇다. 모든 다항함수는 $y=x$에서 시작하여 $y=x^2$, $y=x^3$을 기본으로 하여 서로 만나면서 만들어지는 것이고, 대수적인 계산보다 함수와 그래프를 통하여 수학 공부를 하여야 전체를 바라보는 안목이 생길 수 있다.

---

61 예컨대, 어떤 이차함수에서 x가 1 늘어났는데, 함숫값이 3 커졌고, 다시 1 늘어났는데 함숫값이 5 늘어났다면, 이차항의 계수가 1이라면 처음의 x는 축에서 1칸 떨어진 점이고, 그 다음 점은 2칸 떨어진 점이다.

62 지수, 로그함수를 공부할 때도 0을 중심으로 몇 개의 정수들 사이의 변화량과 삼각비를 활용하면 복잡해 보이는 지수, 로그함수 문제를 쉽게 풀 수 있다.

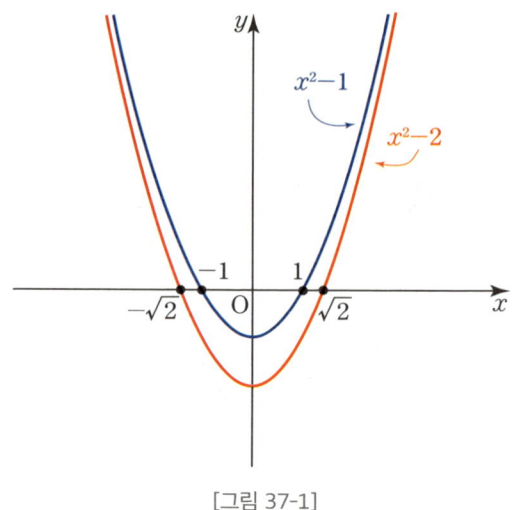

[그림 37-1]

[그림 37-1]에서 $g(x)$에 대하여 좀 더 살펴보자. $g(x)$에서 0이 되는 x는 $x=1$, $x=-1$ 두 개이다. $x=1$은 $x-1=0$이고, $x=-1$은 $x+1=0$인 점인데, 이 둘을 곱하면 $(x-1)(x+1)$이 되고, 이를 전개하면 x^2-1가 된다. 인수 묶음에서 가장 유명한 합차 공식이 이차함수 그래프에서 나타난 것이다. $y=x^2$과 $y=2$가 만나는 점은 $\pm\sqrt{2}$인 점이고, 다시 0이 되는 점들을 곱하면 $(x-\sqrt{2})(x+\sqrt{2})$가 되어 x^2-2라는 이차함수가 만들어진다. 우리가 함수를 공부하면서 0이 되는 x(실수근)를 그렇게도 찾는 이유는 실수근을 찾으면 곧바로 함수를 알 수 있기 때문이다. 이는 삼차함수 사차함수 등에도 적용되는 것이고, 수능수학에서 항상 나오는 "실수근을 알면 함수를 알 수 있다"는 중요한 개념이다. 실수근이 2일 때 $(x-2)$가 되고, 실수근이 -2일 때는 $(x+2)$가 되는 이유도 분명히 알 수 있다. $x=2$인 점이기 때문에 $(x-2)$가 되는 것일 뿐이다. 우리 교육에서는 인수 묶음을 왜 하는지에 대한 설명도 없이 복잡하고 기괴하기까지 한 수식으로 이루어진 식을 인수 묶음하라고 아이들에게 던져준다. 그런 것들을 인수 묶음하는 것은 수학이 아니다. 그것은 컴퓨터나 인공지능이 할 일이다. 우리가 인수 묶음을 하는 것은 함수를 알아내고, 함수를 살피기 위해서이다.

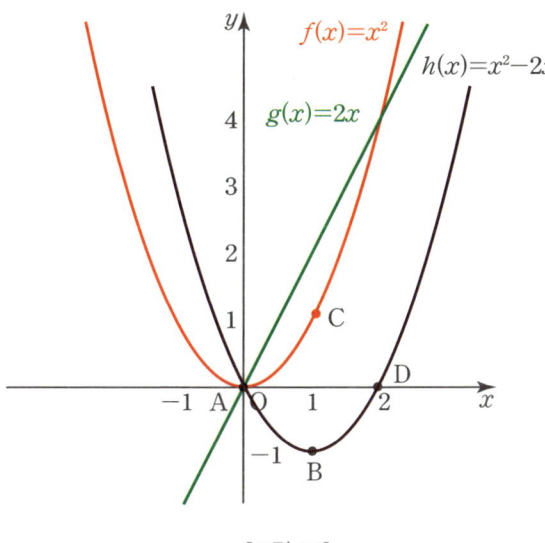

[그림 38]

8강 - 2차함수

[그림 38]과 같이 이번에는 $f(x)=x^2$인 함수와 $g(x)=2x$인 함수를 살펴보자. $f(x)$와 $g(x)$는 0과 2에서 만나고 $f(x)=g(x)$라고 놓고, 양변에 $g(x)$를 빼면 $f(x)-g(x)=h(x)=x^2-2x$라는 새로운 함수가 만들어지는 것을 알 수 있고, 새로운 함수 $h(x)$는 $g(x)$를 새로운 x축으로 하는 것임을 알 수 있다. $f(0)$과 $g(0)$을 빼면 0이고, $f(1)=1$에서 $g(1)=2$를 빼면 -1인데, $h(1)$이 -1이다. $f\left(\frac{1}{2}\right)=\frac{1}{4}$에서 $g\left(\frac{1}{2}\right)=1$을 빼면 $-\frac{3}{4}$인데, $h\left(\frac{1}{2}\right)$도 당연히 $-\frac{3}{4}$임을 알 수 있다. $h(x)$는 0과 2에서 실수근을 가지므로, $x(x-2)$이고 이를 전개하면 x^2-2x가 나온다. $f(x)$와 $h(x)$는 위치만 이동했을 뿐 모양이 똑같다. 이차함수는 이차항의 계수가 같다면 그 위치가 어디이든 모양이 똑같다. 이차항의 계수가 1보다 크다면 날씬해지고, 1보다 작다면 뚱뚱해진다. 시속 20킬로미터로 달리는 사람이 시속 1킬로미터로 걷는 사람보다 날씬하다. 0 미만, 2 초과에서는 $f(x)$가 $g(x)$보다 크므로, $h(x)$그래프는 0 미만, 2 초과에서는 모두 양의 값을 갖게 된다. -1과 1 사이에서는 일차함수보다 이차함수가, 이차함수보다 삼차함수가, 99

차함수보다 100차함수가 더 뚱뚱하다[63].

$f(x)$와 $h(x)$를 비교해 보면, 이차함수의 극값(최솟값 또는 최댓값)인 꼭짓점의 위치가 원점에서 (1, −1)로 이동하였다는 것을 알 수 있다. $f(x)=x^2$에서 $g(x)=2x$를 뺐더니, $f(x)$가 모양은 그대로 유지하면서 x축으로 1만큼, y축으로 −1만큼 이동한 결과가 나왔다. $h(x)$ 함수는 축인 $x=1$을 기준으로 좌우가 같은 모양인 선대칭함수이고, 실수근이 0과 2인 함수이다. $h(x)$ 함수의 실수근 0과 2의 정중앙(평균)인 1이 축이 되었는데, 이차함수의 대칭성을 고려하면 당연한 결과이다. 항상 두 개의 실수근 정중앙에 축이 놓이게 되어 있고, 이러한 대칭성은 이차함수를 이해하는 가장 중요한 성질이 되는 것이다[66]. 이러한 대칭성의 특징으로 이차함수의 축으로부터 어느 한 실수근까지 거리의 제곱이 이차함수의 극값이 된다는 것을 알 수 있다. $h(x)$에서 축인 $x=1$로부터 어느 한 실수근인 0(또는 2)까지 거리인 1의 제곱인 − 1이 최솟값이 됨을 알 수 있다[65]. 만약 이차함수의 계수가 1인 어떤 이차함수의 실수근의 차가 8이라면 그 최솟값은 실수근의 차의 절반인 4의 제곱인 −16이 된다. 이차함수의 실수근의 차만 알면 최솟값은 실수근의 차의 절반을 제곱하면 바로 구할 수 있다.

$h(x)=x^2-2x=x(x-2)$는 0과 2의 실수근을 갖는데, 그 축은 실수근의 정중앙인 1이라는 것을 확인했다. 이차항의 계수가 1일 때에는 일차항 계수의 절반이 축이 되는 것을 확인할 수 있다.[66] $y=x^2$은 축이 $x=0$인 y축이므로, 축이 $x=1$인 함수 $h(x)=x^2-2x$의 경우에는 $x-1=0$인 점을 제곱한 $(x-1)^2$의 꼴로 나

---

63 차수가 높을수록 −1과 1 사이에서는 x축에 근접하게 증가한다. 0과 1사이에서는 $\sqrt[3]{x}$, $\sqrt{x}$, x, x^2, x^3, x^4, ⋯의 순으로 위에서 내려오는 그래프가 된다. 직접 눈으로 확인할 필요가 있는데, 요즘은 그래프를 보여주는 많은 앱들이 있으므로, 수학공부를 하면서 그러한 앱들을 이용하여 함수가 어떠한 특징을 가지는지 스스로 확인하는 습관을 가질 필요가 있다. 나는 그래픽디자인(GeoGebra)를 사용한다.

64 축이 3이고, 한 실수근이 $3+\sqrt{3}$이라면 나머지 한 실수근은? 이때 이차항의 계수가 1인 이차함수의 극값의 절댓값은? 이차항의 계수가 2인 이차함수의 식은?

65 이차함수에서 계수가 양이면 극값으로 최솟값을, 음이면 최댓값을 갖는다.

66 일차항의 계수는 두 실수근이 양이거나 두 실수근 중 양의 실수근의 크기가 클 때 음이 나오므로, 실제 축은 일차항 부호의 반대로 나온다.

타낼 수 있는데, $(x-1)^2$을 전개해 보면 x^2-2x+1이 되어, 결국 x^2-2x는 $(x-1)^2$에서 1을 뺀 $(x-1)^2-1$로 나타낼 수 있다. 이렇게 변형을 하고 나니 축은 $x-1=0$인 $x=1$이고, 최소값은 -1이라는 것을 알 수 있다. 한편, $2x^2-2x$라는 이차함수를 생각해 보자. $y=2x^2$과 $y=2x$가 만나는 점의 x의 값은 0과 1이므로 그 축은 0과 1의 정중앙인 $\frac{1}{2}$이 될 것인데, 이차함수에서 축은 일차항 계수의 절반에 다시 이차항의 계수를 나누어 주면 된다. 축은 이차항과 1차항의 관계로 만들어지는데, ax^2+bx라는 일반적인 이차함수의 축은 $-\frac{b}{2a}$로 나타낼 수 있다. ax^2+bx라는 이차함수는 $ax\left(x+\frac{b}{a}\right)$로 나눌 수 있는데, 그 실수근은 0과 $-\frac{b}{a}$ 임을 알 수 있고, 따라서 축은 실수근의 합인 $-\frac{b}{a}$을 2로 나눈 $-\frac{b}{2a}$인 것이다[67].

여기서 아이들이 가장 헷갈려 하고 어려워하는 함수의 이동과 점의 이동에 관해서 살펴본다.

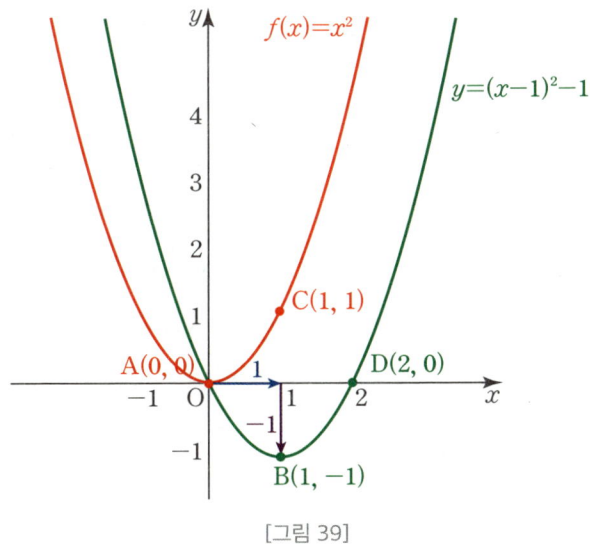

[그림 39]

---

67 교과서에서는 근과 계수와의 관계라는 단원에서 이차함수 근의 합은 $-\frac{b}{a}$로 외운다.

[그림 39]에서처럼 꼭짓점 A(0, 0)이 x축으로 1만큼, y축으로 -1만큼 이동하여 꼭짓점 A는 새로운 꼭짓점 B(0+1, 0-1)=B(1, -1)으로 이동하는데, 왜 함수는 $y-1=(x+1)^2$, 즉 $y_1=(x+1)^2+1$이 되지 않고, x, y 부호가 반대로 나타나 즉 $y_2=(x-1)^2-1$이 되느냐 하는 점이다. 이동된 점 B(1, -1)에서는 y_1에 따라 x성분인 1에 1을 더해서(=2) 제곱하고 1을 더해 주면 $y=5$가 되어 점 B는 y_1 함수 위의 점이 아니다. 점 B에서 y_2에 따라 x성분인 1에 1을 빼 주고 제곱하면 $y=-1$이 되어 점 B는 y_2 함수 위의 점이 된다. 모든 것은 기본으로 돌아가려는 성질이 있다. 그래프 위의 점을 이동하였는데 원래의 상태로 돌아가려면 왔던 길을 거꾸로 가야 한다. 원점에서 1만큼 오른쪽에 있는 $x=1$인 점은 $(x-1=0)$로 나타낼 수 있는데, x를 +1만큼 옮기면 그것을 0으로 만들기 위해서는 $(x-1)$을 해주어야 하는 것이다. 함수의 모든 점들은 이동하는 방향의 부호를 그대로 갖지만, 이렇게 이동한 점들은 원래 함수의 성질을 가질 수 없어, 다시 왔던 길을 되돌아 가야 하는 것이다. 다시 [그림 39]의 점 C(1, 1)은 x축으로 1만큼, y축으로 -1만큼 이동하여 점 D(2, 0)으로 이동한다. 그런데, 점 D에서는 y_1에 따라 x성분인 2에 1을 더해서(=3) 제곱하고 1을 더해 주면 $y=10$이 되어 점 D는 y_1 함수의 점이 아니다. 점 D에서 y_2에 따라 x성분인 2에 1을 빼 주고 제곱하면 $y=0$이 되어 점 B는 함수 y_2의 점이 된다. 여기서 이렇게 자세히 설명하는 이유는[68] 점들은 이동하는 방향의 부호를 갖고 이동하는데, 그래프는 왜 이동하는 반대의 부호를 갖는가 하는 점에 대한 교과서의 설명은 아이들이 도저히 이해할 수 없기 때문이다. 위의 설명도 아이들이 쉽게 이해하지 못할 수도 있다고 생각되지만, 고향으로 돌아가야 원래의 내가 된다고 생각하면 어떨까 한다.[69] 결국, 점들이 x축의 방향으로 2만큼 이동했다면 함수는 $(x-2)$, 즉 고향으로 이

---

68 많은 아이들이 그래프의 이동에서 좌절한다. 이해되지 않으니, 외우고, 수학은 모조리 외우는 것으로 치부하게 된다.

69 수많은 책과 논문과 유튜브를 보아도 나의 설명보다 명쾌한 것을 찾을 수 없었다.

동하는 것이라고 이해하면 좋겠다.

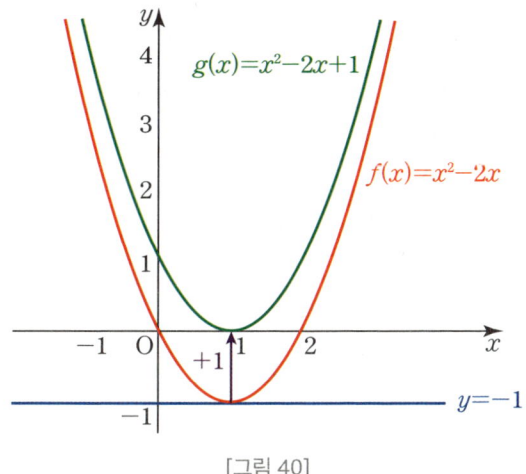

[그림 40]

[그림 40]에서 이제 $f(x)=x^2-2x$에서 $y=-1$이라는 상수함수를 빼 보자. 새로운 $g(x)=x^2-2x+1$이라는 함수는 $y=-1$을 x축으로 보았을 때의 $f(x)$ 함수라는 것을 알게 된다. $g(x)$ 함수는 $y=x^2$이라는 함수를 x축으로 1만큼 이동한 함수로 $g(x)=(x-1)^2$이 되어 x축에 접하게 됨을 알 수 있다. $g(x)$ 함수는 $y=x^2$을 양의 방향으로 1만큼 이동하여도 나오지만, $y=x^2$에서 $y=2x$ 함수를 뺀 후 다시 $y=-1$을 빼면 나온다. 대수적으로도 $g(x)=(x-1)^2=x^2-2x+1$이다.

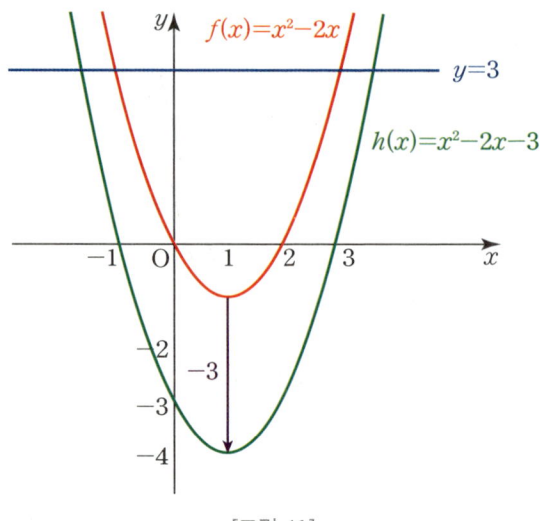

[그림 41]

[그림 41]에서 $f(x)=x^2-2x$에서 $y=3$이라는 상수함수를 빼면 $h(x)=x^2-2x-3$라는 함수가 나온다. 이차함수에서 상수는 축을 결정하는 x^2-2x에 아무런 영향을 미치지 못하므로, x^2-2x를 가지고 있는 $f(x)$, $h(x)$ 함수의 축은 모두 $x=1$이다. 한편, $h(x)=x^2-2x-3$ 함수는 꼭짓점인 (1, −4)에서 x축으로 2칸 가면 y축으로 4칸 가는 구조를 가지는데, $h(x)$ 함수의 실수근은 축인 1에서 ±2를 한 결과인 −1과 3이 될 수밖에 없다. 즉, 함수 $h(x)=(x+1)(x-3)$이고, 이를 전개하면 x^2-2x-3라는 함수가 나온다.

다시 말하지만, 이차함수에서 상수항은 축에 아무런 영향을 주지 않는다. $y=ax^2+bx$라는 이차함수는 $ax\left(x+\dfrac{b}{a}\right)$로 나눌 수 있고, 항상 그 실수근은 0과 $-\dfrac{b}{a}$인데, 상수항이 더해지더라도 축으로부터 왼쪽, 오른쪽으로 똑같이 늘어나서 근의 합을 구할 때 서로 상쇄되므로 근의 합은 언제나 $-\dfrac{b}{a}$가 된다[70].

---

70 교과서에서는 근의 공식을 구한 후 나온 근을 더하면 항상 $-\dfrac{b}{a}$가 된다고 설명한다. 근의 공식에 대해서는 추후 살펴보기로 하자.

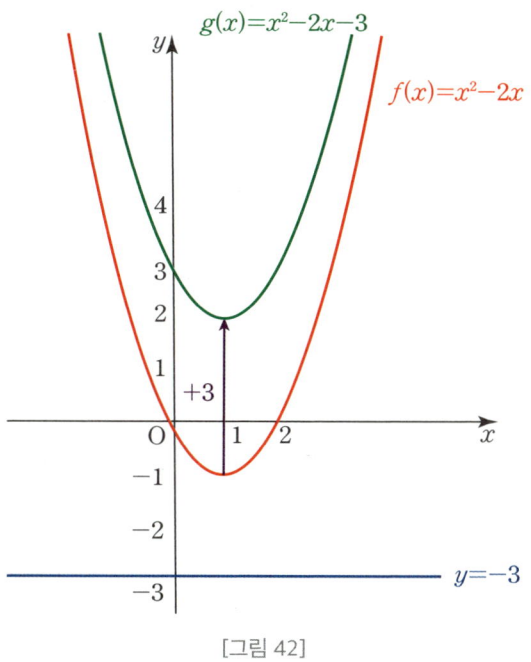

[그림 42]

　[그림 42]에서 이번에는 $f(x)=x^2-2x$에서 $y=-3$이라는 상수함수를 빼 보자. $f(x)$는 최솟값인 -1보다 작은 -3이라는 직선과는 만나지 않는다. 새로운 $g(x)=x^2-2x+3$이라는 함수는 x축($y=0$)과는 만나지 않아 실수근을 가지지 않는다. 실수 범위에서는 $(x-1)^2$이 -3이 되는 수가 없기 때문이다. $y=x^2+1$이라는 함수 역시 마찬가지이다. 실수 범위에서는 제곱해서 -1이 되는 수는 없다. 16, 17세기 수학자들은 이러한 실수근을 갖지 않는 이차함수에 대해 고민하기 시작하였고, 그러한 고민 끝에 허수를 포함하는 복소수 체계를 구성하기에 이른다. 삼각형의 면적에서 필연적으로 root의 개념이 나타났듯이, 이차함수의 근을 구하는 과정에서 필연적으로 허수의 개념이 나타난다[71]. 중고등 수학에서 판별식을 사용하여 실수근과 허수근을 구별하는 연습을 많이 시키는데, 아이들은 무작정 판별식을 사용하여 실수근, 중근, 허수근을 구별한다. 이차함수에서 실수근, 중근, 허수근이 생기는 것은 축에서의 극값(최솟값 또는 최댓값)과 상수함

---

71 이차함수의 일반적인 근을 구하는 방법을 알아보고, 허수에 대하여 살펴보자.

가 만나느냐 안 만나느냐 접하느냐 하는 것에 달려 있다.

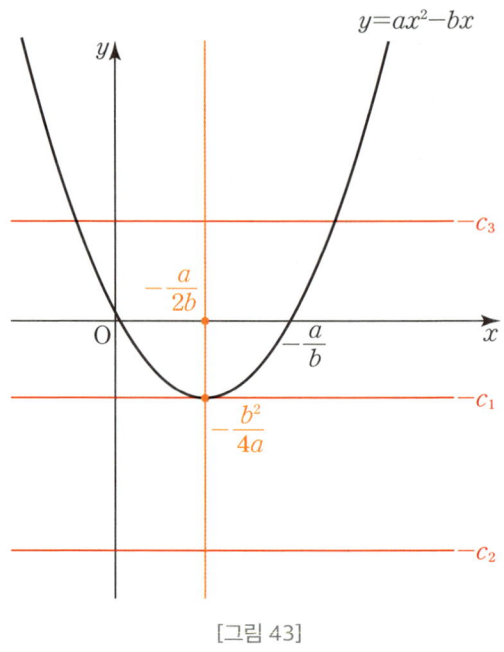

[그림 43]

[그림 43]에서 어떤 $y=ax^2+bx+c$라는 이차함수가 있다고 하자. 편의상 a는 양수이고, b는 음수라고 하자. 이 경우 c에 따라서 실수근이 생기기도, 중근이 생기기도, 허수근이 생기기도 한다. 우선 상수항 c를 고려하지 않고 $y=ax^2+bx$ $=ax\left(x+\dfrac{b}{a}\right)$까지만 생각해 보자. 이 경우 축은 언제나 $-\dfrac{b}{2a}$이고, 그 최솟값은 $y=ax^2+bx$의 x에 $-\dfrac{b}{2a}$를 넣어 계산되어 나오는 $-\dfrac{b^2}{4a}$이 된다[72]. 이 값과

---

[72] $y=a\times\left(-\dfrac{b}{2a}\right)^2+b\times\left(-\dfrac{b}{2a}\right)=-\dfrac{b^2}{4a}$

그런데, 이렇게 대수적인 방법이 아니라 축을 이용하여 기하학적으로 생각해 보면 더욱 쉽게 극값을 구할 수 있다. [그림 43]에서 $y=ax^2+bx$의 두 근이 0과 $-\dfrac{b}{a}$이고, 극값은 실근인 0에서 축인 $-\dfrac{b}{2a}$까지 이동한 함숫값으로 보면 $a\times\left(-\dfrac{b}{2a}\right)^2$인 $=\dfrac{b^2}{4a}$이라는 식이 금방 나온다. 축보다 왼쪽에서 오른쪽으로 이동하면 함숫값이 감소하므로 계산된 값에 (−)를 붙이면 된다. 반대로 보아도 마찬가지다. 축에서 오른쪽으로 $\dfrac{b}{2a}$ 이동하면 오른쪽 실근이 나오므로 $a\times\left(\dfrac{b}{2a}\right)^2$인 $=\dfrac{b^2}{4a}$이라는 계산 결과는 0보다

$-c_1$이 같으면 $y=ax^2+bx+c_1$는 x축과 접하며 중근을 가지게 되고, 이 값이 $-c_2$보다 크면 $y=ax^2+bx+c_2$는 허수근을 가지며, 이 값이 $-c_3$보다 작으면 $y=ax^2+bx+c_3$는 서로 다른 두 실수근을 가지게 된다. 다시 대수적으로 정리해서 살펴보면 $b^2=4ac$이면 중근, $b^2>4ac$이면 서로 다른 두 실수, $b^2<4ac$이면 허수근을 가지게 되는 것이다[73].

이제 근의 공식에 대해 살펴보자. $y=ax^2+bx+c$라는 이차함수의 근은 $y=ax^2+bx$와 $y=-c$의 교점의 x좌표이다.

$$ax^2+bx=ax\left(x+\frac{b}{a}\right)=a\left(x+\frac{b}{2a}\right)^2-\frac{b^2}{4a}$$ 이 된다.[74]

$$a\left(x+\frac{b}{2a}\right)^2-\frac{b^2}{4a}=-c$$

$$a\left(x+\frac{b}{2a}\right)^2=-c+\frac{b^2}{4a}$$ (우변을 통분하고 양변에 a를 나누어 주면)

$$\left(x+\frac{b}{2a}\right)^2=\frac{b^2-4ac}{4a^2}$$ (양변을 $\frac{1}{2}$제곱[75]을 하면)

$$\left(x+\frac{b}{2a}\right)=\pm\sqrt{\frac{b^2-4ac}{4a^2}}$$ [76]

$$x=\frac{-b\pm\sqrt{D}}{2a} \quad (D=b^2-4ac)$$

$-\frac{b^2}{4a}$ 만큼 작다는 것을 직관적으로 알 수 있다.

[73] 판별식 $D=b^2-4ac$가 0보다 큰 것인지, 작은 것인지, 같은 것인지로 근을 판정하는 것과 동일한 결과이다. 무작정 공식으로 판별식을 사용하는 것보다 이차함수를 하나 하나 분석하여 결과를 도출해 내는 것이 중요하다.

[74] $a\times\left(x+\frac{b}{2a}\right)^2-\frac{b^2}{4a}$를 전개해서 정리하면 $ax\left(x+\frac{b}{a}\right)$ 식이 나오는데, 이차함수의 축과 그 축에서의 극값을 알고 있으면 완전 제곱식으로 변환하는 것이 어렵지 않지만, 많은 연습이 필요한 부분이다.

[75] 등호의 성질상 양변을 제곱하거나 $\frac{1}{2}$ 제곱을 해도 등호는 유지된다. $\frac{1}{2}$ 제곱은 소위 루트를 씌운다고 표현하는데, 이차함수 $\left(x+\frac{b}{2a}\right)^2$가 어떤 상수함수와 만나는 경우 그 두 실근을 찾는 것이다. $x^2=2$를 만족하는 실근은 $x=\pm\sqrt{2}$이다.

[76] $\left(\frac{D}{4a제곱}\right)$ 전체의 루트 $=\frac{\sqrt{D}}{2a}$

그 유명한 근의 공식이 나왔다. 복잡한 듯하지만, 실제로 숙달될 때까지 유도 과정을 천천히 진행해 보면 이차함수의 성질을 파악하는 데 많은 도움이 된다.

이제 이차함수의 근의 공식을 공부해 보자. 이차함수의 두 근은 축인 $x=-\frac{b}{2a}$를 기점으로 좌우로 $\frac{\sqrt{D}}{2a}$만큼 떨어져 있다. 그래서 두 근을 합하면 $\frac{\sqrt{D}}{2a}$는 없어지고 축인 $-\frac{b}{2a}$를 두 번 더한 값인 $-\frac{b}{a}$가 되는 것이고, 두 근을 곱하면 $\frac{c}{a}$가 된다. 두 근을 빼면 근과 근 사이의 거리가 되는데, 이번에는 축은 없어지고, $\frac{\sqrt{D}}{2a}$를 2번 더한 $\frac{\sqrt{D}}{a}$의 절댓값이 된다. 거리이므로 음수이면 양수로 바꾸면 된다[77]. 이러한 성질은 외워서는 아니되고, 몸에 체화될 때까지 연습하여야 한다. 삼각비를 체화시키는 것처럼.

이제 허수에 대해 알아보자.

허수는 제곱해서 음수가 되는 수로 데카르트가 이차함수의 근을 구하면서 상상 속의 수라는 이름으로 imaginary number라고 명명하여 허수 i로 표기하였다. 그런데, 허수는 이름과는 달리 상상 속의 수가 아니라 실재하는 수이다. 우리는 3차원 세계에서 살지만, 감각기관은 3차원이 아닌 2차원으로 이해하게 된다. 우리가 공간을 느끼기는 하여도 실제로 보이는 것은 평면으로 보이고, 그것을 우리의 뇌가 다시 공간으로 이해하는 것이다. 허수는 2차원으로 보이는 것을 3차원으로 이해할 수 있도록 해 주는 도구이다. 우주는 대부분 원, 타원, 포물선 운동을 하는데, 우리의 눈은 각 사물을 3차원 공간이 아닌 평면으로만 인식한다.

---

[77] 절댓값의 재미있는 성질에 대해서는 추후 알아보자.

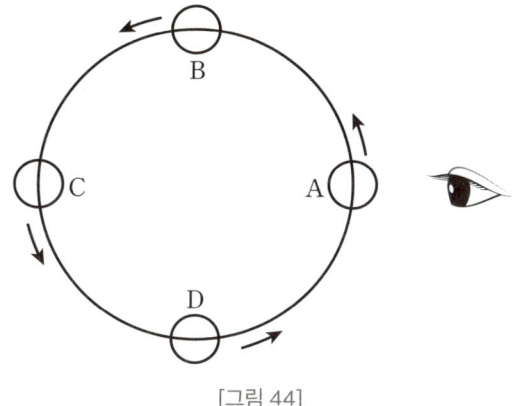

[그림 44]

가령 [그림 44]처럼 우리가 바라보는 방향과 직각으로 A, B, C, D 방향으로 등속 원운동을 하는 행성을 우리가 보고 있다고 해보자. 이때 우리는 행성이 A에서 B로 출발할 때는 빠른 속도로 움직이는 것으로 인식하고 B에 거의 도달하였을 때는 거의 움직이지 않는 것으로 인식할 것이다. 실제로 행성은 똑같은 각속도로 움직이지만, 우리는 다른 속도로 움직인다고 인식하게 된다. 이때 허수의 도움을 받으면 행성의 움직임이 똑같은 속도로 움직이고 있다는 것을 수학적으로 계산해 낼 수 있고, 전자기학, 양자물리학 등은 허수가 없다면 존재할 수 없는 것이다. 실수부와 허수부를 같은 평면에 배치한 것이 복소평면인데,

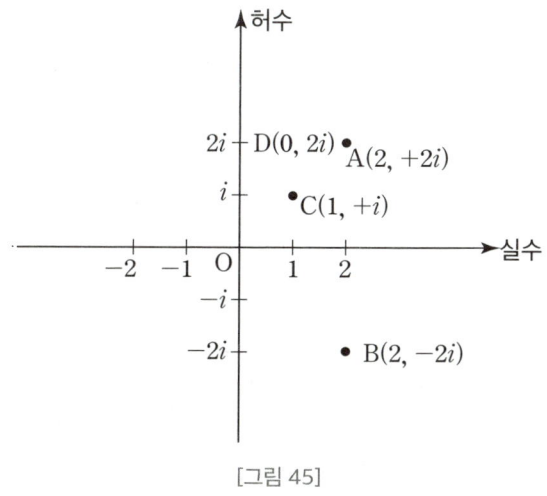

[그림 45]

[그림 45]처럼 복소평면은 x축을 실수부, y축을 허수부로 놓는다. 점 A는 복

소수 $2+2i$를 표현한 것이고, 점 B는 점 A의 켤레복소수 $2-2i$를 표시한 것이다. 복소수의 덧셈과 뺄셈은 실수부는 실수부끼리, 허수부는 허수부끼리 하면 되고, 복소수의 곱셈과 나눗셈은 실수의 사칙연산과 동일하게 하면 된다. 복소수의 곱셈은 재미있는 성질이 있는데, 허수가 원래 회전운동과 관련이 있다는 점에서 발생하는 성질이다. 복소수를 곱하면 복소평면의 점들이 회전하게 된다. $(1+i) \times (1+i)$를 계산하면 $1+2i+(i^2)=2i$가 되는데, [그림 45]에서 점 C를 제곱한 것의 결과이다. 복소수를 곱한다는 것은 원점으로부터 점까지의 거리에 다시 곱해지는 복소수의 원점까지의 거리를 곱한 후 곱해지는 복소수의 각도(기울기)만큼 회전시켜 주면 된다. 점 C의 원점으로부터의 거리는 $\sqrt{2}$이므로 곱해서 2인 거리가 나왔고, 점 C의 각도가 45°이므로 그만큼 회전한 결과 $2i$에 도달하였다.

이제 반지름 1인 단위원으로만 복소평면을 축소시켜 좀 더 알아보자. 반지름이 1이므로 모든 점들의 원점까지 거리는 1이고, 아무리 곱해도 거리는 1로 유지된 채, 회전운동에 의하여 그 위치만 변하게 된다. 단위원 복소평면위의 한 점 $\left(\frac{1}{\sqrt{2}}+\frac{1}{\sqrt{2}}i\right)$를 제곱하면 실수부는 없어지고, $\left(2 \times \frac{1}{\sqrt{2}} \times \frac{1}{\sqrt{2}}i\right)$로 i만 남는다. 즉, 45°각도의 점은 제곱하면 90°의 각도가 된다. 각도가 90°인 i를 제곱하면 거기서 90°만큼 회전하여 -1지점에 도달하게 된다. 우리가 복소수를 배우면서 나오는 ϖ(오메가)는 $y=x^3-1$의 두 허수근이다. $x^3-1=(x-1)(x^2+x+1)$로 인수 묶음이 되고, x^2+1+1의 두 허근이 $\left(-\frac{1}{2} \pm \frac{\sqrt{3}}{2}i\right)$이다. 그런데, 이 점은 $\left(\sin\frac{2\pi}{3}+\cos\frac{2\pi}{3}i\right)$[78], $\left(\sin\frac{4\pi}{3}+\cos\frac{4\pi}{3}i\right)$인 점이다. 출발점인 1에서 $\frac{2\pi}{3}$만큼 3번 회전하면 다시 출발점인 1로 돌아오고, 출발점인 1에서 $\frac{4\pi}{3}$만큼 3번 회전하면 다시 출발점인 1로 돌아오게 되어 결국 $x^3-1=0$의 근은 모두 3번 회전하면

---

78 360분의 각도 표시가 아닌 라디안 표기인데, 삼각함수 부분에서 살펴본다.

1이 되는 수들이다. 같은 방식으로 결국 $x^4-1=0$의 근은 ± 1, $\pm i$인데 모두 4번 회전하면 1이 된다. 결국 $x^{100}-1=0$의 근은 모두 100개인데, 반지름 1인 단위원을 100등분하여 만들어지는 점들이 모두 근들이 된다[79].

복소평면에서 피타고라스의 수 찾기는 어떤 복소수를 제곱만 하면 된다. 예컨 내, $2+i$를 제곱하면 $3+4i$가 되는데, 원점부터 $3+4i$까지의 거리인 5가 빗변이 되고, 3이 밑변, 4가 높이가 되는 피타고라스의 수가 만들어지고, 이와 같은 단순 제곱만으로 수없이 많은 피타고라스의 수를 찾을 수 있다.

이제 이차함수의 접선에 대해 공부해 보자. 이차함수의 접선은 미분으로 가는 출발점인데, 이제 최종목적지인 미분에 거의 도달한 느낌이다.

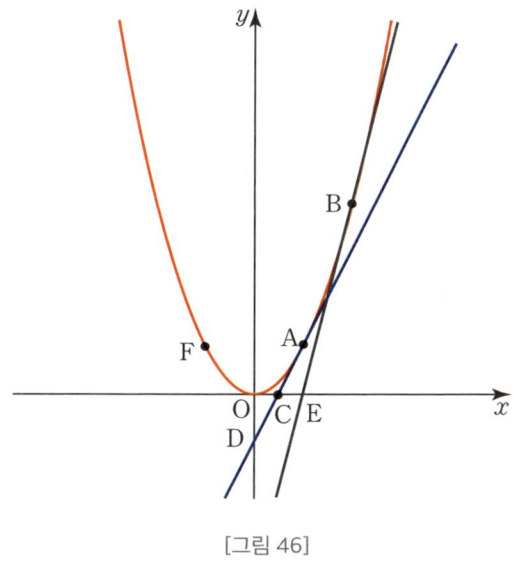

[그림 46]

[그림 46]에서 $f(x)=x^2$ 위의 한 점 A(1, 1)에서 접선을 그리는 것을 생각해 보자. 이차함수 $f(x)$에서 $f(x)$ 위의 점 A(1, 1)에서 그은 접선의 함수 $g(x)$를 뺀 새로운 함수 $h(x)=f(x)-g(x)=(x-1)^2=x^2-2x+1$가 된다[80]. 위 식은 항등식이므로 계산하면 $g(x)=f(x)-h(x)=2x-1$가 된다는 것을 알 수 있다.

---

79 단위원 복소평면에서 근들을 모두 더하면 0이 된다.
80 이차함수에서 가장 중요한 개념으로, 접한다는 것은 접선이 새로운 x축이 된다는 것이다.

$f(x)=x^2$ 위의 한 점 B(2, 4)에서의 접선의 식은 위와 같은 논리로 $x^2-(x-2)^2$의 계산 결과 나오는 $4x-4$라는 것을 알게 된다. 이번에는 $f(x)=x^2$ 위의 어떤 한 점 (a, a^2)에서의 접선의 식은 위와 같은 논리로 $x^2-(x-a)^2$의 계산 결과 나오는 $2ax-a^2$이라는 것을 알수 있다. 그렇다. $f(x)=x^2$ 위의 점에서 그은 접선의 기울기는 $2a$, 즉 x 좌표의 2배가 되어, x^2을 미분하면 나오는 $2x$가 기울기라는 것을 알게 된다. 그래서 x좌표가 1인 곳에서의 기울기는 2이고, 2인 곳에서의 기울기는 4이고, $\frac{1}{2}$인 곳에서의 기울기는 1이 된다. -1인 곳에서의 기울기는 -2이다.

미분에 대해서는 다시 알아보기로 하고, 접선의 성질에 대해서 좀 더 알아보자. A점에서 그은 접선은 $h(x)=2x-1$인데, $x=\frac{1}{2}$인 점 C에서 $y=0$인 x축과 만난다. △ACE와 △CDO는 합동이다. 밑변은 $\frac{1}{2}$, 높이가 1이고 점 C가 맞꼭지각으로 같은 합동삼각형이다. $f(x)=x^2$ 위의 한 점 (a, a^2)에서 그은 접선이 x축과 만나 이루는 삼각형들은 모두 합동이고, 접선을 그은 점의 y좌표의 반대 부호를 가지고 y축을 지나간다. 점 F(-1, 1)에서 그은 접선은 $-2x-1$로 점 (0, -1)을 지나는데, 점 A(1, 1)에서 그은 접선과 기울기의 부호만 반대로 나타난다. y축 위의 한 점에서 이차함수에 접선을 2개 그을 수 있는데, 그 접선들은 기울기가 반대 부호로 나타나는 것을 알 수 있다. 삼각형의 닮음비를 이용하면 더 많은 것들을 알 수 있다.

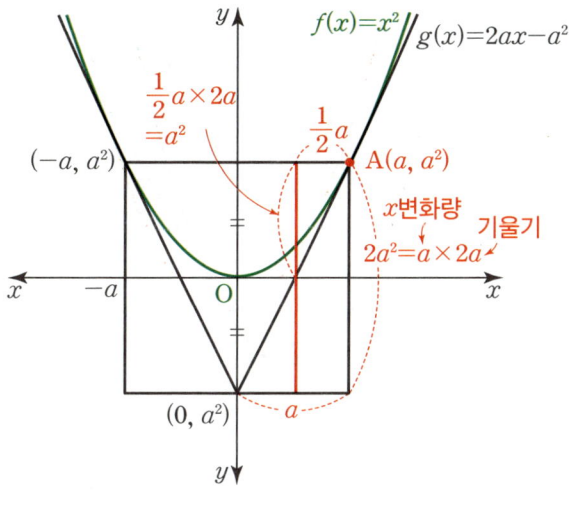

[그림 46-1]

$f(x)=x^2$ 위의 어떤 한 점 $A(a, a^2)$에서의 접선의 기울기는 $2a$라는 것을 알았다. 삼각형의 닮음비가 이차함수의 접선에서 어떻게 작용하는지 알아보자. [그림 46-1] 점 A에서의 기울기는 $2a$이다. $g(x)=2ax-a^2$ 함수의 기울기가 $2a$라는 성질상 점 A에서 왼쪽으로 a만큼 가면 아래로 $2a \times a = 2a^2$만큼 가게 되고, 점 A에서 왼쪽으로 $\frac{1}{2}a$만큼 가면 아래로 $2a \times \frac{1}{2}a = a^2$만큼 가게 된다. y축 위의 한 점에서 $f(x)=x^2$ 위에 접선을 두 개 그을 수 있는데, 언제나 두 접점의 y좌표는 같으므로, 두 접점을 이으면 x축과 평행한 직선이 된다. 접선의 y절편에서 원점까지 거리(a^2)는 원점에서 두 접점을 이은 선분까지의 거리(a^2)와 언제나 같다. 이러한 성질은 어떠한 이차함수에서도 적용될 수 있는 성질이고, 아래에서 좀 더 살펴본다.

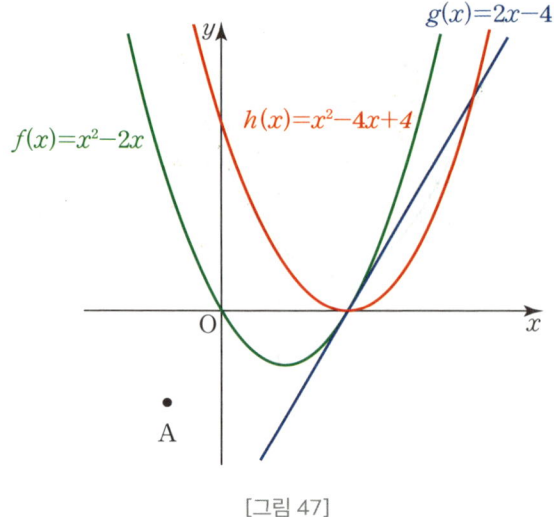

[그림 47]

[그림 47]에서 $f(x)=x^2-2x$ 위의 한 점 A(2, 0)에서 접선을 그리는 것을 생각해 보자. 이차함수 $f(x)$ 위의 점 A(2, 0)에서 그은 접선의 함수 $g(x)$를 뺀 새로운 함수는 $h(x)=f(x)-g(x)=(x-2)^2=x^2-4x+4$가 된다. 위 식을 계산하면 $g(x)=f(x)-h(x)=2x-4$[81]가 되는 것을 알 수 있다.

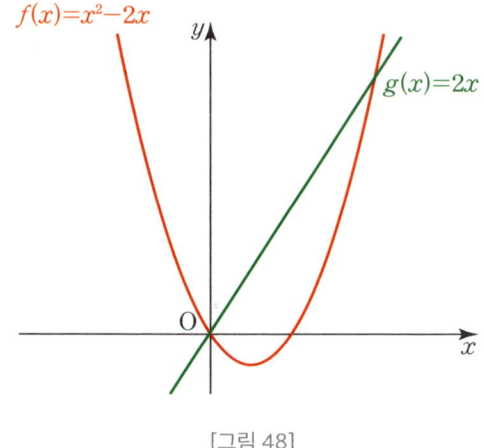

[그림 48]

[그림 48]에서 $f(x)=x^2-2x$를 지나는 $g(x)=2x$를 생각해 보자. $h(x)$

---

[81] $f(x)-h(x)=(x^2-2x)-(x^2-4x+4)$

$=f(x)-g(x)$라 하면 $h(x)=x^2-4x=x(x-4)$가 되어 0과 4의 실수근을 가지는 함수가 된다. $f(x)=x^2-2x$에서 기울기가 2인 x좌표[82]는 2이고, $x=2$는 $f(x)$와 $g(x)$의 교점의 정중앙에 위치하여 새로운 함수의 축이 된다. 이차함수와 만나는 직선의 기울기와 같은 기울기를 가진 이차함수의 접선은 두 교점의 중앙에서 이차함수와 접하며, 그 점은 새로운 함수의 축이 된다.

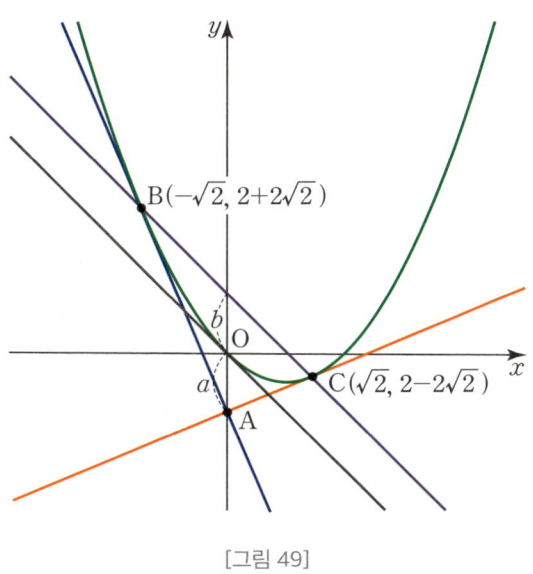

[그림 49]

[그림 49]에서 점 $A(0, -2)$에서 $f(x)=x^2-2x$에 그은 접선의 식을 구해 보자. 먼저 미분을 배우기 전의 교과서대로 구해 보면, 점 A를 지나는 직선의 식을 $g(x)=mx-2$이라 놓고 $f(x)-g(x)=0$이 중근을 가지는 m을 구하면 된다. $f(x)-g(x)=x^2-(2+m)x+2$가 중근을 가져야 하므로, 판별식 $D=(2+m)^2-8=0$을 만족하는 기울기 m을 찾는다.

$m^2+4m-4=0$이고, 근의 공식을 이용하여 이를 만족하는 근을 찾으면 $-2\pm\sqrt{8}$이므로, 두 접선의 식은 $g(x)=(-2\pm\sqrt{8})x-2$가 된다. 다시 $f(x)=g(x)$로 놓고 $f(x)$와 $g(x)$가 접하는 점을 찾으면 점 $B(-\sqrt{2}, 2+\sqrt{8})$과

---

82 이차함수의 도함수(미분된 후의 함수)는 일대일대칭인 일차함수가 되므로 이차함수는 같은 기울기를 가지는 점이 없고, 오로지 어느 한 기울기는 어느 한 점만을 지난다.

점 C($\sqrt{2}$, $2-\sqrt{8}$)가 되고, 선분 BC(기울기 -2)와 평행하면서 $f(x)$에 접하는 직선은 $h(x)=-2x$이고, $h(x)$는 원점($x=0$)을 지난다.

미분을 이용하여 접선을 구해 보자. 점 A(0, -2)에서 $f(x)=x^2-2x$에 그은 접선은 $f(x)=x^2-2x$ 위의 한 점을 지나야 하므로, 그 점을 (t, t^2-2t)로 보면 그 점에서의 기울기는 $2t-2$가 되고, 접선의 식은 $g(x)=(2t-2)(x-t)+t^2-2t$가 되고, 이 직선이 (0, -2)를 지나므로, $-2=(2t-2)(0-t)+t^2-2t$가 성립한다. 정리하면 $-2=-2t^2+2t+t^2-2t$이므로, $t^2-2=0$이 되어 t는 $\pm\sqrt{2}$가 된다. 이제 $g(x)=(2t-2)(x-t)+t^2-2t$의 식에 $\pm\sqrt{2}$를 t에 대입하면 $g(x)=(-2\pm\sqrt{8})x-2$가 된다. 미분을 이용하면 판별식과 근의 공식을 이용하지 않아도 접선의 방정식을 구할 수 있어, 계산 실수가 줄어들 수 있다.

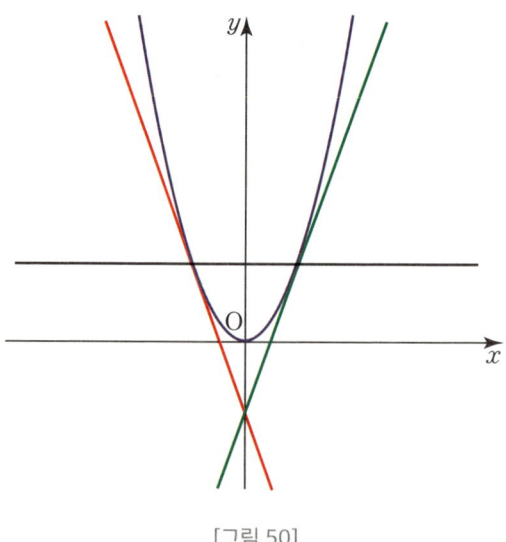

[그림 50]

점 A(0, -2)에서 $f(x)=x^2-2x$에 그은 접선의 두 접점과 평행하면서 $f(x)$에 접하는 직선 $h(x)=-2x$를 $f(x)=x^2-2x$에서 빼면 $i(x)=x^2$이 된다. 점 A(0, -2)에서 $i(x)=x^2$에 접선을 그으면 [그림 50]과 같은 모습이 된다. [그림 49]의 관계는 [그림 50]에서도 그대로 유지됨을 알 수 있다. 즉, 이차함수에 접선을 그은 점 A의 x좌표가 새로운 축이 되고, 두 접점을 이은 직선과 평행하게 이차함수에 접하는 직선 $h(x)$가 새로운 x축이 되며, A점의 x좌표가 새로운 축이 되고, 점 A의 x좌표에서 y축에 평행한 직선을 그어 만나는 $h(x)$의 점과의 거리 ([그림 49]에서 a)와 그 점에서 두 접점을 이은 직선의 교점의 거리([그림 49]에서 b)의 거리는 항상 같다.

이러한 관계를 가지고, 다음 문제를 풀어 본다.

(문제) $f(x)=2x^2-3x-2$이고, 점 A(1, −5)에서 $f(x)$에 그은 접선의 식과 접점을 구하라.

먼저, $f(x)$의 기울기 $f'(x)=4x-3$이므로 x가 1인 점에서의 기울기 $f'(1)=1$이라는 것을 알게 된다. 다음으로, $f(1)=2-3-2=-3$이므로,

기울기가 1인 $f(x)$인 점은 B(1, −3)이고, 점 A와 B의 y좌표의 차이는 2이므로, B점으로부터 y축으로 2 올라간 점 C(1, −1)를 두 접점을 이은 선이 지나가게 된다. 따라서, 두 접점을 이은 직선은 기울기가 1이고, C(1, −1)를 지나는 직선이므로 그 직선 $g(x)=(x-1)-1=x-2$가 된다. 이제 $f(x)$와 $g(x)$의 교점을 찾으면 판별식을 쓰지 않고도 접점과 접선의 방정식을 찾을 수 있다. 계속해 보면, $f(x)$와 $g(x)$의 교점을 찾기 위해 $f(x)-g(x)=2x^2-3x-2-x+2$ $=x^2-4x=h(x)$이고, $h(x)$의 실수근(접점의 x좌표)은 0, 2라는 것을 찾을 수 있다. 이제, 그 한 접점 (0, −2)과 점 A(1, −5)를 지나는 직선의 식을 구하면 그것이 바로 접선의 방정식 중 하나인데, 기울기가 −5이고 (0, −2)를 지나는 직선이므로 접선의 식 하나는 $y=-5x-2$이고, 나머지 접선의 식은 기울기가 5이고 (2, 0)을 지나는 직선이므로 $y=5(x-2)=5x-10$가 되는 것을 알 수 있다. [그림 51]

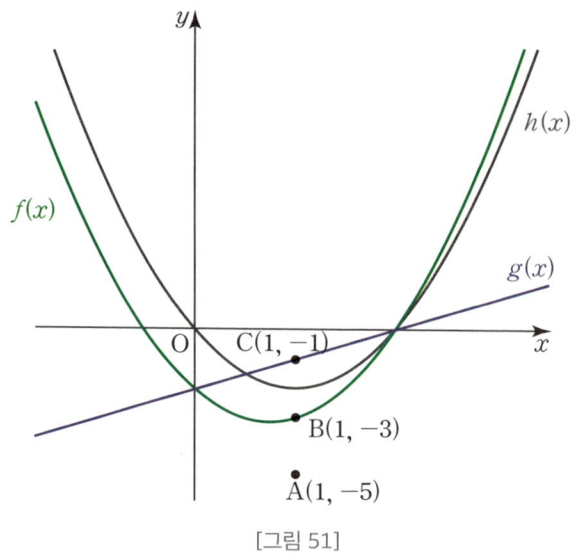

[그림 51]

    복잡한 판별식을 쓰거나 $f(x)$위의 한점을 $(t, 2t^2-3t-2)$로 놓고 미분을 하는 것보다 간편한 계산이며, 이차함수의 본래의 성질을 이용한 풀이 방법이 되는 것이다. 아무 생각 없이 접선의 식은 판별식을 쓰도록 교육하는 현재의 수학교육은 초등 시절부터 무턱대고 연산만을 강조하는 태도와 아무런 차이가 없다.

    이차함수에 대해 간단히 살펴보았다. 이차함수는 $f(x)=x^2$ 함수에서 $y=x$를 빼거나 $y=x-1$을 빼거나 $y=1$을 빼는 식으로 만들어지고, 경우에 따라서는 $y=x^2-1$에서 $y=x$를 빼는 식으로 만들어질 수 있다는 것을 생각해 두어야 한다. 이차함수는 삼차함수, 사차함수, 미분을 이해하는 삼차함수, 사차함수, 미분을 이해하는 기본으로 고등수학에서 가장 중요하므로, 완벽하게 익혀야 한다. 쓸데없는 판별식을 이용한 연산 말고 이차함수 자체를 공부하여야 한다. 이차함수는 축에 대칭을 갖는다는 점이 가장 중요하다. 수학은 대칭이고, 비율이다.

21
절댓값

아이들은 절댓값이 들어간 함수도 어려워한다. 수능에서 절댓값이 들어간 함수에 관한 문제는 어려운 4점짜리 문제이다. 절댓값에 관한 부분도 일차함수, 이차함수와 같이 빼기함수로 생각하면 충분히 이해할 수 있고, 크게 어렵지 않게 익힐 수 있을 것이다.

절댓값이라는 것은 두 수의 차, 또는 두 함수의 차를 알아보기 위한 것이므로, 기본적으로는 빼기함수에 대한 생각이 정리되어 있어야 한다.

$|x|=|-x|=x$ 또는 $-x$ (x가 양이면 x, x가 음이면 $-x$)

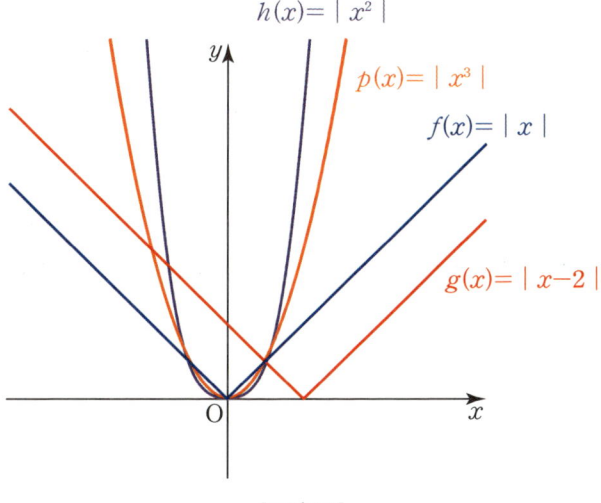

[그림 52]

$|x|=|x-0|$으로 생각하면 $|x|$는 0으로부터 떨어진 거리를 의미한다. 1과 -1은 0으로부터 떨어진 거리가 같다. $f(x)=|x|$의 그래프는 날카롭게 원점에서 튕겨 올라가는 모습이다.

$g(x)=|x-2|$는 2로부터 떨어진 거리를 말한다. $x-2=0$인 점에서 튕겨 나간다.

$h(x)=|x^2|$은 0으로부터 떨어진 제곱의 거리를 말한다. x^2은 모두 양이므로 절댓값을 취해도 그래프의 모양이 같다.

$p(x)=|x^3|$의 그래프는 $x^3=0$인 점에서 위 쪽으로 튕겨나간다.

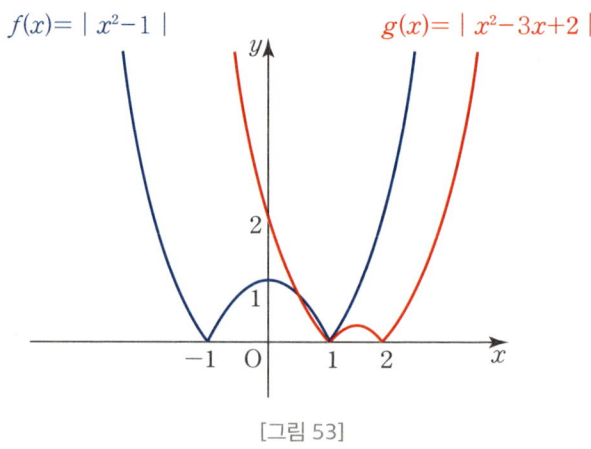

[그림 53]

$f(x)=|x^2-1|$는 $x^2-1=0$이 되는 -1과 1에서 위쪽으로 튕기게 된다. 실수근을 알면 모든 절댓값 그래프를 그릴 수 있다.

$g(x)=|x^2-3x+2|$는 $x^2-3x+2=(x-1)(x-2)=0$이 되는 1과 2에서 위쪽으로 튕긴다.

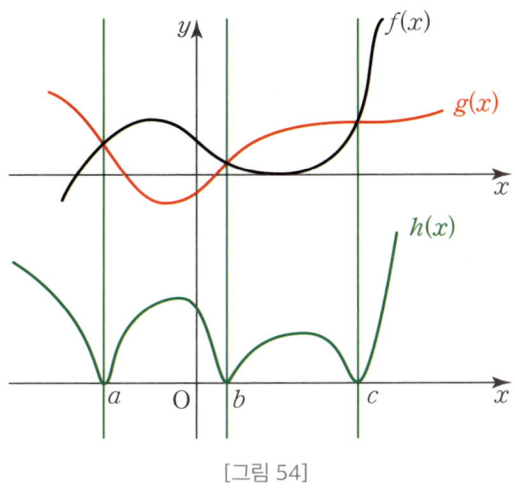

[그림 54]

$h(x) = |f(x) - g(x)|$라는 함수를 살펴보자. a까지는 $g(x)$가, a부터 b 사이는 $f(x)$가, 다시 b부터 c 사이는 $g(x)$가, c 이상은 $f(x)$가 크다. $f(x) - g(x)$라는 빼기 함수에서 0이 되는 부분(실수근)에서 음인 부분을 양으로 바꾸어 주면 되는데, 항상 실수근을 중심으로 접히거나 튕겨나가는(중근을 가질 때) 모습을 가진다. 다항식이 빼기함수로 구성되었다는 것을 처음부터 공부한 아이는 절댓값 함수도 어려움 없이 이해하고 넘어갈 수 있다. 향후 미분을 공부할 때 미분 불가능한 점으로 절댓값 함수가 많이 나오므로, 절댓값 함수의 그래프 그리는 연습을 출분히 해 둘 필요가 있다. 기본적으로는 $f(x)$가 큰 부분에서는 $f(x)$에서 $g(x)$를 빼고, $f(x)$가 작은 부분에서는 $g(x)$에서 $f(x)$를 빼면 되는데, 함숫값의 차이가 크면 $h(x)$의 높이도 크다.

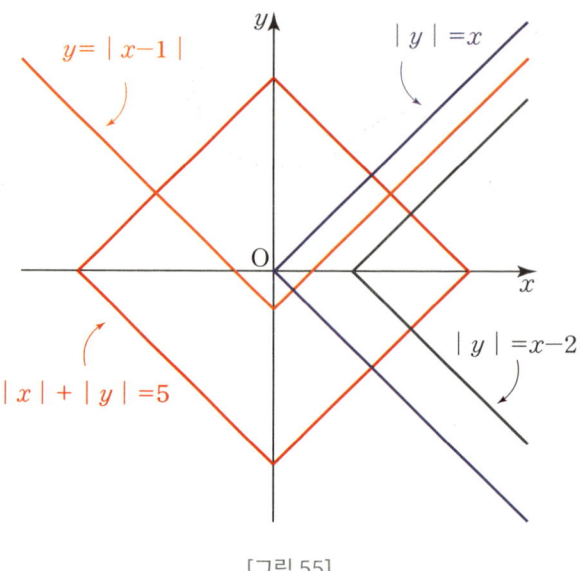

[그림 55]

$y=|x|-1$의 그래프는 $x=0$인 점(y축)에서 튕겨 나가는데, $y=|x|$를 y축으로 한 칸 내리면 된다.

$|y|=x$의 그래프는 $y=0$인 점(x축)에서 오른쪽으로 튕겨나가고, $|y|=x-2$의 그래프는 $y=0$의 점 (2, 0)에서 오른쪽으로 튕겨 나간다.

$|y|=|x|$의 그래프는 $y=x$ 또는 $-x$이므로 원점을 중심으로 ×자를 그리는 그래프가 된다.

$|x|+|y|=5$의 그래프는 x, y축에서 튕기는데, 원과 비슷한 마름모가 된다.

22
내분점, 외분점

내분점 공식, 외분점 공식이 있다. 대부분의 아이들은 그 원리를 생각하지 않고 공식을 외워서 문제에 적용하는 것에만 관심이 있다. 그런데, 내분점이나 외분점이 정수나 유리수가 아닌 로그와 지수에 포함되어 제시되면 내분점 공식이나 외분점 공식으로 문제를 풀기가 상당히 어렵다.

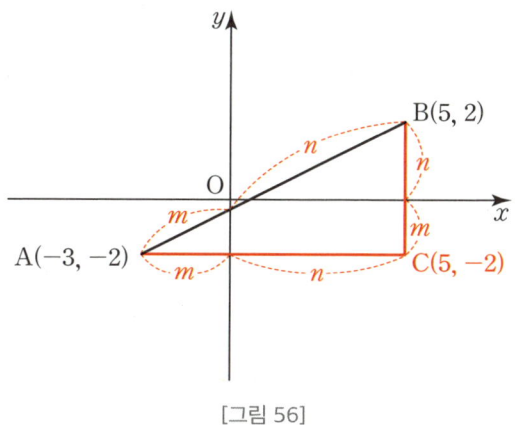

[그림 56]

점 A(−3, −2)와 점 B(5, 2)를 $m:n$으로 내분하는 점이 y에 있다. m과 n을 구하라 하면, 우리 아이들은 열심히 내분점 공식을 써서 m과 n을 구한다.

내분점 공식을 써서 구해보면 답이 안 나온다[83]. 내분점 공식을 쓰면 위 두 점

---

83 속된 말로 답이 없네! 하는 그런 느낌이다.

을 $m:n$으로 내분하는 점의 x좌표는 $\dfrac{-3n+5m}{m+n}$로 계산되고, y좌표도 m과 n의 식으로 계산되는데, 이 x좌표가 0이라는 것까지 구하고는 더 이상 진행을 할 수가 없다. 식은 하나인데, 알고 싶은 수는 2개라서 더 이상 공식으로는 문제를 풀 수 없다. 좀 똑똑한 친구는 직선 AB의 식을 기울기와 한 점을 이용하여 세운 이후, 그 식에 위 x좌표를 넣어서 0이 되는 m, n을 찾는다. 교과서의 풀이 방식이다. 내분점의 원리를 이해하면 10초면 풀 수 있는 것을 공식을 적용하여 m과 n으로 이루어진 2개의 조건등식을 세운 이후 다시 직선의 식을 세우고 다시 m, n으로 이루어진 x좌표를 직선의 식에 넣어서 m, n을 구하는 멍청한 짓을 하라는 것이 지금의 공식 위주의 수학교육이다. [그림 56]에서 선분 AB를 $m:n$으로 내분하는 점이 y축에 있으므로 직각삼각형을 그려 점 A(−3, −2)와 점 C(5, −2)의 내분점을 살펴본다. 점 A와 점 C의 거리는 8이고, y축이 $m:n$으로 내분하고, y축이 −3에서 3만큼 떨어져 있으므로, m은 3, n은 5이다. 내분점의 y좌표는 알 필요도 없고, 더욱이 AB의 직선의 식도 알 필요 없다.

물론, 이렇게 딱 떨어지는 수로 주지 않고, 점의 좌표도 주지 않고, 비례 관계도 m, n으로 주면서 내분점을 구해야 하는 상황이라면 어쩔 수 없이 내분점 공식을 사용해야 할 경우가 있을 수 있다. 하지만, 그 경우라도 무작정 내분점 공식을 외워서 적용하기보다는 이해하고 다른 공식을 만들어 사용하는 것이 유리하다고 생각한다.

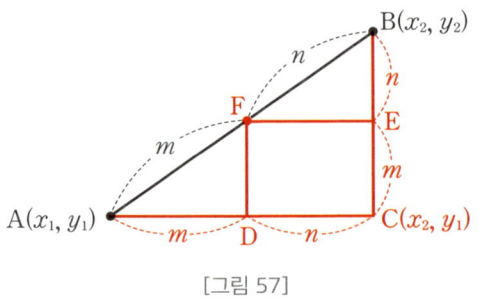

[그림 57]

[그림 57]에서 점 $A(x_1, y_1)$과 점 $B(x_2, y_2)$를 $m:n$으로 내분하는 점을 구해야 하는 상황이다.

어쩔 수 없이 내분점을 미지수로 표현해야 하는데, 나는 이렇게 표현하는 것이 좋겠다고 생각한다. 우선 점 D를 찾아야 하는데, 점 D는 점 A와 점 C를 $m:n$ 으로 내분하는 점이다. 점 A와 점 C의 길이(=x_2-x_1)를 $m:n$으로 내분하는 것이므로, 점 D는 점 A의 좌표 x_1에서 점 A와 점 C의 길이를 $m+n$ 등분한 이후 m만큼 곱해 준 부분을 더해 주면 된다. 즉, 점 D의 x좌표는 $\frac{x_2-x_1}{m+n} \times m + x_1$으로 계산하면 된다[84]. 이것 역시 복잡하다고 생각하겠지만, 이렇게 생각하는 것이 x_1에서 x_2까지의 $m:n$ 내분점 본래의 의미에 따른 표현이고, x_1에 n을 곱하고 x_2에 m을 곱해서 계산량이 커지는 것을 막을 수 있고, x_1의 의미를 그대로 사용할 수 있다. 로그와 지수 부분에서 내분점, 외분점 문제가 많이 나오는데[85], 가능하면 계산량을 줄여야 계산 실수가 적을 뿐 아니라 시간도 절약된다.

어떤 유명 강사의 코미디 한 장면.

점 A($m, m-3$), 점 B($m+3, m+3$)을 2 : 1로 내분하는 점을 구한 후 이 내분점을 이용하여야 문제를 풀 수 있는 상황이다. 강사는 약 30초 정도 열심히 내분점 공식을 이용하여 내분점을 ($m+2, m-1$)로 찾아내었다. 이런 상황에서 내분점 공식을 쓰는 것이 왜 코미디인지 바로 알아볼 수 있으면 수학적 센스가 있다고 생각한다. 점 A와 점 B의 x좌표의 차이는 3이고, 이를 2 : 1로 내분하므로, 내분점 x좌표는 곧바로 $m+2$인 것이고, y좌표 역시 마찬가지이다. 공식을 무개념적으로 작용하는 데서 나타나는 맹점인데, 삼각함수 등에서는 그 정도가 더 심하다. 삼각비로 간단히 해결될 것을 복잡한 삼각함수 덧셈정리를 쓴다거나 코사인법칙을 쓰는 경우가 허다하다. 생각하는 수학이 아니라 공식 적용의 문제풀이에만 집착한 안타까운 현실이다. 외분점 역시 마찬가지 설명이 가능하지만, 독자들이 스스로 생각해 보도록 비워 둔다.

---

[84] 향후 적분의 유도식에서도 동일한 생각이 사용된다.

[85] 정수부분에서는 내분점 공식 등을 몰라도 일일이 수를 대입하는 방법으로도 문제를 풀 수 있어 고등수학에서는 거의 대부분 지수, 로그 부분에서 내분점, 외분점이 나온다. 지수, 로그 부분에서 좀 더 살펴보자.

23
고등수학의 원

삼각형과 원의 비례를 공부하던 중학수학과 달리 고등수학에서는 원을 좌표평면에서 다룬다. 그런데, 고등수학에서의 원은 중학수학에서 원을 완벽하게 체화한 아이들은 별로 공부할 것이 없는 파트가 된다.

먼저, 좌표평면에서 원을 어떻게 표현할 수 있는지 알아보자. 원은 피타고라스 정리다.

피타고라스 정리는 밑변의 제곱과 높이의 제곱의 합은 빗변의 제곱과 같다는 $a^2+b^2=c^2$으로 표현되는데, 원의 식은 $x^2+y^2=r^2$으로 표현된다. 둘이 똑같지 않은가? 똑같은 것이 맞다. 원은 직각삼각형의 밑변과 높이와 빗변과의 관계를 나타내는 것이다. 원을 보면 직각삼각형, 직각삼각형을 보면 원이 떠올라야 하는 이유이다.

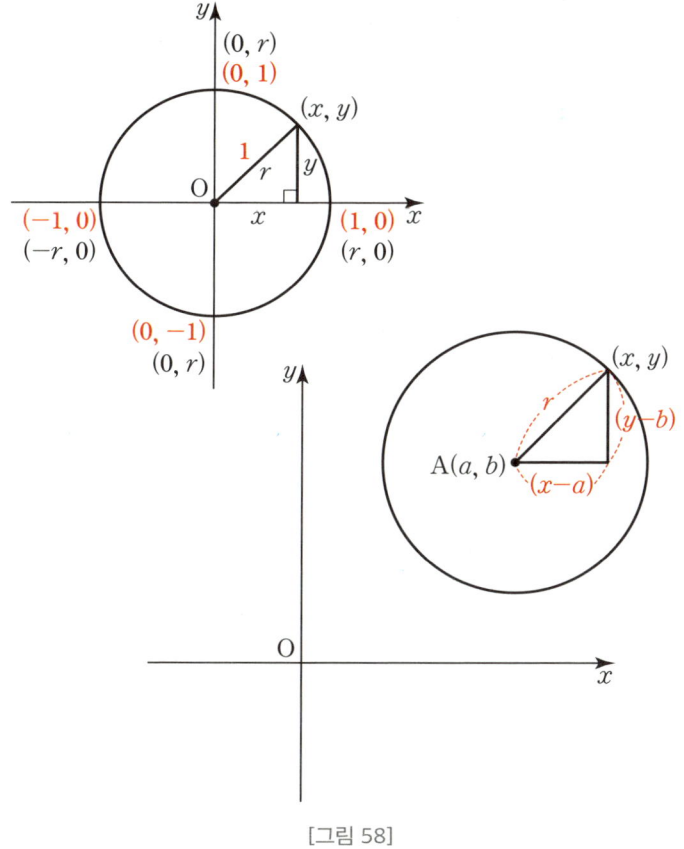

[그림 58]

원은 중심에서 같은 거리에 있는 점들의 자취이다. 점들의 자취라는 것은 x, y의 관계가 같은 점들을 좌표평면에서 표시한 것인데, 우선 원점에서 거리가 1인 점들의 자취를 알아보자. 먼저 (1, 0), (0, 1), (−1, 0) (0, −1)은 직관적으로 알 수 있다. 원점에서 1의 거리에 있는 나머지 점들의 자취는 어떻게 구해야 할까? 우선 좌표평면에서 아무 점 (x, y)를 두고 직각삼각형을 만들어 원점으로부터의 수평 거리(x), 원점으로부터의 수직거리(y)를 제곱하였더니 $x^2+y^2=1$이 나왔고, 원점으로부터의 거리를 r로 놓았더니 $x^2+y^2=r^2$이 되었다. 이게 원을 설명하는 전부이다. 이 경우는 중심이 원점에 있는 것이고, 중심이 (a, b)에 있다면 식은 $(x-a)^2+(y-b)^2=r^2$로 표현될 것이다[86].

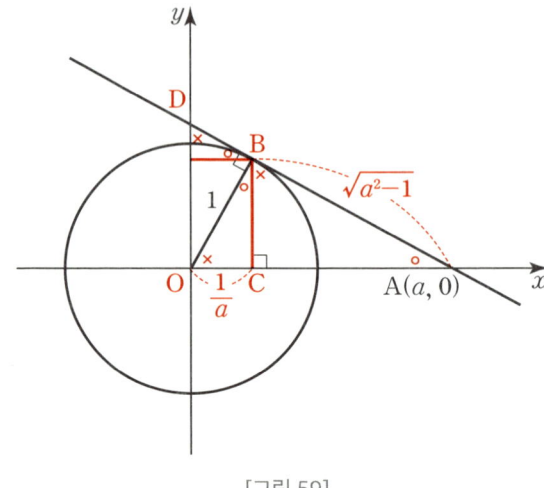

[그림 59]

고등수학의 원에서는 접선에 관한 문제가 거의 전부이고, 나머지는 중학수학에서의 원의 기본 성질[87]에 대한 것을 변형해서 식으로 다룰 뿐이다.

그림 59에서 원의 접선에 대해 알아보자[88].

반지름이 1인 원이 있다. 점 $A(a, 0)$에서 원에 접선을 그었을 때 접선의 식을 알아보자. 원과 접선이 만나는 점들을 이어보면 크고 작은 닮은 직각삼각형이 나타난다. 닮은 직각삼각형이 나오면 바로 삼각비와 피타고라스 정리를 적용해 보는 것이 수학하는 사람의 기본 태도이다. 선분 OA의 길이는 a, 선분 OB의 길이는 1, 따라서 선분 AB의 길이는 $\sqrt{a^2-1}$, 직선 OB의 기울기는 $\sqrt{a^2-1}$[89], 직선 DA의 기울기는 $-\dfrac{1}{\sqrt{a^2-1}}$[90], 기울기를 알고 접선이 지나는 한 점을 알고 있으

---

86 원점이 x축으로 a, y축으로 b 이동했더니, 도형이 $(x-a)$, $(y-b)$로 표현된다. 점의 이동과 도형의 이동과의 관계를 직관적으로 알 수 있다.

87 중심은 현을 수직이등분하고, 이등변삼각형이 생김. 원주각과 중심각의 관계, 지름을 끝으로 하는 삼각형은 직각삼각형. 할선과 길이의 비율관계, 접선이 이루는 합동 삼각형, 대내각이 180° 등

88 미분은 접선에 관한 학문이고, 고등수학은 미분을 이해하기 위한 과정이다.

89 △OAB와 △OCB는 닮았기 때문에 닮음비를 이용해서 선분 OB의 기울기는 쉽게 구할 수 있다.

90 수직하는 직선의 기울기 곱은 -1이다.

니, 접선의 식은 $-\dfrac{1}{\sqrt{a^2-1}}(x-a)$.

접선의 식을 구했으니 점 B, C, D에 대해서도 알아보자.

△OAB와 △OCB에서 $\overline{OA} : 1 = 1 : \overline{OC}$

$\overline{OC} = \dfrac{1}{a}$

$1 : \overline{OC}(=\dfrac{1}{a}) = \sqrt{a^2-1} : \overline{BC}$

$\overline{BC} = \sqrt{a^2-1} \times \dfrac{1}{a}$

이런 방식으로 계속하여 닮음인 직각삼각형의 길이를 찾아낼 수 있고, 그렇게 길이를 찾아내는 연습을 중학교 때 충분히 하였으면 고등수학의 원도 쉽게 이해할 수 있는 것이다. 원의 접선을 찾는다고 하면서 원의 식에 직선의 식을 연립하고 다시 복잡한 판별식 계산을 통해 직선의 식을 찾고, 다시 직선의 식을 통해 접점을 찾는 멍청한 일은 진짜로!! 하면 안된다. 그 방법은 지름길을 놔두고 멀리멀리 돌아가는 비효율의 극치인 행동이다.

모든 도형은 원과 직각삼각형, 이등변삼각형으로 분해하여 해석하면 되고, 몸에 체화될 수 있도록 원과 삼각형을 갖고 충분히 놀아야 한다. 간단한 원과 관련된 문제 두 개만 보자.

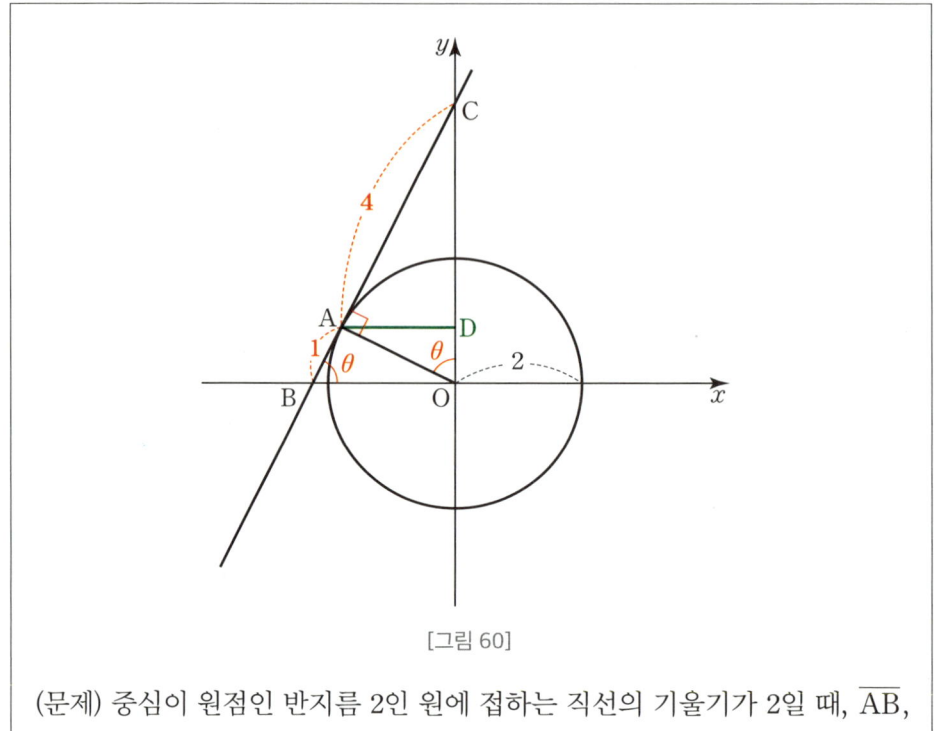

[그림 60]

(문제) 중심이 원점인 반지름 2인 원에 접하는 직선의 기울기가 2일 때, $\overline{AB}$, $\overline{AC}$의 길이는?

원점 O에서 A까지 수선을 내리면 직각삼각형이 만들어진다. $\tan\theta = \dfrac{\overline{AC}}{\overline{AO}} = 2$ 이고, $\overline{AO}$는 반지름 2이므로 $\overline{AC}$는 4, 다시 $\tan\theta = \dfrac{\overline{AO}}{\overline{AB}} = 2$[91]이고, $\overline{AO}$는 반지름 2이므로 $\overline{AB}$는 1(끝).

여기서 계속 직각삼각형을 만들어가며 삼각비를 이용하면 B점의 좌표, D점의 좌표도 어렵지 않게 구할 수 있다. 접선의 방정식을 구하고, 원과 연립하여 판별식을 쓰는 등의 행동을 하는 것은 수학하는 것이 아니라 기계적, 노예적 노동을 하는 것이다.

91 그림 60에는 θ가 2개 있고 $\tan\theta$가 $\dfrac{\overline{AO}}{\overline{AB}} = \dfrac{\overline{CO}}{\overline{BO}} = \dfrac{\overline{AC}}{\overline{AO}} = \dfrac{\overline{DA}}{\overline{DO}}$ 이다. 어느 하나의 $\tan\theta$를 알면 나머지 길이는 쉽게 구할 수 있다. △CAD도 θ이다.

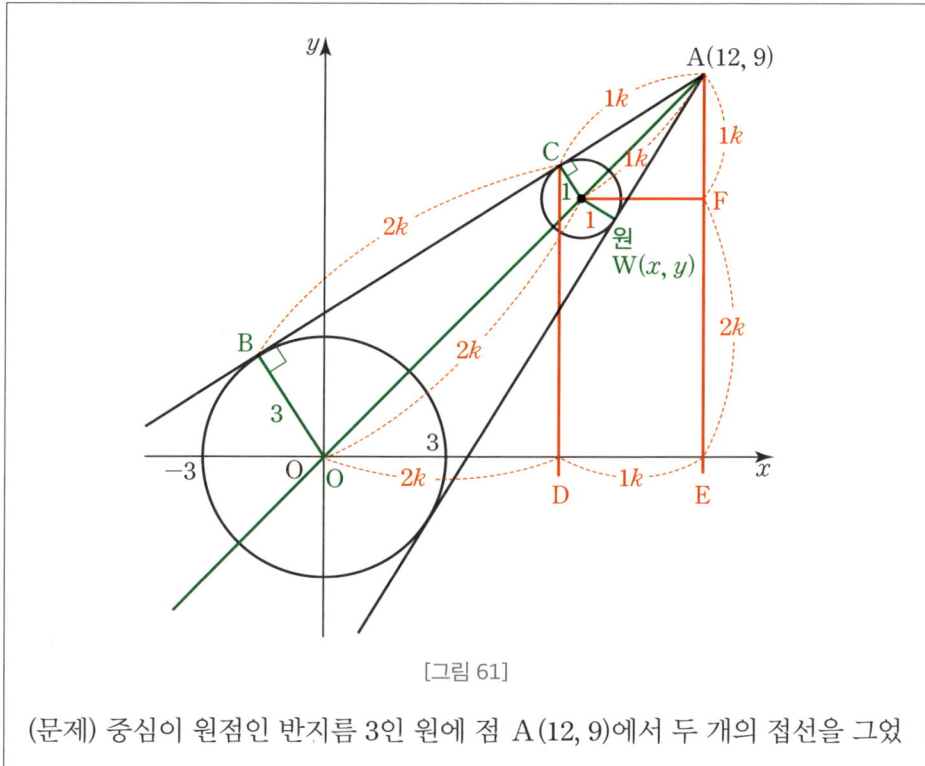

[그림 61]

(문제) 중심이 원점인 반지름 3인 원에 점 A(12, 9)에서 두 개의 접선을 그었다. 두 개의 접선에 접하는 어떤 원 W의 반지름이 1일 때, 원 W의 중심의 좌표는?

원의 공통접선이 이루는 각의 이등분선에 원의 중심이 있다. 점 O에서 B까지 수선을 내리면 직각삼각형이 만들어지고, 원 W의 중심 W(x, y)에서 점 C까지 수선을 내리면 직각삼각형이 만들어진다. △ABO와 △ACW는 닮았고, 닮음비는 3:1이다. 따라서, $\overline{BC}:\overline{CA}=\overline{OW}:\overline{WA}=\overline{OD}:\overline{DE}=\overline{EF}:\overline{FA}=2:1$이다. 따라서, 중심 W의 x좌표는 선분 OE의 길이 12를 2 : 1로 내분하는 8이고, 중심 W의 y좌표는 선분 AE의 길이 9를 2 : 1로 내분하는 6이므로, W의 중심은 (8, 6)이다.

24

지수, 로그

지수

수학자들은 어떤 수를 여러 번 곱하는 경우 곱해지는 횟수를 어떤 수의 오른쪽 첨자로 기재하기로 약속하였다. 2를 5번 곱해야 하는 경우 원래라면 $2\times2\times2\times2\times2$라고 써야 하는데, 너무 길고 2를 100번 곱해야 하는 경우에는 그 표시를 하느라 많은 시간이 소요되어, 2^5, 2^{100}이라고 축약해서 기재하기로 하였다. 이때 곱해지는 횟수인 오른쪽 첨자를 '지수'로, 어떤 수는 '밑'으로 부르기로 하였다.

이렇게 지수 형태로 곱해지는 수를 기재하고 나니, 지수의 여러 가지 성질이 나타났다.

$2^3 \times 2^5 = (2\times2\times2)\times(2\times2\times2\times2\times2) = 2^{3+5} = 2^8$이 되어 밑이 같은 지수 형태의 수를 곱하니 지수를 더하면 되었다.

$2^5 \div 2^3 = (2\times2\times2\times2\times2) \div (2\times2\times2) = 2^{5-3} = 2^2$이 되어 밑이 같은 지수 형태의 수를 나누니 지수를 빼면 되었다.

$(2^3)^2 = (2\times2\times2)\times(2\times2\times2) = 2^{3\times2} = 2^6$이 되고,

$(2\times3)^2 = 2^2 \times 3^2$이 되고, $\left(\dfrac{2}{3}\right)^2 = \dfrac{2^2}{3^2}$가 되었다.

이렇게 밑이 같은 지수를 가진 수를 곱하면 지수를 더하고, 나누면 빼고, 제곱

하면 각자 제곱하면 되는 신기한 지수법칙을 발견하게 되었다.

그런데, 지수 형태의 수를 나누는 것에서 문제가 발생한다. $2^3 \div 2^3 = 2^{3-3} = 2^0 = 1$이 되어, 어떤 수의 0제곱이 1이라는 쉽게 납득할 수 없는 상황이 발생하였다. 어떤 수를 한 번도 곱하지 않았더니 1이 된다니? 그런데, 곱셈은 1로부터 시작한다고 생각하면 이 지수법칙은 당연하게 받아들여진다. 모든 수에는 1이 곱해져 있는데[92], 한 번도 안 곱하였으니 1 그대로 있는 것이다. 1은 지수에서도 참 신기한 모습을 보여준다. $2^3 \div 2^5 = 2^{3-5} = 2^{-2} = \frac{1}{4}$인데, 2를 -2번 곱하는 것은 생각하기 어려운 일이다. 그런데, 2를 -2번 곱하는 것을 2를 2번 곱해서 1로 나누어 주는 것($=\frac{1}{2^2}$)으로 생각하니 연산의 연속성과 완결성이 유지되었다. 이러한 지수법칙은 많은 연습을 하여 숙달시켜야 향후 로그와 같이 나올 때 헷갈리지 않고 능숙하게 처리할 수 있게 된다.

제곱근

어떤 수를 제곱하면 a가 되는 수를 $\sqrt{a}$라고 부르기로 약속하였다. 그렇다면, 어떤 수를 3제곱하면 a가 되는 수는 어떻게 표시하면 좋을까? 기왕 제곱하면 a가 되는 수를 $\sqrt{a}$라는 기호를 사용하였으므로, 이를 $\sqrt[2]{a}$로 보면, 3제곱해서 a가 되는 수는 $\sqrt[3]{a}$로 표시하면 연속성 있게 나타낼 수 있게 된다. 그리고 $\sqrt{a}$는 제곱해서 a가 되는 수이므로, $a^{\frac{1}{2}}$로 표시하면 $a^{\frac{1}{2}} \times a^{\frac{1}{2}} = a^{\frac{1}{2}+\frac{1}{2}} = a$가 되어 완결성을 가지게 되었다.

이렇게 밑과 지수를 실수 전체 체계로 확장을 하고 나니, a가 음수일 경우에는 $a^{\frac{1}{2}}$이 정의되지 않는 것이다. 실수체계에서는 제곱해서 음수가 나올 수 없으므

---

[92] $2a + a = (2+1)a = 3a$가 되는 이유는 a에 1이 곱해져 있기 때문이고, $a \div a = 1$이 되는 이유 역시 $1 \times a \div 1 \times a$이기 때문이다.

로, 아예 지수의 세계에서는 밑이 음수가 되거나 0이 되는 경우는 상정을 하지 않기로 약속하였고, 이는 지수의 한 형태인 로그에서도 동일하게 적용된다.

밑이 양수인 경우 $a^2=b$일 때, 양 변에 $\dfrac{1}{x}$ 제곱을 하여도 등호는 성립하므로, $a=b^{\frac{1}{2}}$도 성립한다.

지수함수

밑이 양수인 함수를 생각해 보자. 지수에는 모든 실수가 들어갈 수 있고, a가 1보다 작은지 큰지에 따라 함수의 모양이 다르게 나온다. 0과 1 사이의 수는 제곱하면 줄어드는 성질이 있고, 1 이상의 수는 제곱하면 커진다. 밑이 0과 음수인 경우는 상정하지 않는다.

구체적인 그래프는 교과서를 참고하면 될 것이고, 밑이 1보다 클 경우 밑이 클수록 날쌘하게 증가하고, 밑이 1보다 작은 경우 밑이 작을수록 날쌘하게 감소한다. 지수함수를 공부할 때, 각 지수함수별 정수의 변동에 따른 함수의 변동량을 살펴 두는 것이 좋다. 가령 $y=2^x$ 함수라면 x가 $-3, -2, -1, 0, 1, 2, 3$으로 변할 때 함숫값의 변화량을 실제 숙달시켜 놓으면 함수의 이동에 관한 문제가 나왔을 때 y의 변화량으로부터 x를 쉽게 찾을 수 있다. 계산기 없이 시험을 치르는 우리 시험구조상 $2^{\frac{3}{2}}$ 같은 함숫값은 찾을 수 없어 항상 x에는 정수만이 들어갈 수밖에 없고, 이차함수의 변화량을 숙지하듯이 지수함수의 변화량을 숙지하고 있으면 그 x의 변화량 역시 찾을 수 있다.

로그[93]

로그는 특이한 지수이다. 지수여서 특정 수의 오른쪽 어깨에서만 놀아야 하는데, 굳이 땅으로 내려와 다른 수와 같은 취급을 받고자 한다. 하지만, 원래 지수라는 성질까지 버리지는 못하여 지수법칙을 대부분 따르게 된다. 즉, 지수의 세계에서 곱셈은 덧셈으로 바뀌고 나눗셈은 뺄셈으로 바뀌는데, 땅으로 내려온 지수인 로그 역시 곱셈은 덧셈으로, 나눗셈은 뺄셈으로 바뀌는 묘기를 부린다.

교과서의 설명과는 달리 시작한다.

어떤 수 a를 몇 번(정수가 아닌 실수) 제곱하였더니 b가 나왔다. 이를 다른 말로 표현하면 'a의 몇 번 곱은 b'로 표현할 수 있고, 수로 표시하면 $a^{\log_a b}=b$로 표시하기로 약속하였다. $\log_a b$는 "a를 몇 번 곱해야 b가 되는지" 수로 표현한 것이다. 교과서는 $\log_a b = x$로 설명하는데, 교과서대로 이해하려면 머리가 아프고 그냥 외우는 수밖에 없으니, $a^{\log_a b}=b$로 표현하고 로그를 이해해 보자.

$a^{\log_a b}=b$, $a^{\log_a c}=c$

① $a^{\log_a a}=a$ (로그의 정의) ⇨ ② $\log_a a = 1$

$b \times c = a^{\log_a b} \times a^{\log_a c}$ (지수법칙 적용)$=a^{\log_a b + \log_a c}$ 가 되고, 양변에 로그 a를 취

---

[93] 로그라는 개념을 처음 생각한 사람은 John Napier라는 17세기 스코틀랜드의 수학자, 천문학자이다. 계산기가 없던 시기여서 많은 수학자나 천문학자들이 복잡하고 큰 수의 계산에 힘들어 할 때 그는 곱셈과 나눗셈을 덧셈과 뺄셈으로 변환하여 정확한 수학적 계산이 가능하도록 로그라는 개념을 생각해 냈고, 20년의 세월 동안 끊임없는 계산을 통해 로그표를 만들었으며, 다시 영국의 브릭스와 협력하여 수많은 계산을 통해 상용로그표를 만들었다. 계산기가 없던 시절 John Napier는 자신의 20년 동안의 계산 결과를 대중에 공개하면서, "나는 20년 동안 계산에 매달렸지만, 다른 사람은 나의 계산 결과를 이용하여 계산을 쉽게 할 수 있기를 바란다"라고 하였고, 18세기의 시몽 드 라플라스는 "(천문학적 수 계산을 위한) 몇 개월치 노동량이 (로그를 사용함으로써) 단 며칠의 노동량으로 줄었고, 천문학자의 수명이 두 배로 늘었으며, 실수와 욕창이 줄었다"라고 로그의 유용성에 대해 깊이 감사를 표했다. 로그는 수학을 배우는 사람을 괴롭히기 위하여 만들어 낸 것이 아니라 수학 계산의 편리성을 위해 만들어낸 획기적인 생각인 것이다.

해주면[94]

③ $\log_a bc = \log_a b + \log_a c$ ($\log_a a = 1$이므로)

$b \div c = a^{\log_a b} \div a^{\log_a c}$ (지수법칙 적용) $= a^{\log_a b - \log_a c}$가 되고, 양변에 로그 a를 취해주면

④ $\log_a \dfrac{b}{c} = \log_a b - \log_a c$ ($\log_a a = 1$이므로)

⑤ $\log_a b^2 = \log_a bb = \log_a b + \log_a b = 2\log_a b$

$a^{\log_a b} = b$의 양변에 $\log_c$를 취하면 $\log_c a^{\log_a b} = \log_c b$ (⑤에 의하여 진수의 제곱은 로그 밖으로 나올 수 있으므로) ⇨ $\log_a b \, \log_c a = \log_c b$ ⇨ ⑥ $\log_a b = \dfrac{\log_c b}{\log_c a}$

⑦ $\log_{a^2} b = \dfrac{\log_a b}{\log_a a^2} = \dfrac{1}{2} \log_a b$

⑧ $\log_a b = \dfrac{1}{\log_b a}$ (밑변환공식인 ⑥에 c를 b로 대치하면 유도된다. 또한, 원래의 정의인 $a^{\log_a b} = b$에서 양변에 $\dfrac{1}{\log_a b}$제곱을 하면 $a = b^{\frac{1}{\log_a b}}$가 되는데, 다시 양변에 로그 b를 취해주면 $\log_b a = \dfrac{1}{\log_a b}$가 된다).

⑨ $a^{\log_c b} = b^{\log_c a}$ ⇨ $a^{\log_c b}$에 로그 c를 취해주면 $\log_c a^{\log_c b}$가 되고, 다시 진수의 제곱으로 표시된 $\log_c b$가 밖으로 나오면 $\log_c b \times \log_c a$가 되고, $\log_c b$와 $\log_c a$의 자리를 바꾸어 $\log_c a \times \log_c b$로 바꾼 후 $\log_c a$를 $\log_c b$의 진수 b의 제곱으로 올리면 $a^{\log_c b} = b^{\log_c a}$가 되어 밑과 진수의 제곱이 자리 바꿈을 할 수 있다는 것을 알 수 있다.

로그는 그 성질상 밑을 1이 아닌 양수로 가질 수밖에 없고, 진수 역시 양의 수를 가질 수밖에 없다.

이상 9가지의 로그 성질을 스스로 말할 수 있을 때까지 공부하면 로그에 대한 모든 것을 자유자재로 다룰 수 있을 것이다.

---

94 양변에 밑이 같은 로그를 취하여도 등호는 성립한다.

로그함수

로그는 지수이면서 수처럼 행동하므로 밑이 같은 지수와 비슷한 성질을 가진다. 지수함수와 로그함수는 그 태생적 성질상 $y=x$에 대칭일 수밖에 없는 것이어서 밑이 1보다 큰 로그함수는 밑이 클수록 땅(x축)에 붙어서 서서히 증가하고 (지수함수는 밑이 클수록 날씬하게 증가하므로 로그함수는 뚱뚱하게 증가), 밑이 1보다 작은 로그함수는 밑이 작을수록 하늘(y축)에서 붙어서 감소한다.

지수함수는 $f(x)=y=a^x$이고, 로그함수는 $g(x)=y=\log_a x$인데, $f(1)=0$, $g(0)=1$이고, $f(1)=a$, $g(a)=1$이다. 이처럼 지수함수와 로그함수는 독립변수(입력값)와 종속변수(출력값)의 대응관계를 거꾸로 한 함수이다. 이처럼 지수함수의 x가 로그함수의 y이므로 지수함수와 로그함수는 x와 y를 바꾸면 되고, x와 y를 바꾸어 성립하는 함수는 상호 역함수로 $y=x$에 대칭일 수밖에 없다[95].

지수, 로그 함수는 $y=x$에 대칭성을 가지고 움직이고, 밑이 같은 지수나 로그만을 대상으로 정수 지수(지수함수)나 정수 진수(로그함수)가 아니면 문제를 출제하지 못하므로, 지수와 로그 함수의 특성과 삼각비를 잘 이해하면서 함수를 분석하면 어렵지 않게 문제를 해결할 수 있다.

---

95 이차함수와 무리함수 역시 역함수 관계이다.

25
삼각함수

    삼각함수는 도형과 삼각비를 자유자재로 갖고 놀 수 있으면 잘 해결할 수 있는데, 도형과 삼각비를 충분히 이해하지 않은 채 삼각함수를 공부하면 그냥 외계어로 무작정 외울 수밖에 없다. 그런데, 공식을 아무리 외워도 문제를 풀 수 없는 안타까운 상태에 빠지게 된다.

    먼저, 고등수학에서는 육십분법이 아닌 호도법을 사용하여 각을 표시한다. 그런데, 왜 고등수학에서는 중학교 때까지 친숙하게 사용하던 육십분법이 아닌 호도법이라는 새로운 각 표시법을 제시하는 것일까? 수학을 배우는 사람들을 괴롭히기 위해서? 그럴 리가 없다. 무언가 육십분법보다 편리하기 때문일 것이다.

    먼저, 육십분법에 대해서 알아보자. 원을 360 조각하여 그중 한 조각의 각을 1°로 하고, 원 전체를 360°로 하였다. 다시 1°를 60등분하여 1분이라고 하였고, 1분을 60등분하여 1초라고 하였다. 육십분법은 1°를 60등분하였다는 것에서 나온 명칭이다.

    호도법(弧度法)은 이름 자체에서 알 수 있듯, 호의 길이를 각으로 표시하는 방법이다. 호의 길이는 각의 크기에 정확하게 비례하므로, 호의 길이를 각의 크기로 표시하여도 된다. 기본적으로 각은 원 운동과 밀접한 관련이 있는데, 원 운동은 한 번이 아니라 계속 반복된다. 그래서 육십분법으로 각을 표현하면 원이 1바퀴 돌았을 때 360°, 원이 2바퀴 돌았을 때 720°, 원이 3바퀴 돌았을 때 1080°,

4바퀴, 5바퀴 …. 수가 점점 커진다. 작은 수로 각을 표현할 방법이 필요하다는 생각을 한다. 그러나, 이 정도로는 육십분법을 온전히 버리고 새로운 각 표기법으로 대체하기는 곤란하다. 다른 이유가 더 필요하다. 고등수학에서는 중학수학에서처럼 도형의 각 관계와 삼각비만을 찾는 것이 아니라 삼각함수를 다루어야 하는데, 삼각함수에서 육십분법을 쓰는 것은 계산의 복잡성과 편의성이 현저히 떨어지는 결과가 나온다. 사인함수 $y=\sin(x)$에서 x에 들어가는 수가 각도인데, 우선 $\sin 180°$, …. 수가 너무 크다. 육십분법으로 $1°1'1''$(1도 1분 1초라고 읽는다)를 사인함수에 넣을 방법이 없다. 십진법을 사용하여 $1.11°$라고 표현하면 1도 1분 1초가 아니다. 육십분법으로 표현된 각을 사인함수에 넣기 위해 1도 이하의 각을 십진법으로 바꾸면 육십분법을 사용하는 것과 모순된다. 또한 사인 함수 $f(x)=\sin\left(\frac{1}{7}x\right)$에서 $f(90)$이라고 하면 $\sin\left(\frac{1}{7}\times 90\right)$을 생각해야 하는데, 너무 계산이 어려워진다. 대학수학에서 사용되는 테일러 급수[96] 등에서는 아예 육십분법은 사용할 수가 없다. 그리고, 호도법은 원과 직접적인 관련성이 있어 어렵지 않게 이해하고 배울 수 있다. 고등수학의 삼각함수에서 갑자기 호도법이 나온다. 그런데 그 이유를 설명해 주지 않고 무작정 새로운 개념부터 던지다 보니 아이들은 반감을 가지면서 이해하지 않고 외우는 길로 빠지게 된다. 호도법은 수학을 배우는 사람들을 괴롭히기 위한 것이 아니라, 계산의 편리성과 정확성을 추구하기 위한 도구라고 생각하면 좀 더 친근하게 접근할 수 있지 않을까.

---

[96] 복잡한 함수를 간단하게 다룰 수 있도록 해주는 도구로서, 사인함수 등 복잡한 함수를 계속된 미분을 이용하여 다항식으로 표현할 수 있도록 해 준다. 현대 수학, 물리학, 공학, 금융학 등에서 반드시 알아야 하는 도구이고, 그 유명한 오일러의 등식 $e^{i\pi}+1=0$이 유도되기 위해서도 필요하다.

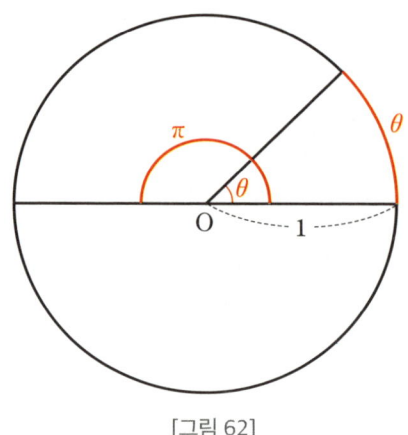

[그림 62]

호도법은 반지름이 1인 단위원에서 각 θ[97]는 호의 길이 θ와 같다. 각 π는 반원의 호 길이인 π이다. 만약 단위원이 아니라면 반지름의 길이를 곱해 주면 된다. 단위원에서 각에 대한 호의 길이를 라디안이라고 하며, 1라디안이라는 것은 호의 길이를 1로 하는 각을 말하는 것으로 육십분법으로는 57.3°[98]에 조금 못 미친다. ①[99] $90°=\dfrac{\pi}{2}$이며, $180°=\pi$ 라디안이다. 이것은 수학을 위한 약속이므로 외워야 한다.

이제 사인함수와 코사인 함수에 대해 알아보자.

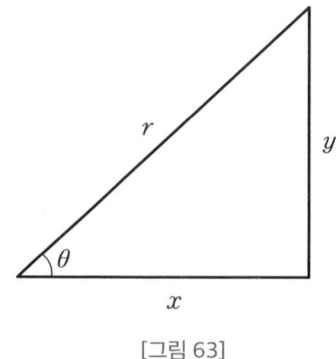

[그림 63]

---

97 θ는 실수다. 1, $\sqrt{2}$ 같은.

98 $\pi : 1 = 180 : x$

99 아래에 ①, ② 등 꼭 알고 있어야 하는 개념이 나온다.

사인은 직각삼각형에서 빗변 분의 높이($\frac{y}{r}$)이고 코사인은 빗변 분의 밑변($\frac{x}{r}$)이다. 기원전 2세기 그리스의 히파르코스는 삼각법을 이용하여 지구와 달의 거리를 측정하였는데, 히파르코스는 0°부터 90°까지의 사인값을 분 단위로 세분하여 계산된 삼각비표[100]를 가지고 다녔다고 한다. 그렇기 때문에 지구와 달까지의 거리를 현재와 거의 유사하게 측정할 수 있었다. 빗변 분의 높이를 sin이라고 이름을 붙인 사람은 오일러인데, 히파르코스가 사인값을 원의 현을 통해서 계산했다고 해서 반원의 현을 말하는 라틴어 sinus의 약자로 sine이라 명명했다. sin은 반지름이 1인 반원의 중심각에 대한 반현의 길이를 말하는데, sin이 삼각형이 아니라 원에서 유래하였다는 것을 명칭에서부터 알 수 있다. 삼각함수는 삼각형이 아니라 원에 대한 함수이다. cosin라는 의미는 compiementary sine이라는 것을 줄인 말인데, sin을 보완한다는 것이고, 결국 $\cos\theta$은 $\sin(90°-\theta)$로, 더해서 90°가 되는 각의 sin값을 말하는 것이다. 특수각의 삼각비가 놀라운 순서로 이루어져, 따로 외우지 않아도 된다는 것은 미리 이야기한 바 있다.

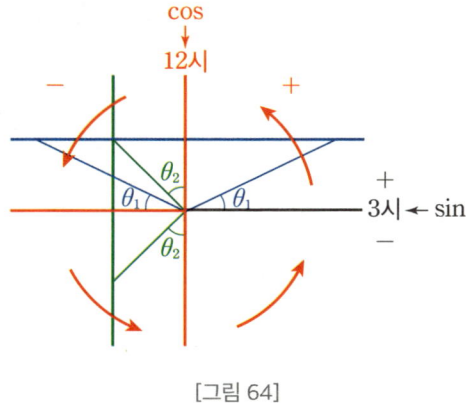

[그림 64]

시계 반대 방향으로 돌아가는 시계를 생각해 보자. 우리가 3시에서 시곗바늘을 보면 시곗바늘이 0으로 보일 것이고, 시곗바늘이 12시를 향해 간다고 하면 처음에는 빠르게 움직이는 시곗바늘을 볼 것이고, 12시에 다가갈수록 천천히 시곗바

---

[100] 90 × 60 = 5400개의 삼각비표

늘이 움직일 것이다. 우리가 12시에서 시곗바늘을 바라본다면 시곗바늘 전체 길이인 1로 보이고, 3시에서 출발한 시곗바늘은 천천히 움직이다가 12시에서는 매우 빠르게 움직일 것이다. ② 3시에서 바라본 시곗바늘의 높이가 sin이고, 12시에서 바라본 시곗바늘의 밑변이 cos이고, cos 0은 1이며 cos 90은 0이다.[101].

이제 시곗바늘이 12시를 넘어 9시로 가는 경우를 생각해 보면 천천히 가다가 9시에 다가가면 빠르게 움직일 것이다. ③ 3시를 기준점으로 보면 3시부터 9시까지는 양의 높이를 가지고(sin), 12시를 기준으로 보면 12시부터는 음의 밑변을 가지게 될 것이다(cos[102]). 이와 같이 3시에서 출발한 시곗바늘을 3시 방향에서 보는 것이 사인함수이고, 12시 방향에서 보는 것이 코사인함수인 것이다. 사인함수가 0부터 π[103]까지 양의 높이를 가지고, 코사인함수가 0부터 $\frac{\pi}{2}$까지는 양의 밑변을, $\frac{\pi}{2}$부터 π까지는 음의 밑변을 가지는 이유이다. 여기서, ④ $\sin(\pi-\theta)$가 그대로 $\sin\theta$가 되고, $\cos(\pi-\theta)$가 $-\cos\theta$가 되는 이유를 알 수 있다[104]. 더 나아가, ⑤ $\sin(\pi+\theta)$가 $-\sin\theta$가 되고, $\cos(\pi+\theta)$가 $-\cos\theta$가 되는 이유를 알 수 있다. sin 0이 0인 이유도, cos 0이 1인 것도 시곗바늘을 3시에서 바라보는 sin값과 12시에 바라보는 cos값을 생각하면 너무나 당연하다. tan는 밑변 분의 높이로 정의되므로 따로 언급하지 않는다. sin과 cos은 좌표평면상에서 한 점의 y와 x이고 sin과 cos은 원운동을 하는 점이므로, 피타고라스 정리인 ⑥ $\sin^2\theta+\cos^2\theta=1^2$을 만족한다.

---

101 우리가 달을 바라볼 때 달의 모습이 초승달, 상현달, 보름달, 하현달, 그믐달로 달리 보이면서 초승달, 상현달은 오른쪽만, 하현달 그믐달이 왼쪽만 보이는 것도 달의 위상차이에 따른 것으로, sin, cos의 부호 변화와 유사한 부분이 있다.

102 cos은 12시 오른쪽은 양, 왼쪽은 음

103 3시부터 9시까지가 0부터 π까지이다.

104 우리는 이러한 생각 없이 얼싸안코로 sin, cos, tan의 각 사분면에서의 부호를 외운다. 참 애처롭다.

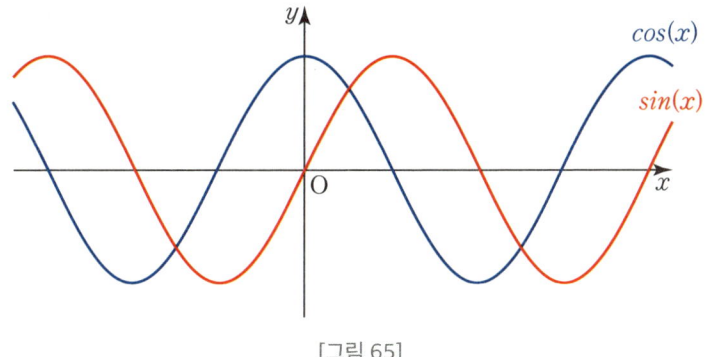

[그림 65]

[그림 65]와 같이 $\sin(x)$ 함수는 0에서 시작하여 2π를 주기로 같은 모습으로 반복하고, $\cos(x)$ 함수는 1에서 시작하여 sin과 동일한 모습으로 2π를 주기로 반복하는 모습이다. $\cos(x)$ 함수가 $\sin(x)$ 함수보다 $\frac{\pi}{2}$ 앞서 지나간다.

3시에서 출발한 시곗바늘은 sin에서 바라보면 가장 빠른 속도로 진행할 것이고, 12시에서는 가장 늦게 움직일 것이다[105]. cos에서 바라보면 3시에서 가장 느리게 움직이고 12시에서는 가장 빠르게 움직일 것이다. ⑦ sin을 미분[106]하면 cos이, cos을 미분하면 $-$sin이 나오는 이유는 sin과 cos은 태생이 같기 때문이다.

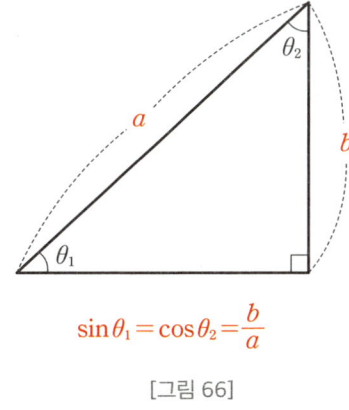

$\sin\theta_1 = \cos\theta_2 = \dfrac{b}{a}$

[그림 66]

[그림 66]과 같이, $\theta_1 + \theta_2 = \dfrac{\pi}{2}$인 직각삼각형에서 $\sin\theta_1 = \cos\theta_2$이다. 둘은 같

---

105   우리가 동틀 때, 해가 질 때 해가 빠르게 움직인다고 느끼는 것도 사인값의 변화율과 관계가 있다.
106   삼각함수 미분은 미분을 살펴볼 때 다시 한번 보자.

은 것($\frac{b}{a}$)을 각을 달리하여 표현하고 있을 뿐이다.

즉, ⑧ $\sin\theta_1 = \sin\left(\frac{\pi}{2} - \theta_2\right) = \cos\theta_2$ 이고, $\cos\theta_1 = co\left(\frac{\pi}{2} - \theta_2\right) = \sin\theta_2$ 이다.

사인법칙

일직선에 있지 않은 세 점은 삼각형을 이루고, 세 점을 연결하는 원이 존재한다. 원의 같은 호에 대한 원주각은 항상 중심각의 $\frac{1}{2}$로 같다. 같은 호에 대한 원주각이 같다는 성질로부터 사인법칙이 유도되고, 같은 호에 대한 원주각이 같다는 점과 지름의 원주각은 직각이라는 사실만 알면 쉽게 이해된다.

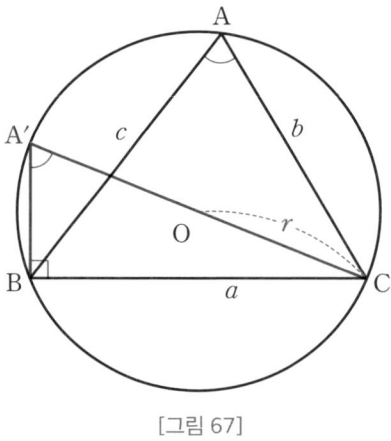

[그림 67]

[그림 67]에서 각 A와 A′는 호 BC의 원주각으로 같다. 따라서 sin A는 sin A′와 같고, ⑨ $\sin A = \sin A' = \frac{a}{2r}$ 가 된다[107].

같은 논리로 계속해서 $\sin B = \frac{b}{2r}$, $\sin C = \frac{c}{2r}$ 가 된다. 같은 식에서 $2r = \frac{a}{\sin A} = \frac{b}{\sin B} = \frac{c}{\sin C}$ 가 됨을 알 수 있다. 외접원의 반지름과 삼각형의 한

---

107 A′C는 원의 지름이고, 지름이 이루는 원주각은 항상 직각이므로 각 A′BC는 직각이다.

각을 알면 각을 알면[108] 대변의 길이를 알 수 있고, 두 변의 길이와 한 각을 알거나 한 변의 길이와 두 각을 알면 나머지 각이나 대변의 길이를 알 수 있다.

코사인법칙

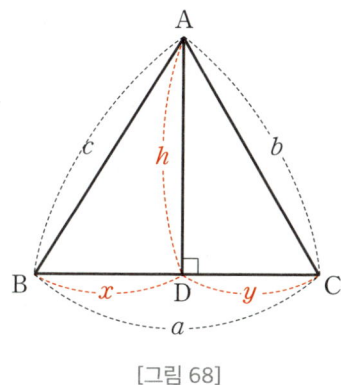

[그림 68]

[그림 68]에서 변 BC의 길이는 선분 BD의 길이(x)와 선분 DC의 길이(y)로 나눌 수 있다.

다시 $x=c\cos B$이고, $y=b\cos C$[109], $h=c\sin B$이다.

따라서, ① $a=c\cos B(=x)+b\cos C(=y)$ 이다. 같은 논리로 ② $b=c\cos A+a\cos C$, ③ $c=b\cos A+a\cos B$이다. 위 ①의 양변에 a를 곱하고, ②의 양변에 b를, ③의 양변에 c를 곱하여 ①×a−②×b−③×c를 계산하면, $a^2=b^2+c^2-2bc\cos A$라는 식이 나오고, 이를 코사인법칙이라 한다. 코사인법칙은 [그림 68]에서 h, x, c를 통해서도 알 수 있다. △ABD는 직각삼각형이므로, $c^2=x^2+h^2$이고, $c^2=(a-b\cos C)^2+(c\sin B)^2$이고, 이를 정리하면 ⑩ $c^2=a^2+b^2-2ab\cos C$라는 동일한 코사인법칙이 나온다.

---

108 각의 sin 값은 알 수 있다.

109 x가 $c\cos B$라는 것이 쉽게 떠오르지 않는다면 삼각비 공부를 더해서 완전히 체화시켜야 한다. 어렵지 않다.

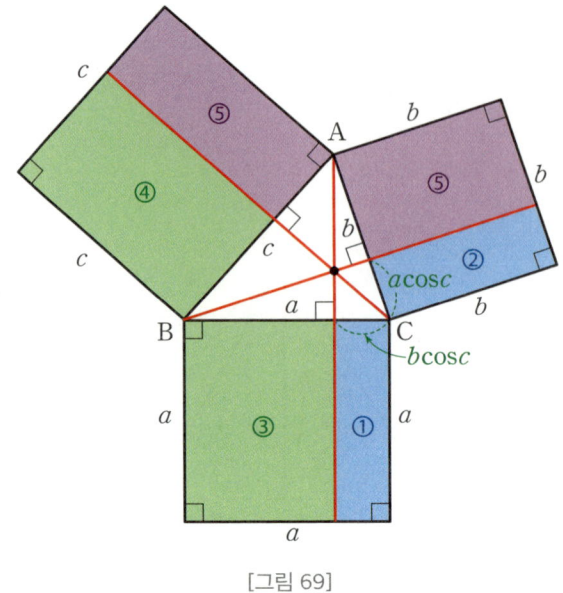

[그림 69]

유클리드 원론에서는 [그림 69]과 같이 증명하고 있다.

△ABC의 꼭짓점에서 대변에 수선을 내리면 수심에서 만나게 되고, 꼭짓점 A에서 내린 수선이 BC와 만나는 점과 꼭짓점 C까지의 길이는 $b\cos C$이고, ①번 사각형의 넓이는 한 변의 길이 $a \times b \cos C$이다. 한편, 꼭짓점 B에서 내린 수선이 AC와 만나는 점과 꼭짓점 C까지의 길이는 $a\cos C$이고 ②번 사각형의 넓이는 한 변의 길이 $b \times a \cos C$인데, ①번 사각형과 ②번 사각형의 넓이는 $a \times b \cos C$로 같다. 같은 방식으로 ③, ④번 사각형의 넓이는 같고, ⑤, ⑥번 사각형의 넓이는 같다는 것을 알 수 있다.

따라서, $c^2 = a^2 + b^2 - 2ab\cos C$[110]라는 코사인법칙이 증명된다.

이러한 사인법칙과 코사인법칙을 이용하여 도형문제가 출제되는데, 고등수학에서는 각이나 변을 전부 다 주지 않고 스스로 찾도록 숨겨놓는다. 원칙적으로 두 변과 한 각, 한 변과 두 각을 알아야 나머지 한 각이나 변을 사인법칙이나 코사인법칙을 이용하여 찾을 수 있는데, 시험문제는 한 변만 주고 원과의 관계에서

---

110    $c^2 = a^2 + b^2$에서 ①, ②번 사각형의 넓이($= 2ab\cos C$)를 뺀 것과 같다.

나머지 각과 변을 스스로 찾아 문제를 풀어야 하는 방식으로 출제가 된다.

(문제)

$$\overline{BC}=\frac{36\sqrt{7}}{7},\ \sin(\angle BAC)=\frac{2\sqrt{7}}{7},\ \angle ACB=\frac{\pi}{3}$$

인 삼각형 ABC가 있다. 삼각형 ABC의 외접원의 중심을 O, 직선 AO가 변 BC와 만나는 점을 D라 하자. 삼각형 ADC의 외접원의 중심을 O′이라 할 때, $\overline{AO'}=5\sqrt{3}$ 이다. $\overline{OO'}^2$의 값은?(단, $0<\angle BAC<\frac{\pi}{2}$) [4점]

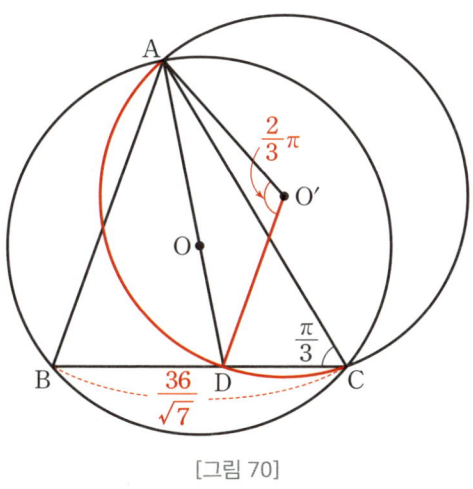

[그림 70]

2024년 7월 모의고사 문제이다. 원이 2개 있고, 변 길이 1개, 각 1개, sin 값 하나를 주고 두 원의 중심간의 거리를 묻는 문제이다.

이 문제는 사인법칙을 통해 첫 번째 원의 반지름을 구한 후, 두 번째 원에서 원주각은 중심각의 절반이라는 성질과 이등변삼각형의 성질을 통하여 각을 구한 후 코사인법칙을 통해 해결된다. 원과 관련된 대부분의 문제는 원주각과 중심각, 이등변삼각형을 이용하면 된다.

26
삼각함수 덧셈정리

삼각함수 덧셈정리는 외울 것이 많다고 생각하여 어렵게 느끼는 부분이다. 사인법칙, 코사인법칙을 열심히 외우고 나니 더 복잡한 다음과 같은 공식이 나온다[111].

$$\sin(\alpha+\beta)=\sin(\alpha)\cos(\beta)+\cos(\alpha)\sin(\beta)$$

사인의 덧셈정리가 어떻게 유도되는지 확인해 보자.

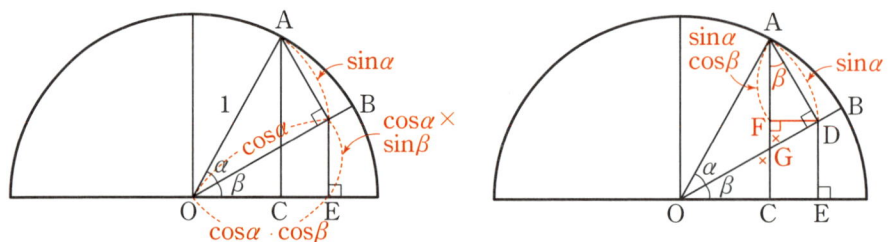

[그림 71]

반지름이 1인 반원의 1사분면에 원점에서 $(\alpha+\beta)$의 각을 가진 선분 OA가 있다. 다시 β의 각을 가진 선분 OB가 있고, A에서 $\overline{OB}$에 수선을 내려 생긴 점 D, 점 D에서 x축에 수선을 내려 생긴 점 E, 점 D에서 $\overline{AC}$에 수선을 내려 생긴 점 F가 있을 때, $\sin(\alpha+\beta)$를 $\sin(\alpha)$, $\sin(\beta)$, $\cos(\alpha)$, $\cos(\beta)$로 나타내는 것이다.

---

111 이 책에서는 사인의 덧셈정리만 보여주는데, 실제 교과서는 사인의 뺄셈정리, 코사인, 탄젠트의 덧셈, 뺄셈 등등 10가지 이상의 공식을 소개하면서 모두 외우라고 한다. 보기만 해도 아득하다.

[그림 71]에서 $\sin(\alpha+\beta)$는 선분 AC의 길이[112]인데, 이를 α, β의 sin, cos으로 표현하는 것에 불과하다[113].

모든 선분의 길이를 α, β의 sin, cos으로 표현하면, $\overline{OD}=\cos(\alpha)$, $\overline{AD}=\sin(\alpha)$이다. 여기까지는 sin, cos의 기본 정의에 불과하다.

$\overline{OE}=\cos(\alpha)\cos(\beta)$[114], $\overline{DE}=\cos(\alpha)\sin(\beta)$[115]. 이제 거의 다 왔다.

선분 AC의 길이는 $\overline{AF}+\overline{FC}$인데, $\overline{FC}=\overline{DE}=\cos(\alpha)\sin(\beta)$이어서 AF만 구하면 된다.

△OGC와 △ADF는 닮았고[116], 각 DAF는 β이므로, 선분 $\overline{AF}=\sin(\alpha)\cos(\beta)$이다.

결국 $\overline{AC}=\overline{AF}+\overline{FC}=$ ⑪ $\sin(\alpha+\beta)=\sin(\alpha)\cos(\beta)+\cos(\alpha)\sin(\beta)$인 것이다.

한편, $\cos(\alpha+\beta)=\overline{OC}=\overline{OE}-\overline{CE}$이다.

$\overline{OE}=\cos(\alpha)\cos(\beta)$이므로, $\overline{CE}$의 길이만 구하면 된다. $\overline{CE}$의 길이는 $\overline{DF}$와 같고, $\overline{DF}=\sin(\alpha)\sin(\beta)$이다.

$\overline{OC}=\overline{OE}-\overline{CE}=\cos(\alpha+\beta)=\cos(\alpha)\cos(\beta)-\sin(\alpha)\sin(\beta)$이다.

복잡해 보이지만, 삼각비를 잘 이해하고 있으면 손쉽게 증명이 된다.

이제 사인의 덧셈정리를 이용하여 다른 삼각함수의 덧셈정리, 뺄셈정리를 이해해 보자.

먼저, ⑫ $\sin(-\alpha)=-\sin(\alpha)$, $\cos(-\alpha)=\cos(\alpha)$이다. $-\alpha$는 α를 x축 대칭한 것이고, sin은 x축에서 보는 것이므로 $\sin(-\alpha)=-\sin(\alpha)$이고, cos은 y축에서 보는 것이므로 $\cos(-\alpha)=\cos(\alpha)$이다.

---

[112] 반지름 1이 빗변이다.

[113] 이것이 어렵고 불편하면 아직 삼각비가 체화되지 않은 것이다.

[114] △ODE에서 $\cos(\beta)=\dfrac{\overline{OE}}{\overline{OD}}=\dfrac{\overline{OE}}{\cos(\alpha)}$ --→ $\overline{OE}=\cos(\alpha)\cos(\beta)$

[115] △ODE에서 $\cos(\beta)=\dfrac{\overline{OE}}{\overline{OD}}=\dfrac{\overline{OE}}{\cos(\alpha)}$ --→ $\overline{OE}=\cos(\alpha)\cos(\beta)$

[116] 점 G에서 맞꼭지각이고, 나머지 한 각이 직각이므로. 직각삼각형은 닮음이 계속된다.

$\sin\left(\frac{\pi}{2}-\alpha\right)=\cos(\alpha)$이고, $\cos\left(\frac{\pi}{2}-\alpha\right)=\sin(\alpha)$라는 것은 [그림 66] ⑧ 정리에서 살펴보았다.

$$\sin(\alpha+\beta)=\sin(\alpha)\cos(\beta)+\cos(\alpha)\sin(\beta)$$

$$\begin{aligned}\cos(\alpha+\beta)&=\sin\left(\frac{\pi}{2}-\alpha-\beta\right)\\&=\sin\left[\left(\frac{\pi}{2}-\alpha\right)+(-\beta)\right]\\&=\sin\left(\frac{\pi}{2}-\alpha\right)\cos(-\beta)+\cos\left(\frac{\pi}{2}-\alpha\right)\sin(-\beta)\\&=\cos(\alpha)\cos(\beta)-\sin(\alpha)\sin(\beta)\end{aligned}$$

로 식의 조작을 통해서도 기하적 증명과 같은 값이 나온다.

나머지 사인 뺄셈정리, 코사인 뺄셈정리, 탄젠트 덧셈, 뺄셈 정리 역시 같은 조작을 통해 알 수 있다. 사인 덧셈, 뺄셈, 코사인 덧셈, 뺄셈, 탄젠트 덧셈, 뺄셈, 배각, 반각 등등 공식으로 제시되고 있는 것은 수없이 많은데, 그 많은 공식을 외우느라 에너지를 소비하지 않아야 한다. 다 외우려고 하면 외울 당시는 기억나겠지만, 나중에는 +인지 −인지, sin인지 cos인지 헷갈린다. 유튜브 등에서는 삼각함수 외우는 법이라 해서 싸코싸코, 코코싸싸 등등으로 소개하고 있는데, 사인의 덧셈정리 정도는 외워 두어야 하고, 그로부터 나머지 공식을 유도하는 법을 익혀 두는 것이 좋다. 삼각함수 공식이 출제될지 안 될지도 모르는 과정에서 그 많고 복잡한 공식을 외우느라 에너지를 낭비하지 않고, 삼각함수에 대한 오만정이 다 떨어지지 않도록 할 필요가 있다.

함수 $f(x)=\sin(x)+\cos(x)$일 때 사인의 덧셈정리를 이용하면 하나의 sin 함수로 표현할 수 있다[117].

$f(x)=\sin(x)+\cos(x)$의 각 변에 sin 값과 cos 값이 같은 $\frac{1}{\sqrt{2}}$을 곱해 주고 다시 $\sqrt{2}$를 곱해 주면

---

117 cos 함수로도 표현 가능한데, 한번 생각해 보라.

$$\sqrt{2}\left[\frac{1}{\sqrt{2}}\sin(x)+\frac{1}{\sqrt{2}}\cos(x)\right]=\sqrt{2}\left[\cos\frac{1}{4}\pi\sin(x)+\sin\frac{1}{4}\pi\cos(x)\right]$$
$$=\sqrt{2}\sin\left(\frac{1}{4}\pi+x\right)$$

$f(x)=\sin(x)+\cos(x)$ 함수는 $\sqrt{2}\sin\left(\frac{1}{4}\pi+x\right)$로 바뀌는데, $\sin(x)$의 함수를 음의 방향으로 $\frac{1}{4}\pi$만큼 이동시키고, 진폭을 $\sqrt{2}$배 해주면 된다. 그래서 $f(x)$는 $\sin(x)$와 $\cos(x)$의 값이 같은 $\frac{1}{4}\pi$에서 최댓값 $\sqrt{2}$를 갖고, 최솟값은 $-\sqrt{2}$이며, $\sin(x)$와 진폭은 늘었지만 같은 주기로 나타난다.

산술평균, 기하평균

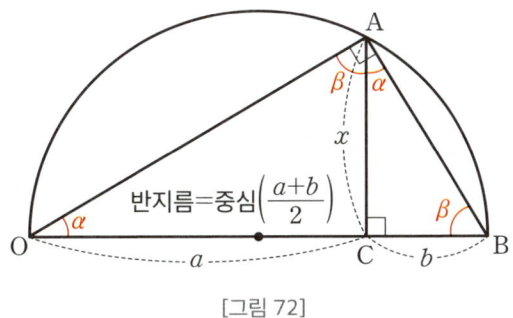

[그림 72]

[그림 72]에서 점 O는 원점이고, $a+b$를 지름으로 하는 반원 위에 점 A가 있다. △OAB는 직각삼각형이고, 점 A에서 내린 수선은 두 개의 직각삼각형을 만드는데, 이렇게 만들어진 2개의 직각삼각형은 △OAB와 서로 닮았다. △AOC에서 $\tan\alpha=\frac{x}{a}$이고, △ABC에서 $\tan\alpha=\frac{b}{x}$이다. 결국 $x=\sqrt{ab}$이다.[118] 원의 반지름인 $\frac{a+b}{2}$이 항상 원주 위의 점에서 지름에 내린 수선인 $\sqrt{ab}$보다 크거나 같다[119]는 산술평균 기하평균의 관계가 기하적으로 증명된다.

---

118 그 유명한 소자공식으로도 금방 계산된다.
119 $a=b$일 때 같다.

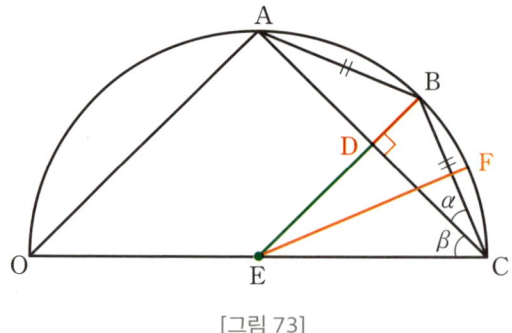

[그림 73]

[그림 73]은 sin(α+β)를 구하라는 문제이다.

△AOC의 면적은 △ABC 면적의 4배이고, $\overline{AB}$와 $\overline{BC}$의 길이가 같다는 것만 주어진다.

sin(α+β)를 어떻게 구해야 하나? 주어진 정보가 너무 작다. 주어진 정보에서 각 선분의 길이비를 찾아서 sin 값을 구해야 한다.

① 각 OAC는 지름에 대한 원주각이므로 직각이다. ② △ABC는 이등변삼각형이므로 점 B에서 수선을 내리면 면적을 이등분하게 된다. ③ $\overline{AC}$를 밑변으로 보면 △AOC의 면적은 $\overline{AC} \times \overline{AO}$이고, △ABC 면적은 $\overline{AC} \times \overline{BD}$이므로, $\overline{AO}$의 길이는 $\overline{BD}$ 길이의 4배이다.

다시 ④ 원의 중심에서 현에 그은 직선은 현을 수직이등분하므로, 원의 중심 E에서 $\overline{AC}$에 수선을 내리면 점 D에서 수직으로 만난다.

⑤ △AOC와 △CDE는 닮았고, $\overline{OE} : \overline{EC}$[120]=1:1이므로, $\overline{AO} : \overline{DE} = 2:1$이다.

⑥ $\overline{ED} + \overline{DB} = 3$이므로 반지름 $\overline{EC}$도 3이다.

⑦ △DEC는 직각삼각형이므로, $\overline{DC}$의 길이는 $\sqrt{9-4} = \sqrt{5}$ 이다.

⑧ △DBC는 직각삼각형이므로, $\overline{BC}$의 길이는 $\sqrt{1+5} = \sqrt{6}$ 이다.

⑨ △EBC는 이등변삼각형이므로, E에서 $\overline{BC}$에 수선을 내리면 $\overline{BC}$를 이등분

---

[120] 원의 반지름이다.

하게 되고, 이를 이용하면 $\overline{\text{EF}}$의 길이를 구할 수 있다. ⑩ 이제 모든 길이를 구했으니, $\sin(\alpha+\beta)$가 구해진다.

①부터 ⑩까지의 모든 과정을 거쳐야 문제가 풀리는데, 지름의 원주각이 직각이라는 사실, 공통 선분을 가지고 있는 삼각형의 넓이는 높이에 비례한다는 사실, 삼각형의 닮음, 원의 중심에서 현에 그은 수선은 현을 수직이등분한다는 사실을 모르면 이 문제는 풀 수 없는데, 그다지 어렵지 않은 개념이고, 원과 삼각형을 충분히 공부하였으면 그냥 보여야 한다.

27
미분[121]

이제 미분이다. 미분은 접선을 찾는 과정에서 나왔다. 접선을 왜 찾는가? 우주의 모든 물체는 부드러운 곡선으로 움직이는데, 어느 한 점에서의 접선을 찾으면 그 점에서의 움직이는 속도와 방향을 알 수 있기 때문이다. 우리가 롤러코스터를 타고 있다고 생각해 보자. 롤러코스터가 움직이고 있는데, 갑자기 아래의 레일이 끊어졌다고 하면 끊어진 점에서 움직이는 방향과 속도로 진행하게 될 것이고, 그것이 접선의 속도와 방향이다.

---

[121] 평균적인 사람이 알아야 하는 고등수학의 측면에서만 살펴본다. 그 이상의 논의는 이 책의 범위를 넘어서는 어려운 일이다.

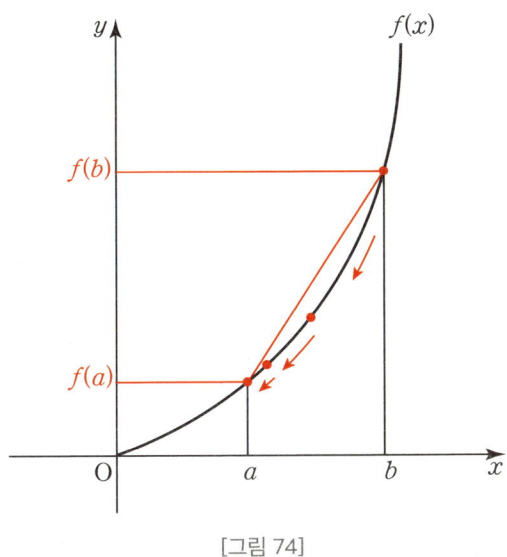

[그림 74]

어떤 함수 $f(x)$가 있다. a에서 b까지의 평균변화량은

$\dfrac{y의\ 변화량}{x의\ 변화량} = \dfrac{f(b)-f(a)}{b-a} = \dfrac{\Delta y}{\Delta x}$ 로 구할 수 있다. 이러한 평균변화율은 a에서의 접선이라고 할 수 없다.

이 때, b가 a로 계속 가까워져서 b가 a에 한없이 가까운 점이라고 생각하면, a와 b를 연결한 선은 a점에서의 접선이라고 생각할 수 있다.

이를 수학적 기호로 $\lim\limits_{b \to a} \dfrac{f(b)-f(a)}{b-a}$ 로 표현하기로 하였다.

다시 $\lim\limits_{b \to a} \dfrac{f(b)-f(a)}{b-a} = \lim\limits_{\Delta x \to 0} \dfrac{\Delta y}{\Delta x} = \lim\limits_{\Delta x \to 0} \dfrac{f(a+\Delta x)-f(a)}{\Delta x}$ 로 생각할 수 있다.

[그림 74]에서 $f(x)=x^2$이라 하면,

$\lim\limits_{\Delta x \to 0} \dfrac{f(a+\Delta x)-f(a)}{\Delta x} = \lim\limits_{\Delta x \to 0} \dfrac{(a+\Delta x)^2 - a^2}{\Delta x} = \lim\limits_{\Delta x \to 0} \dfrac{a^2 + 2a\Delta x + \Delta x^2 - a^2}{\Delta x}$

$= \lim\limits_{\Delta x \to 0} \dfrac{2a\Delta x + \Delta x^2}{\Delta x}$ (Δx 약분하면) $= \lim\limits_{\Delta x \to 0}(2a+\Delta x)$만 남는다. 여기서 Δx는 0에 한없이 가까운 점이므로, 0으로 간주하면 결국 $f(x)=x^2$ 위의 점 a에서의 순간변화량은 $2a$라는 것을 알 수 있고, 이를 일반화하여 특정한 점 a 대신 x를 넣으면 결국 $f(x)=x^2$ 위의 모든 점에서의 순간변화량 $f'(x)=2x$라는 새로운 함

수로 나온다는 것을 알 수 있다. 뉴턴이 최초 미분에 대한 생각을 프린키피아에서 밝혔는데, 이에 대하여 많은 사람들이 Δx에 대해 이해하기 어려워했고, Δx가 어떤 때(분모에 있을 때)는 0이 아니고, 어떤 때(분모의 Δx와 약분된 이후 분자에 있을 때)는 0이라는 지점에서 많은 비판이 있기도 하였다. 그런데, Δx가 분모에 있을 때 0으로 보면, 0이 분모가 될 수 없다는 수학의 기본 원칙에 반하게 되는 것이어서 더 이상의 논의가 불가능하다. Δx가 분자에 있을 때 0으로 보는 경우에는 아무런 문제가 발생하지 않고 미분 계산이 정확하게 되었다. 미분의 계산에서 Δx가 잠시 분모에 있지만, 곧 분자의 Δx와 약분될 운명이어서 분모의 Δx를 0이 아닌 것으로 취급하여도 미분의 계산에는 아무런 문제가 없는 것이다.

$\lim\limits_{\Delta x \to 0} \dfrac{\Delta y}{\Delta x} = f'(x)$로 표시하는데, y', $\dfrac{dy}{dx}$, $\dfrac{d}{dx}f(x)$로 표시하는 경우도 있다.

$f(x)=2x$ 함수를 미분해 보자.

$\lim\limits_{\Delta x \to 0} \dfrac{f(x+\Delta x)-f(x)}{\Delta x} = \lim\limits_{\Delta x \to 0} \dfrac{2(x+\Delta x)-2x}{\Delta x} = \lim\limits_{\Delta x \to 0} \dfrac{2\Delta x}{\Delta x} = 2$라는 계산 결과를 알 수 있어서, $f(x)=2x$ 함수는 모든 x에서의 순간변화량이 2라는 상수함수로 나온다는 것을 알 수 있다.

$f(x)=x^3$ 함수를 미분해 보자.

$\lim\limits_{\Delta x \to 0} \dfrac{f(x+\Delta x)-f(x)}{\Delta x} = \lim\limits_{\Delta x \to 0} \dfrac{(x+\Delta x)^3-x^3}{\Delta x} = \lim\limits_{\Delta x \to 0} \dfrac{3x^2\Delta x + 3x\Delta x^2 + \Delta x^3}{\Delta x}$
$= \lim\limits_{\Delta x \to 0}(3x^2+3x\Delta x^2+\Delta x^3)$으로 나오고, Δx를 0으로 보내면 $f'(x)=3x^2$이 되는 것을 알 수 있다.

미분을 계산하기 위해서는 이항정리를 알아야 하는데, 그 유명한 파스칼의 삼각형이 $(a+b)^n$을 계산하였을 때 a의 내림차순으로 정리하였을 때의 계수를 나타내 준다. $(a+b)^n$에서 n이 2일 때 파스칼 삼각형은 1 2 1, n이 3일 때 파스칼 삼각형은 1 3 3 1, n이 4일 때 파스칼 삼각형은 1 4 6 4 1로 나온다.

x^n을 미분하면 nx^{n-1}이 되는데,

$(x+\Delta x)^n = x^n + nx^{n-1}\Delta x + nC_2 x^{n-2}\Delta x + \cdots + \Delta x^n$이고, x^n은 빼기로 사라지고 $nx^{n-1}\Delta x$는 분모의 Δx와 약분되어 nx^{n-1}로 살아남고, $nC_2 x^{n-2}\Delta x$ 이하의 항들은 분모의 Δx와 약분되지 못하고 0인 Δx와 곱해져 사라진다[122].

그런데, 함수 중에서 뾰족점을 가지고 있거나 불연속 함수가 있을 수 있다. 이러한 함수들은 미분을 하지 못한다. 우선 뾰족점[123]을 가지고 있는 함수의 경우 뾰족점 부근에서 오른쪽의 기울기와 왼쪽의 기울기가 다르다. 어떤 점의 오른쪽의 기울기를 우미분계수라고 하고, 왼쪽의 기울기를 좌미분계수라고 하는데, 이렇게 뾰족점에서는 좌우 미분계수가 다르므로, 미분을 할 수 없다고 한다. 수학에서는 값이 2개 이상 나오는 경우는 계산을 할 수 없는 것으로 간주한다.

한편 어떤 점에서 연속이 되지 않는 함수도 미분이 불가능하다고 하는데, 어떤 함수 $f(x)=x^2$(단 $f(0)=2$)라고 하자. 이 함수는 0에서만 연속되지 않는 함수인데, 0 부근에서는 좌우 미분계수가 $2x$로 동일해 보이지만, 0과 -0 부근(0의 가장 가까운 왼쪽)에서의 기울기는 무한대의 양의 기울기를, 0과 $+0$ 부근(0의 가장 가까운 오른쪽)에서의 기울기는 무한대의 음의 기울기를 가지게 되어 미분을 할 수가 없다[124].

연속하고, 뾰족점이 없는 함수는 모두 미분을 할 수 있다. $y=\sin(x)$, $f(x) \times g(x)$, $\dfrac{g(x)}{f(x)}$[125] 등의 함수도 연속인 이상 미분할 수 있고, 특별히 삼각함

---

122 초등 의대반 아이들은 이런 이야기를 이해하지 못하고, 그냥 x^n을 미분하면 nx^{n-1}이 된다는 결론만 가지고 미분에 대한 공부를 할 것이다.

123 여기서 뾰족점이라 함은 부드럽게 이어지지 않고 뾰족점 부근에서 기울기가 0이 점이 없는 것을 이야기한다. 즉, $y=|x|$의 경우 $x=0$인 점에서 기울기가 -1에서 1로 곧 바로 변하고, 기울기가 2인 직선이 어느 점에서 갑자기 기울기가 3으로 변하면 기울기가 0이 없는 상태로 변한 것이므로 미분에서는 뾰족점이라 한다.

124 미분 불가능한 점은 수능수학에서 자주 매우 어려운 문제로 출제된다.

125 곱의 미분 결과는 $f'(x)g(x)+f(x)g'(x)$이고, 몫의 미분 결과는 $\dfrac{f'(x)g(x)-f(x)g'(x)}{[g(x)]^2}$이다. 그 유도과정은 생략한다.

수의 미분에는 덧셈정리가 사용된다[126]. 삼각함수의 덧셈정리를 배우는 이유가 삼각함수를 미분하기 위한 것이다. 삼각함수의 미분에 관해서는 교과서를 참고하기 바라며, sin을 미분하면 cos이, cos을 미분하면 −sin이 나온다. −sin을 미분하면 −cos이, −cos을 미분하면 sin이 나오는 사이클이 된다.

우리가 미분을 하는 것은 $\frac{\Delta y}{\Delta x}$를 알기 위해서이다. $y=x^2$을 미분하는 것은 y도 미분하고 x^2도 미분하여 $\frac{\Delta y}{\Delta x}=2x$라는 식이 나온다. $\frac{\Delta y}{\Delta x}$라는 말은 y를 x로 미분하였다는 말이고, $2x$에는 $\frac{\Delta x}{\Delta x}$가 약분되어 표시되지 않는 것이다. $x^2+y^2=1$이라는 원의 식을 미분하면 $2x+2y\frac{\Delta y}{\Delta x}=0$이라는 식이 나오고, 결국 $\frac{\Delta y}{\Delta x}=-\frac{x}{y}$가 되어 원의 한 점 (x_1, y_1)에서의 접선의 기울기는 $-\frac{x_1}{y_1}$가 된다.

도함수는 원함수를 알 수 있게 해 준다.

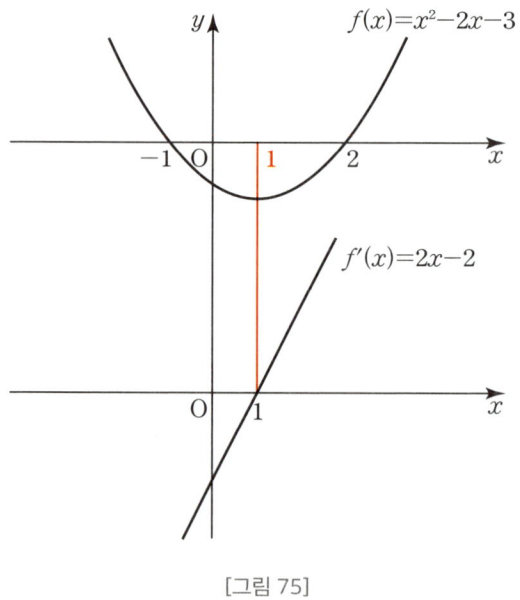

[그림 75]

---

126 sin의 미분에는 필연적으로 $\sin(x+\Delta x)$를 싸코코싸로 분리하여야 한다…. 거기에 $\lim_{\theta \to 0} \frac{\sin \theta}{\theta}=1$이라는 sin의 극한까지 이용하여야 한다.

$f(x)=x^2-2x-3$의 미분 후 도함수는 $f'(x)=2x-2$가 되고, $f'(1)=0$이 된다. $f'(x)=0$이 되는 점은 원함수 $f(x)$의 기울기가 0이 되는 점으로 원칙적으로 원함수가 극값(극대값 또는 극소값)을 갖는 점이다[127]. $f'(x)=2x-2$는 $x=1$인 점까지는 (−)상태에서 계속 증가하다가 $x=1$ 이후 (+)상태에서 계속 증가한다. $f'(x)$에서 $f(x)$의 그래프 개형을 생각해 낼 수 있는데, 미분의 역연산인 적분으로 생각해 보면 뉴턴이 헬리혜성의 속도와 방향의 함수로부터 헬리혜성의 근일점을 계산하였는지 알 수 있다. 미분과 원함수의 관계에 대해서는 29. 삼차함수에서 자세히 살펴보기로 하고, 미분과 적분의 관계로 설명을 이어간다.

---

[127] 중학수학에서는 이차함수의 최대값, 최소값 등 극값을 찾기 위해 이차함수를 완전제곱식으로 바꾸어 극값을 갖는 x를 찾았는데, 미분을 이용하면 도함수가 0이 되는 점이 극값을 갖는 점이라는 것을 쉽게 알 수 있다. $f(x)=3x^2-7x+120$의 최댓값은 $f'(x)=6x-7=0$이 되는 $x=\frac{7}{6}$에서의 함수값이 될 것이다.

28
적분

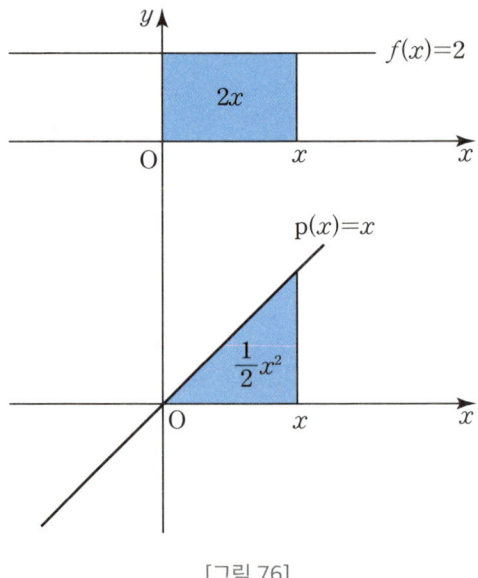

[그림 76]

$f(x)=2$인 함수가 있다. x가 0부터 양의 방향으로 변화할 때 y축, x축 및 $f(x)$로 만들어지는 사각형의 면적은 어떻게 될까? 높이는 2로 일정하므로 $g(x)=2x$가 될 것이다.

$p(x)=x$인 함수가 있다. x가 0부터 양의 방향으로 변화할 때 x축 및 $f(x)$로 만들어지는 삼각형의 면적은 어떻게 될까? 밑변이 x만큼 커지고, 높이도 x만큼 커지니까, $q(x)=\frac{1}{2}x^2$이 될 것이다.

우리는 미분을 공부한 사람. $g(x)=2x$를 미분하면 $f(x)=2$, $q(x)$를 미분하면 $p(x)=x$가 나오는 것을 확인할 수 있다. 적분과 미분의 관계는 역연산의 관계에 있다.

삼차함수는 아직 공부하지 않았지만, $a(x)=x^2$인 함수의 0부터 x까지의 면적은 어떻게 구할까? 상수함수와 일차함수와 달리 이차함수부터는 x축과 함수와의 면적을 직관적으로 구할 수는 없다. 하지만, 상수함수와 일차함수에서와 같이 미분해서 x^2이 나오는 함수가 x축과 $a(x)$로 이루어진 곡선의 면적이 되지 않을까? 생각해 볼 수 있다. 미분해서 이 나오는 함수는 $b(x)=\frac{1}{3}x^3$이다. 그렇다. 미분해서 구하고자 하는 함수가 나오게 하는 함수가 적분함수이다. 미분의 역역산이 적분인 것이다[128].

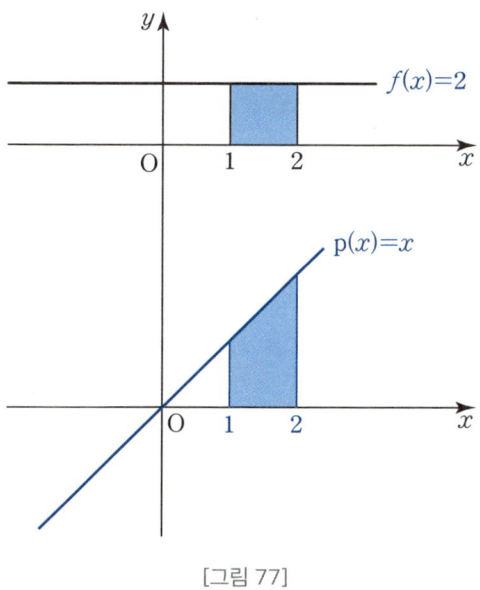

[그림 77]

[그림 77]에서 $f(x)=2$에서 1부터 2까지의 면적은 얼마일까? $f(x)$를 적분하면 $g(x)=2x$가 되는데, $g(2)-g(1)$을 하면 $4-2=2$가 된다.

---

128 교과서대로 x를 무한대로 잘라 생긴 직사각형을 다시 더하는 과정을 설명하는 것은 이 책에서는 부적절하다. 궁금하면 교과서의 적분 설명을 참고하시기 바란다.

$p(x)=x$에서 1부터 2까지의 면적은 얼마일까? $p(x)$를 적분하면 $q(x)=\frac{1}{2}x^2$ 가 되는데, $q(2)-q(1)=4-\frac{1}{2}=\frac{3}{2}$이 된다.

$a(x)=x^2$에서 1부터 2까지의 면적은 얼마일까? $a(x)$를 적분하면 $b(x)=\frac{1}{3}x^3$ 가 되는데, $b(2)-b(1)=\frac{8}{3}-\frac{1}{3}=\frac{7}{3}$이 된다. $a(x)=x^2$에서 0부터 1까지의 면적은 얼마일까? $b(1)-b(0)=\frac{1}{3}-0=\frac{1}{3}$이다.

지구 질량에 비례하는 지구의 중력가속도 g는 9.8m/s^2로 계산되었다. 지구 위 2,000m 상공에서 자유낙하하는 물체는 초당 9.8의 가속도로 가속하는데, 중력가속도는 시간이 지나도 변하지 않는 시간과는 무관한 상수함수이다. 즉, 중력가속도 함수는 $g(t)=9.8$의 상수함수이다.

2,000m 상공에서 자유낙하하는 물체의 초당 속도는 가속도×시간=$9.8t$로 표현되는데, $v(t)=9.8t$이다. 다시 2,000m 상공에서 자유낙하하는 물체의 위치는 $9.8t$의 t에 대한 적분함수로 $s(x)=\frac{1}{2}gt^2$가 된다. 2,000m 상공에서 자유낙하하는 물체는 20초 후에 땅에 떨어진다[129]. 가속도 함수를 알면 속도함수와 위치함수를, 속도함수를 알면 가속도 함수와 위치함수를, 위치함수를 알면 속도함수와 가속도 함수를 알 수 있다. 이렇게 미분과 적분을 통하여 어느 한 함수를 알면 계속하여 원함수와 도함수를 알아갈 수 있고, 이러한 미분과 적분의 관계를 알게 된 서양은 자연과 우주와 전세계를 지배하게 되었다.

적분은 적분 전 함수의 면적 함수이다. 3차함수를 공부하면서 미분과 적분의 구체적인 관계를 알아보자.

---

[129] $2000=\frac{1}{2}gt^2=\frac{1}{2}9.8t^2 \rightarrow t=20$

29
삼차함수

함수의 기본인 $f(x)=x$에서 시작하자. $f(x)$에 x를 곱해 보자. $f(x)$ 곱하기 $x=g(x)=x^2$가 된다. 다시 $g(x)$에 x를 곱하면 $h(x)=x^3$이 된다. $h(x)$함수는 $x=-1$부터 $x=1$까지 사이에서 모양이 급격히 변화하고(특히 -0.6부터 0.6 사이), -1 이하, 1 이상에서는 모양의 변화가 크지 않다.

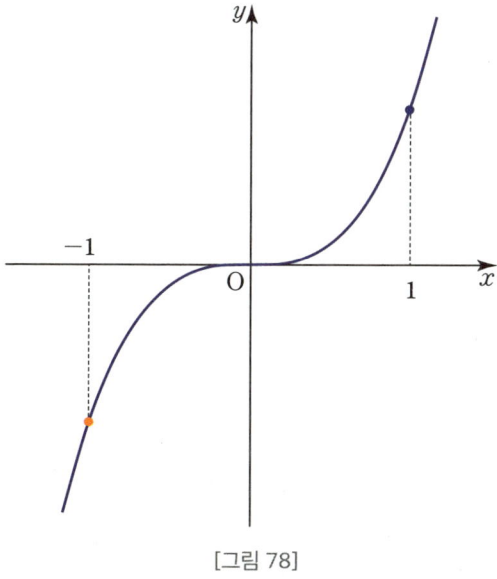

[그림 78]

[그림 78]은 $h(x)=x^3$의 그래프를 -1부터 1까지 확대한 그래프이다.
$h(x)$ 함수는 $x=-1$까지는 거의 직선의 모습으로 증가하다가 -1부터 약간씩

곡선의 모습을 보이더니 $x=-0.6$ 지점부터는 완전한 곡선을 그린 후 다시 -0.2에서 0.2 사이에는 거의 x축과 평행한 직선이 된 후 0.6과 1 지점을 곡선과 직선의 모습을 보이며 증가한다.

$h'(x)$는 $h(x)$ 함수의 기울기에 관한 함수로, $h'(x)=3x^2$이다. $h'(x)$ 함수는 음수 부분에서는 감소하고, 0에서 기울기가 0이 되었다가 다시 양수 부분에서 증가한다. $h'(x)$ 함수의 함숫값이 음수가 되는 부분은 없다. 기울기가 감소하고 증가하기는 하지만 모두 0 이상이다. 따라서, $h(x)$ 함수 역시 감소하는 부분이 없고 따라서, 극값도 없다. 극값은 기울기가 음수였다가 양수로, 양수였다가 음수로 바뀌는 부분에서만 생긴다. 그런데, $x=0$인 지점에서 기울기가 감소하다가 증가하는 이유는 무엇일까? $h(x)$ 함수를 두 번 미분해 보면, $h''(x)=6x$가 되고, $h''(x)$ 함수는 x가 음수인 부분에서는 음의 값을 갖고, 양수인 부분에서는 양의 값을 갖는다. $h(x)$를 미분한 $h'(x)$ 함수는 $h(x)$의 기울기 함수로서 $h(x)$의 함숫값을 정해 주는 역할을 하며[130], $h''(x)$는 $h'(x)$의 기울기 함수로서 $h'(x)$의 함숫값을 정해 주는 역할을 한다. $h''(x)$ 함숫값이 음수라는 것은 계속적인 감소의 힘이 작용하는 것이고, $h''(x)$ 함숫값이 양수라는 것은 계속적인 증가의 힘이 작용하는 것이다.[131] 이와 같이 이계도함수의 부호가 바뀌는 점에서 원함수의 모습이 볼록에서 오목 또는 오목에서 볼록으로 바뀌게 되는데, 이계도함수의 부호가 바뀌는 점을 변곡점이라 하고, 변곡점에서 삼차함수는 점대칭의 특징을 갖는다[132]. 이계도함수는 원인의 원인이라고 일컬어진다.

---

130 $h'(x)$가 양의 값을 가지면 $h(x)$가 증가하고, $h'(x)$가 음의 값을 가지면 $h(x)$가 감소하며, $h'(x)$가 0이면 $h(x)$는 그 지점에서는 증가도 감소도 하지 않는다.

131 위치를 미분하면 속도, 속도를 미분하면 가속도가 나오는데, 가속도는 위치에 대한 이계도함수로서, 가속도가 음수였다가 0을 지나 양수로 바뀌면 속도는 감속하다가 멈춘 후 다시 증가하고, 위치는 볼록의 모습에서 오목의 모습으로 바뀌게 된다.

132 삼차함수 이상에서도 이계도함수의 부호가 바뀌는 점이 변곡점이지만, 변곡점이 여러 개 있을 수 있는 등의 이유로 변곡점에 점대칭하지는 않는다. 삼차함수에서 변곡점에 점대칭한다는 성질은 이차함수에서 축에 선대칭한다는 성질과 같이 매우 중요하다.

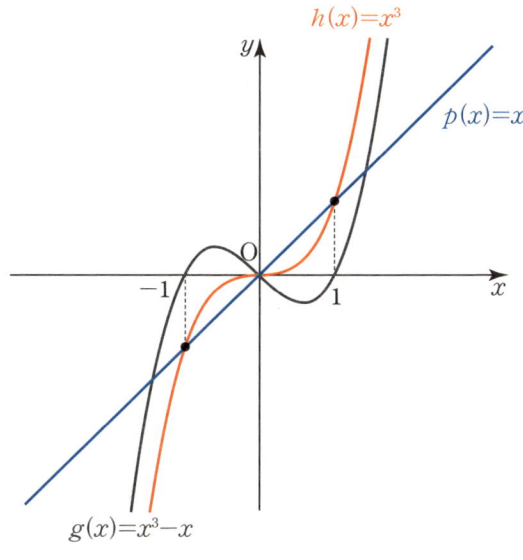

[그림 79]

[그림 79]과 같이 $p(x)=x$인 함수를 $h(x)$에서 빼 보면, $q(x)=h(x)-p(x)$ $=x^3-x$가 된다. $q(x)$ 함수는 $h(x)=x^3$ 함수의 기울기가 $p(x)$ 함수의 기울기 1과 같은 $x=\pm\frac{1}{\sqrt{3}}$에서 극점을 갖는 것을 확인할 수 있다. 그런데, $h(x)$의 기울기와 $p(x)$함수의 기울기가 같은 점에서 극점을 갖는 이유는 무엇일까? $x=-\frac{1}{\sqrt{3}}$ 이전에는 $h'(x)$의 함숫값이 $p'(x)$의 함숫값보다 커서 $q'(x)$의 함숫값은 양수여서 원함수 $q(x)$는 증가함수이고, $x=-\frac{1}{\sqrt{3}}$에서 둘의 함수의 값이 같아진 후 그 이후 $x=\frac{1}{\sqrt{3}}$까지는 $h'(x)$의 함수의 값이 $p'(x)$의 함숫값보다 작아서 $q'(x)$의 함숫값은 음수이기 때문에 원함수 $q(x)$는 감소하게 된다. 그 이후 $q'(x)$의 함숫값은 양수로 바뀌어 원함수 $q(x)$는 증가하게 된다[133]. 또한, $q(x)$ 함수는 $x=0$에서 모양이 볼록에서 오목으로 바뀌는데, $x=0$ 이전에는 기울기가

---

[133] 함숫값의 증감과 기울기의 증감을 헷갈리지 않도록 주의해야 한다.

계속 감소[134]하는데, $x=0$ 이후에는 기울기가 증가하는 모습이 된다. 이처럼 기울기가 감소하다가 증가하거나 증가하다가 감소하는 점을 변곡점이라고 한다는 점은 위에서 보았다.

이와 같이 미분을 이용하여 기울기의 변화가 곡선에 어떤 영향을 미치는지 살펴보아야 하고, 극점과 변곡점을 알면 그 곡선을 그려 눈으로 이해할 수 있다. 우리가 미분을 배우고 중요시하는 이유가 바로 도함수를 알면 원함수와 이계도함수를 알 수 있고, 원함수와 이계도함수를 알면 함수의 움직임을 예측할 수 있기 때문이다.

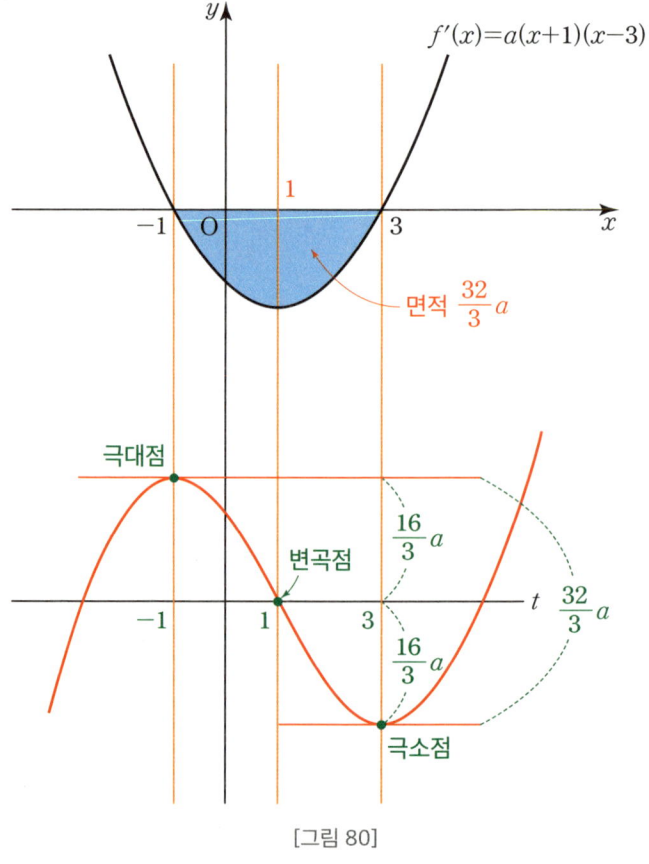

[그림 80]

---

134 어떤 곡선에서 왼쪽부터 접선을 그려서 접선의 오른쪽 끝이 내려가고 있으면 기울기가 감소하고, 반대로 x가 커짐에 따라 접선의 오른쪽 끝이 올라가고 있으면 기울기가 증가한다.

[그림 80]에서 $f'(x)=a(x+1)(x-3)$일 때 원함수 $f(x)$를 그려 보자.

$x=-1, 3$에서 극값을 갖는다. a가 양수이므로 $x=-1$까지는 증가함수, -1부터 3까지는 감소함수, 그 이후 증가함수의 개형을 갖게 될 것이고, $f''(x)=0$인 $x=1$에서 변곡점을 가지는 삼차함수가 될 것이다. 극대값인 $f(-1)$과 극소값인 $f(3)$의 함숫값의 차이는 ① x축과 $f'(x)$의 -1부터 3까지의 곡선이 이루는 면적이 될 것이고, ② 변곡점은 $f(-1)$에서 위 면적의 절반에 해당하는 점이 된다. $f'(x)$와 $f'(x)$의 축인 $x=1$인 점에서 $x=3$까지 x축과 평행한 직선과 $x=f'(3)$으로 이루어진 면적은 직사각형의 $\frac{1}{3}$이므로[135] ①의 면적은 $4 \times 4a \times \frac{2}{3}$이고, ② 면적은 그 절반인 $4 \times 4a \times \frac{1}{3}$이 된다. 결국 $f(-1)$과 $f(3)$은 $\frac{32}{3}a$의 차이를 갖게 되고, $f(1)$은 그 중점에 위치하게 되어, 변곡점이 삼차함수의 중심이라는 사실을 알 수 있다.

---

[135] 적분으로 구해도 된다.

5장
후기

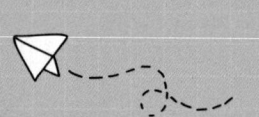

수학에 문외한인 변호사가 열심히 공부하고 생각한 결과로 이 책이 나왔다. 이 책은 아이들보다 아이들을 애처롭게 지켜보며 어떻게라도 도움을 주고 싶어하는 할아버지, 아빠, 할머니, 엄마가 먼저 읽어 보고 아이들에게 권하면 좋겠다. 이 책이 앞으로의 사회는 창의력과 사고력을 바탕으로 건전한 인생철학을 가진 행복한 사람이 많은 기여를 할 것이라는 점을 믿는 어른들이 아이들에게 천천히 꼼꼼히 세상을 공부해 나가도록 격려해 주는 도구로 쓰일 수 있다면 좋겠다.

4장에서 실제 수험생들에게 도움이 되는 여러 가지 나름의 팁도 많이 있지만, 이 책의 본래의 목적을 벗어나는 것이어서 생략한다. 혹시 이 책이 많은 독자의 호응을 받으면 후속해서 나올 수도 있지 않을까 한다.

수학은 생각하는 방법을 기르기 위해 공부하는 학문이다. 아이들에게 생각할 여유를 주고, 문제의 정답을 맞혔는지와 관계없이 스스로 모든 공식을 유도해 나갈 수 있는지를 점검하는 것이 더욱 중요하다. 수학은 말로 설명할 수 있어야 진짜 자기 실력이 되는 것이다. 우리 현실은 어떤가? 초등수학에서 장래 아무 쓸모없는 큰 수의 연산, 복잡한 분수, 소수의 연산으로 아이들의 에너지를 고갈시키고, 중등수학에서, 고등수학에서도 복잡한 다항식과 인수분해 등으로 또 에너지를 고갈시켜버려 수포자로 만들거나 수포자 초입에 들어서게 하여 인생을 살아가면서 많은 도움을 줄 수 있는 미분에 대한 공부는 전혀 하지 못한 채 수학과의 인연을 마치게 한다.

이 책은 당장의 성적이 아니라 생각하며 인생을 살아가기 위한 도구로서 수학을 공부하고자 하는 사람들을 위한 글이다. 이 책에 나온 대로 천천히, 유클리드가 한 것처럼, 데카르트가 한 것처럼, 뉴턴이 한 것처럼 가장 기본으로부터 연역적으로 수학을 공부하면 좋은 성적도 따라올 것이다.